GESELLSCHAFT UND THEOLOGIE

Systematische Beiträge
Sozialethik
Praxis der Kirche

Abteilung: Sozialethik. Nr. 11

Herausgegeben von Christian Gremmels, Friedhelm Hengsbach, Wolfgang Huber, Heinrich Ludwig, Dietmar Mieth, Paul Schobel, Yorick Spiegel, Theodor Strohm

Arbeitslosigkeit – Herausforderung der Kirchen

Dokumente – Projekte – Analysen

Herausgegeben von

CHRISTIAN GREMMELS und FRANZ SEGBERS

In Zusammenarbeit mit Wolfgang Belitz, Jürgen Espenhorst, Wolfgang Lenz, Franz Pfeifer, Eugen Rockenstein, Yorick Spiegel und Rüdiger Weiser

KAISER · GRÜNEWALD

Herausgeber und Mitarbeiter

Wolfgang Belitz, Pfarrer, Referent im Sozialamt der Ev. Kirche von Westfalen, Haus Villigst; *Jürgen Espenhorst*, Dipl.-Volkswirt, Referent im Sozialamt der Ev. Kirche von Westfalen, Haus Villigst; *Christian Gremmels*, Dr. theol., Privatdozent am Fachbereich Evangelische Theologie der Philipps-Universität, Marburg, Abteilung für Sozialethik; *Wolfgang Lenz*, Dipl.-Päd., Bundestutor der Evangelischen Trägergruppe für gesellschaftspolitische Jugendbildung, Solingen; *Franz Pfeifer*, Dipl.-Volkswirt, Leiter der Stabstelle für Fragen der Arbeitslosigkeit, Freiburg; *Eugen Rokkenstein*, Sozialpädagoge, Stabstelle für Fragen der Arbeitslosigkeit, Freiburg; *Franz Segbers*, Diplomtheologe, Pastoralreferent in der Arbeitsstelle für Betriebsseelsorge, Frankfurt-Höchst; *Yorick Spiegel*, Dr. theol., Professor für ev. Sozialethik an der Universität Frankfurt; *Rüdiger Weiser*, Geschäftsführer des »Kirchlichen Dienstes in der Arbeitswelt« / EKD und Redakteur der Zeitschrift »Stimme der Arbeit«.

CIP-Kurztitelaufnahme der Deutschen Bibliothek

Arbeitslosigkeit, Herausforderung der Kirchen : Dokumente, Projekte, Analysen / hrsg. von Christian Gremmels u. Franz Segbers. In Zusammenarbeit mit Wolfgang Belitz ... – München : Kaiser; Mainz : Matthias-Grünewald-Verlag, 1979.
(Gesellschaft und Theologie : Abt. Sozialethik ; Nr. 11)
ISBN 3-459-01228-5 (Kaiser)
ISBN 3-7867-0758-8 (Matthias-Grünewald-Verlag)
NE: Gremmels, Christian [Hrsg.]; Belitz, Wolfgang [Mitarb.]

 – Umschlagfoto: Werner Wunderlich, Saarbrücken (Protestmarsch bei Röchling-Burbach 1977). Umschlaggestaltung: Kroehl Design Gruppe. Gesamtherstellung: Buch- und Offsetdruckerei Wagner, Nördlingen. Printed in Germany.

INHALT

B. PROJEKTE

TEIL C: ANALYSEN UND KOMMENTARE

D. AUSWAHLBIBLIOGRAPHIE

VORWORT

Die Bundesrepublik verzeichnet seit einigen Jahren eine ungewohnt hohe Arbeitslosenquote. Zwar hat es Arbeitslosigkeit und Freisetzung von Arbeit in der Geschichte der Bundesrepublik schon immer gegeben – allein zwischen 1960 und 1969 verloren mehr als die Hälfte aller in der Industrie Beschäftigten durch Produktivitätswachstum ihren Arbeitsplatz; diese im industriellen Bereich auftretende Freisetzung von Arbeit konnte jedoch von den beschäftigungspolitisch expandierenden Sektoren des Wirtschaftssystems immer wieder ausgeglichen werden. Daß Handel, Verwaltung und die Dienstleistungsbereiche diese Auffangfunktion nicht länger mehr wahrnehmen können, ist nur ein Beispiel für die massiven Störungen im System der Beschäftigung, die mit dem Übergang von ›Mehrwachstum durch Mehrbeschäftigung‹ in den fünfziger Jahren zu ›Mehrwachstum durch Mehrproduktivität‹ in den siebziger Jahren (R. Kuda) gegenwärtig zur Diskussion stehen: »Die strukturelle Arbeitslosigkeit ... lehrt uns, daß es nicht nur ein Verteilungsproblem der Güter, sondern auch ein Verteilungsproblem der Arbeit gibt. Es ist absurd, die Arbeit so zu verteilen, daß einige zu viel und andere nichts zu tun haben. Eine bessere Verteilung freilich greift tief in entstandene ökonomische und soziale Strukturen ein« (C. F. v. Weizsäcker).
Wie kaum jemand sonst betonen die Kirchen in ihren Soziallehren den Wert der Arbeit für den Menschen. Arbeitet der Mensch, so trägt er zu seiner Selbstverwirklichung im Dienst an der Gesellschaft bei. In seiner Arbeit partizipiert der Mensch als Mitarbeiter und Partner Gottes am Aufbau der Schöpfung. Das Zweite Vatikanische Konzil bezeichnet die Arbeit als eine Teilhabe am Erlösungswerk Jesu Christi: »Daraus ergibt sich für jeden einzelnen sowohl die Verpflichtung zu gewissenhafter Arbeit wie auch ein Recht auf Arbeit« (Gaudium et Spes). Diesem Recht entsprechend »ruht auf der Gesellschaft die Verpflichtung, allen ihren Mitgliedern eine Arbeitsmöglichkeit zu geben« (Weltkirchenkonferenz – Evanston 1954). Diesem Menschenrecht auf Arbeit steht die gesellschaftliche Verteilung von Arbeit entgegen: Vollarbeit für den einen, Kurzarbeit für den anderen, Arbeitslosigkeit für die übrigen. Mit dem Konflikt zwischen denen, die einen Arbeitsplatz besitzen, und denen, die Arbeit suchen, ist die soziale Herausforderung der Kirchen in diesem Jahrhundert benannt.
Vor dem Hintergrund der damit gegebenen Gefahr, daß zu dem

Skandal des 19. Jahrhunderts ein Skandal des 20. Jahrhunderts hinzutritt, versucht der vorliegende Band eine erste Bilanz: Durch eine Auswertung der zum Thema ›Arbeitslosigkeit‹ abgegebenen kirchlichen Stellungnahmen (Teil A), durch die Darstellung ausgewählter kirchlicher Projekte im Bereich von Jugend- und Erwachsenenarbeitslosigkeit (Teil B), wobei insbesondere die hier zum Abdruck gelangenden ›Kirchlichen Dokumente‹ (A/III) für *die* Kirche so wenig typisch sind wie die vorgestellten Projekte, die ineins mit den Schwerpunkten dieses kirchlichen Handlungsfeldes dessen Defizite erkennbar werden lassen. Diese Materialien werden durch die zwei zusammenfassend und programmatisch zugleich ausgerichteten Kommentare von Y. Spiegel und W. Belitz / J. Espenhorst erweitert; dem dokumentarischen Charakter des Bandes entsprechend, enthält Teil D eine nach thematisch relevanten Gesichtspunkten untergliederte Auswahlbibliographie zum Thema ›Kirche und Arbeitslosigkeit.‹

Chr. Gremmels
F. Segbers

»UND PLÖTZLICH STAND ICH DRAUSSEN . . .«

Ich bin 58 Jahre, verwitwet und habe 2 Kinder. Mein Sohn ist 24, die Tochter 34 Jahre. Beide sind verheiratet.
Da ich als jüngstes von 10 Kindern geboren wurde, war es klar, daß ich zu Hause bleiben sollte, um die Eltern zu versorgen. Deshalb erhielt ich auch nur eine 2jährige Ausbildung als Köchin.
In der Zeit, bevor ich arbeitslos wurde, arbeitete ich 10 Jahre in einer großen Metzgerei (800 Arbeiter und Arbeiterinnen).
Die Arbeit war körperlich sehr schwer. Z. B. mußte ich Würste und tiefgefrorenes Fleisch hoch aufhängen, was bis zu 10 kg wog.
Im Betrieb wurde ich als unentbehrlich angesehen. Und der Kontakt zu den Kollegen und Kolleginnen, größtenteils Ausländer, war sehr gut. Ich wurde von allen als »Mama« angesprochen.
Die Arbeit fand ich schwer und schlecht. Im Betrieb gab es keinen Betriebsrat, und gewerkschaftliche Organisierung war verboten.
Im August 1976 wurde ich dann arbeitslos. Das war für mich das schlimmste, was mir passieren konnte.
Abgelaufen ist die Kündigung folgendermaßen: Eines morgens fühlte ich mich so krank, daß ich zum ersten Mal in den 10 Jahren nach Hause gehen wollte. Ich sagte das dem Meister und ging nach Hause. Als nachmittags eine Kollegin mich besuchte, bat ich diese, den Meister um Urlaub zu fragen. Ich wollte mich nicht krank schreiben lassen, weil zu dieser Zeit viele entlassen wurden.
Aber der Meister verweigerte mir den Urlaub. So ging ich am nächsten Tag wieder hin. Der Meister reagierte sehr empört: »Hier ist doch kein Altersheim, als halbe Leiche brauchst du nicht zu kommen. Dann kannst du gleich wieder gehen.«
Ich war so geschockt, daß ich auch gleich wieder nach Hause ging und mich ins Bett legte, weil ich mich auch kaum auf den Beinen halten konnte. Als ich am nächsten Morgen zum Arzt gehen wollte, fand ich im Briefkasten meine fristlose Kündigung.
Selbstmordgedanken gingen mir durch den Kopf. 4 Wochen lang verbarrikadierte ich mich in meiner Wohnung, um niemanden meine Arbeitslosigkeit merken zu lassen. Ich tat, als ginge ich zur Arbeit wie vorher, vermied die Wasserspülung der Toilette, holte mir früh morgens ein paar Brötchen, damit ich tagsüber nicht gesehen wurde. Nach 4 Wochen erzählte ich meinem Sohn davon, nachdem ich vorher alle Fragen, ausweichend beantwortet hatte.
Ich schämte mich und hatte Angst, daß meine Kinder jetzt für mich aufkommen müßten. Schließlich ging ich doch zum Arbeitsamt,

wo man mir sagte, daß es für arbeitsgerichtliche Maßnahmen leider zu spät wäre. Ich hatte das Gefühl, von allen dumm angeguckt zu werden. Schlimmer wurde es noch, als das Arbeitslosengeld auslief und ich Arbeitslosenhilfe in Anspruch nehmen mußte. Die Konflikte in der Familie nahmen zu.

Mein Sohn ist jung verheiratet und hat selbst noch Schulden abzuzahlen. Bisher hatte ich auf dem Arbeitsamt noch nicht gesagt, daß meine Schwiegertochter auch arbeitet. Meine Angst wurde immer größer, daß mein Sohn und seine Frau jetzt für mich aufkommen müßten. Ständig gab mir die Schwiegertochter zu verstehen, daß sie nicht bereit ist, mich zu unterstützen. Zum Geburtstag bekam ich keine Blumen mehr, »weil ich demnächst sowieso auf das Geld angewiesen wäre«.

In diese Zeit fiel auch die Gesprächswoche. Ich war schon so weit, daß ich gar nicht mehr mitfahren wollte.

Hier erzählte ich zum ersten Mal, was mir passiert war. Ich fand es gut, mit Betroffenen darüber reden zu können, und sah gleichzeitig, daß es mir nicht allein so schlecht geht.

Mit dem Arbeitsamt habe ich insgesamt keine schlechten Erfahrungen gemacht. Außer in der Leistungsabteilung:

Die finde ich furchtbar. Dort sitzt ein junger Mann, der mir noch nicht einmal beim Ausfüllen der Formulare geholfen hat.

Die Hoffnung auf neue Arbeit habe ich noch nicht aufgegeben. Ich habe mich auch selbst beworben. Z. B. habe ich Kinder beaufsichtigt. Ich wollte unbedingt den Kontakt zu anderen Menschen nicht verlieren. Aber wegen meines Alters habe ich wohl keine Chance mehr. Außerdem habe ich einen Herzschaden, und die Nerven sind auch kaputt. Deshalb habe ich auch im August 78 versucht, meine Rente einzureichen. Das Ergebnis: Für die Rente bin ich noch zu jung und gut erhalten. Bei der Arbeitssuche mache ich aber immer wieder die Erfahrung, daß ich zu alt bin.

Fazit: Keine Rente, keine Arbeit, und meine Arbeitslosenhilfe soll mir auch noch gekürzt werden, weil ich für schwere Arbeiten (Akkord z. B.) nicht mehr zu vermitteln bin.

Zur Zeit bekomme ich 578,– DM Arbeitslosenhilfe. D. h. auch Leistungen des Sozialamts kann ich nicht in Anspruch nehmen.

Daß die Arbeitslosenhilfe immer nur für ein halbes Jahr bewilligt wird, finde ich demütigend. Denn jedes Mal muß ich von meinen Kindern Unterlagen anfordern. Ich meine auch, daß es nicht richtig ist, daß meine Kinder für mich aufkommen müssen.

Aus: Die Reservebank. Informationsblatt arbeitsloser Frauen in Westfalen, Januar 1979.

TEIL A: DOKUMENTE

I. VERZEICHNIS DER AUSGEWERTETEN DOKUMENTE

A. Stellungnahmen synodaler Organe

1.	›Die ausländischen Arbeitnehmer – Eine Frage an die Kirche und die Gesellschaft‹. Ein Beschluß der Gemeinsamen Synode der Bistümer in der Bundesrepublik Deutschland. (November 1973).	*In:* Gemeinsame Synode der Bistümer in der Bundesrepublik Deutschland. Beschlüsse der Vollversammlung. Offizielle Gesamtausgabe, Bd. I, Freiburg 1976^{2}, 365–410.
2.	›Kirche und Arbeiterschaft‹. Ein Beschluß der Gemeinsamen Synode der Bistümer in der Bundesrepublik Deutschland. (November 1975).	*In:* aaO., 313–364.
3.	Beschlüsse und Ergebnisse der 51. ordentlichen Landessynode der Ev.-luth. Landeskirche Schleswig-Holsteins zum Thema ›Unsere Kirche in der Arbeitswelt‹ – Erklärung zum Problem der Arbeitslosigkeit. (Mai 1976).	*In:* Bericht über die Verhandlungen der 51. ordentlichen Landessynode der Ev.-luth. Landeskirche Schleswig-Holsteins in Rendsburg vom 27.–30. Mai 1976, o. O., o. J. (1976), 153–154.
4.	Verhandlungen der 8. Westfälischen Landessynode. Beschluß Nr. 80: ›Zur Arbeitslosigkeit‹. (November 1976).	*In:* Verhandlungen der 1. (ordentlichen) Tagung der 8. Westfälischen Landessynode vom 1.–4. November 1976 in Bielefeld-Bethel, o. O., o. J., 92–93.
5.	Evangelische Kirche von Kurhessen-Waldeck. Verhandlungen zum Thema: ›Probleme der Arbeitslosigkeit‹. (November/Dezemer 1976).	*In:* Verhandlungen der 6. Tagung der 6. Landessynode der Ev. Kirche von Kurhessen-Waldeck vom 28. 11.–2. 12. 1976 in Hofgeismar, o. O., o. J., 113–192. 389–413.

6.	Verhandlungen der 8. Westfälischen Landessynode. Beschlüsse Nr. 73–74. (November 1977).	*In:* Verhandlungen der 3. (ordentlichen) Tagung der 8. Westfälischen Landessynode vom 1.–4. November 1977 in Bielefeld-Bethel, o. O., o. J., 109–112.
7.	Landessynode der Ev. Kirche im Rheinland. Beschluß Nr. 49: ›Stellungnahme zum Problem der Arbeitslosigkeit‹. (Januar 1978).	*In:* Verhandlungen der 26. außerordentlichen rheinischen Landessynode. Tagung vom 8.–13. Januar 1978 in Bad Neuenahr, o. O., o. J. (1978). Sonderdruck der Kirchenleitung vom 3. März 1978, 6–40.
8.	Kundgebung der Synode der Ev. Kirche in Deutschland zur Arbeitslosigkeit vom 10. November 1977.	*In:* Amtsblatt der Evangelischen Kirche in Deutschland Nr. 1/1978, Nr. 11.

B. Stellungnahmen kirchenleitender Organe

9.	Ev. Kirche in Hessen und Nassau (Hg.), Arbeitslosigkeit. Eine Herausforderung. Orientierungshilfe für die Gemeinden der Ev. Kirche in Hessen und Nassau. (1976).	Versuche zur kirchlichen Praxis, o. O. (Darmstadt), o. J. (1976).
10.	›Maßnahmen zur Überwindung der Berufsnot und der Arbeitslosigkeit Jugendlicher‹. Gemeinsame Erklärung des Kommissariates der deutschen Bischöfe – Katholisches Büro Bonn – und des Deutschen Gewerkschaftsbundes. (14. Dezember 1976).	*In:* Pressedienst des Sekretariats der Deutschen Bischofskonferenz 37/1976 (vom 28. 12. 1976), 1–3.
11.	Wort des Bischofs von Limburg zur Jugendarbeitslosigkeit vom 1. Mai 1977.	Vervielfäligtes Manuskript der Presse- und Informationsstelle des Bischöflichen Ordinariats.
12.	Hirtenbrief des Herrn Kapitularvikars zur Feier des Diözesanjubiläums am 16. Oktober 1977.	*In:* Amtsblatt der Erzdiözese Freiburg: Nr. 133 vom 30. September 1977, 237–240.

13.	›Brief des Herrn Erzbischofs an die Pfarrer und an die Vorsitzenden der Pfarrgemeinderäte im Erzbistum Köln betreffend die Arbeitslosigkeit‹. (22. Februar 1978).	*In:* Amtsblatt des Erzbistums Köln 118 (1978), Stück 18, 68–69.
14.	Gemeinsame Erklärung der Bischöfe von Luxemburg, Metz und Trier zur Wirtschaftsentwicklung und zum Bau von Kernkraftwerken vom 3. Oktober 1978.	*In:* Unser Dienst. Zeitschrift für Seelsorge in der Arbeitswelt 13 (1978), Heft 1, 6–8.

C. Stellungnahmen kirchlicher Intstitutionen und Verbände

15.	K. Kaiser, Arbeitslosigkeit. Ursachen – Fakten – Probleme. (1976).	*In:* Materialdienst des Sozialwissenschaftlichen Instituts der Ev. Kirche in Deutschland, Nr. 2/1975, Bochum 1975.
16.	Sozialausschuß der Ev. Kirche von Westfalen: Arbeitslosigkeit und soziale Gerechtigkeit. Ein Zwischenbericht. (1976).	Haus Villigst: 5840 Schwerte 5 – Broschüre –
17.	Sozialausschuß der Ev. Kirche von Westfalen: Recht auf Arbeit – Auch für Frauen? (1977).	Haus Villigst: 5840 Schwerte 5 – Vervielfältigtes Manuskript –
18.	Deutscher Evangelischer Kirchentag. Berlin 1977: a) Resolution: ›Recht auf Arbeit‹ b) Resolution: ›Jede Frau hat das Recht auf Ausbildung und auf Arbeit‹.	*In:* Deutscher Evangelischer Kirchentag Berlin 1977. Dokumente, Stuttgart 1977, 500 f. 277.
19.	Th. Schober, Um das rechte Konzept diakonischer Mitarbeiterschaft. Das Problem der Arbeitslosigkeit. Auszug aus dem Bericht von Präsident Th. Schober auf der Jahrestagung 1977 der Diakonischen Konferenz 1977 in Bethel (Oktober 1977).	*In:* Diakonie-Korrespondenz. Informationen aus dem sozialen Geschehen in Kirche, Ökumene und Gesellschaft 19 (1977) 1–3.

20.	Stellungnahme des Zentralkomitees der Deutschen Katholiken zur beruflichen Bildung. (Oktober 1977).	*In:* Berichte und Dokumente Nr. 32 (Oktober 1977), hg. v. Generalsekretariat des Zentralkomitees der Deutschen Katholiken, Bonn 1977, 52–66.
21.	Junge Christliche Arbeitnehmer: Resolution – Bereich Arbeitslosigkeit/Jugendarbeitslosigkeit (Juni 1978).	Sonderdruck
22.	Erklärung der katholischen Seelsorger des Dekanats Saarbrücken–Malstatt–Burbach, die am 5./6. März 1977 in den Kirchen verlesen worden ist.	Hektographiert

Zitationshinweise

Die in den voranstehenden Abteilungen A, B und C aufgeführten ›Dokumente‹ *(linke Spalte)* werden im Text unter der Abkürzung D (= Dokument) durch Angabe ihrer Ziffer und der entsprechenden Seitenzahl ihrer Quelle *(rechte Spalte)* nachgewiesen. *Zum Beispiel:* D 1,366 (= Dokument 1, Seite 366).
Die in der Abteilung A/III dieses Bandes abgedruckten Dokumente 9, 10, 12, 14, 21 und 22 werden nach dieser Ausgabe zitiert.

II. ANALYSE KIRCHLICHER STELLUNGNAHMEN

1. *Einleitung*

1.1 Zur Auswahl der Dokumente

Die Kirchen sind vom Problem der Arbeitslosigkeit überrascht worden: »Die nun schon seit Ende der fünfziger Jahre dauernde Vollbeschäftigung in der Bundesrepublik läßt das soziale Problem der Arbeitslosigkeit stärker in den Hintergrund treten« – so die 1973 veröffentlichte Denkschrift ›Die soziale Sicherung im Industriezeitalter‹ (zit. n.: D 9,54). Aber auch zwei Jahre später und nunmehr vor dem Hintergrund von über 1 Million registrierter Arbeitsloser hat sich im protestantischen Bereich an dieser Einstellung nichts Wesentliches verändert, wie dies sich insbesondere an dem 1975 erschienenen ›Evangelischen Erwachsenenkatechismus‹ nachweisen läßt, der ›Arbeitslosigkeit‹ in seinem Text mit wenigen Zeilen nur an *einer* Stelle zu behandeln weiß: Im Kapitel ›Freizeitleid‹[1]. *Daher die Frage:* Warum hat sich die Kirche, die sich »in Solidarität mit den Aufgaben und Nöten der Gesellschaft« an den Anspruch gebunden hat, daß sie sich »um den *rechten Zeitpunkt* ... ihres Redens mühen muß«[2], im Zusammenhang des Problems struktureller Arbeitslosigkeit *so spät* zu Wort gemeldet? Um zu verdeutlichen, was mit dieser Verspätung zur Diskussion steht, sei mit O. v. Nell-Breuning daran erinnert, daß auch schon im 19. Jahrhundert *dies* der »große Fehler der katholischen ... Soziallehre« gewesen ist: »sie kam *zu spät.*«[3] Dieser ›fortwirkende Skandal‹ (Pius XI.) wird von der gegenwärtigen »Distanz zwischen kirchlichem Leben und den sozialen Problemen der Arbeitswelt« erneut bestätigt; noch immer gilt mit Bezug auf eine Kirche, die »in

1 *Vgl. dazu:* Evangelischer Erwachsenenkatechismus. Kursbuch des Glaubens. Im Auftrag der Katechismuskommission der VELKD hg. v. W. Jentsch / H. Jetter / M. Kießig und H. Reller, Gütersloh 1975, 680f.

2 Aufgaben und Grenzen kirchlicher Äußerungen zu gesellschaftlichen Fragen. Eine Denkschrift der Kammer für soziale Ordnung der Evangelischen Kirche in Deutschland, hg. vom Rat der Evangelischen Kirche in Deutschland, Gütersloh 1970, § 10, § 52; (HdV). (Im folgenden unter der Abkürzung ›Grenzen und Aufgaben‹ zitiert.)

3 O. v. Nell-Breuning, Kirche und Arbeiterschaft. Zum Streit um die gleichnamige Synodenvorlage, in: Stimmen der Zeit 193 (1975) 348. *Vgl. auch:* Ders., Auseinandersetzung mit dem Sozialismus. Anmerkungen zu einer Kontroverse um das Synodendokument ›Kirche und Arbeiterschaft‹, in: Stimmen der Zeit 194 (1976) 261–272.

der Regel keinen Kontakt zu Arbeitslosen« hat (D 16,5): »Das Verhältnis der Kirche zur Arbeiterschaft ist gestört« (D 2,314). Stellt man jedoch die konfessionsunabhängig bestehenden theologischen Schwierigkeiten in Rechnung, welche für die Kirchen im Bereich von Stellungnahmen zu wirtschaftspolitischen Fragen traditionellerweise charakteristisch sind:

- »Die Kirche hat kein Mandat zur Beantwortung wirtschaftlicher Fragen« (D 9,58);
- »Zu konkreten Vorschlägen Stellung zu nehmen ... ist nicht Auftrag der Kirche. Das geht die Sachverständigen und die Verantwortlichen an« (D 13,68),

so müssen diese trotz ihrer verspäteten Reaktion den Vergleich mit politischen Instanzen nicht scheuen, die sich bis weit in das Jahr 1976 hinein entschieden geweigert haben, den Tatbestand struktureller Arbeitslosigkeit überhaupt zur Kenntnis zu nehmen[4]. Vor *diesem* Hintergrund wird der spezifische Anspruch deutlich, mit dem einzelne kirchliche Äußerungen in die Diskussion der Arbeitslosenproblematik eintreten. Mit Bezug auf »die Gefahr, daß immer weniger Arbeitsplätze für eine immer größere Zahl von Arbeitssuchenden zur Verfügung stehen«, wird festgestellt: »Diese sich zur Zeit abzeichnende Möglichkeit scheuen die Parteien und Verbände in der gegenwärtigen Situation auszusprechen ...« (D 3,153). In der Kritik an einer Diskussion, die »bisher weitgehend einseitig von interessenbezogenen Standpunkten aus geführt worden« ist (D 7,7), unterstellt sich die Kirche zugleich dem selbstgesetzten Anspruch, diese Diskussion ihrerseits *anders* zu führen.

Ist die Kirche in der Diskussion des Themas ›Arbeitslosigkeit‹ diesem Anspruch gerecht geworden? Zur Beantwortung dieser Frage gilt es zunächst, Auswahl und Charakter der dieser Analyse zugrunde liegenden 22 ›Kirchlichen Dokumente‹ näherhin zu verdeutlichen. Obgleich durch das gemeinsame Thema ›Arbeitslosigkeit‹, zu dem nur die beiden Beschlüsse der ›Gemeinsamen Synode der Bistümer in der Bundesrepublik Deutschland‹ (D 1 und 2) eine Ausnahme darstellen, untereinander verbunden, sind diese Stellungnahmen in mehrfacher Hinsicht nur schwer miteinander zu

4 *Vgl. zum Beispiel:* »Damit bestätigt sich die von der Bundesregierung stets vertretene Auffassung, daß die Jugendarbeitslosigkeit des vergangenen Jahres (sc. 1975) im wesentlichen konjunkturbedingt war.« (Der Bundesminister für Arbeit und Sozialordnung. Pressemitteilung vom 8. Juni 1976; zit. n.: Presse- und Informationsamt der Bundesregierung, Gruppe IB – Datenverarbeitung AZ 15522/1, Klinghardt [Bearb.], Recherche-Ergebnisse zum Thema: Jugendarbeitslosigkeit, Bonn 1977, Nr. 56460).

vergleichen; hinsichtlich der beschlußfassenden kirchlichen Instanzen, die für die von ihnen verabschiedeten Äußerungen jeweils verantwortlich sind, müssen voneinander unterschieden werden:

- A Beschlüsse *synodaler* Organe (D 1–8);
- B in Gestalt von ›Erklärungen‹ oder ›Hirtenbriefen‹ abgegebene Äußerungen *kirchenleitender* Organe (D 9–14);
- C Stellungnahmen kirchlicher Institutionen und Verbände (D 15–22).

Bedingt durch das Institut des *kirchlichen Lehramtes* kommt amtlichen Verlautbarungen (A/B) im Bereich der katholischen Kirche eine besondere Bedeutung zu[5]. Die Frage nach der theologischen Verbindlichkeit diesbezüglicher Erklärungen ist hier von Voraussetzungen abhängig, die für die evangelische Kirche so nicht gegeben sind[6]. Da der Protestantismus kein *›sozialethisches Lehramt‹* kennt, bestimmt sich die theologische Verbindlichkeit »einer kirchlichen Äußerung zu gesellschaftlichen und politischen Fragen« – unabhängig von der kirchlichen Instanz – »allein danach, ob die Äußerung schrift- und sachgemäß und darin überzeugend ist«[7]. Eine höhere theologische Verbindlichkeit ist daher auch mit der größeren öffentlichen Resonanz nicht gegeben, die kirchenleitende Organe für ihre Äußerungen erfahrungsgemäß erwarten dürfen; diese Erwartung *allgemeiner* Aufmerksamkeit, von der zum Beispiel eine ›Denkschrift‹ zum Thema ›Arbeitslosigkeit‹ zu Recht wird ausgehen können, ist jedoch auch noch in anderer Hinsicht von besonderer Bedeutung; mit ihr stoßen wir auf das Motiv, als dessen Ausdruck jene ›alles-allen-werdende‹ *Allgemeinheit* erklärbar wird, die für den argumentativen Stil von Stellungnahmen kirchenleitender Instanzen vielfach charakteristisch ist. Um den damit verbundenen Mangel an Deutlichkeit abzufangen und um das Spektrum der kirchlichen Argumentationsbreite auszuleuchten, sind bei der Auswahl der ›Dokumente‹ Stellungnahmen aus sehr unterschiedlichen Bereichen kirchlicher Meinungsbildung berücksichtigt worden.

5 *Vgl. dazu:* Texte zur katholischen Soziallehre. Die sozialen Rundschreiben der Päpste und andere kirchliche Dokumente. Mit einer Einführung von O. v. Nell-Breuning, hg. vom Bundesvorstand der katholischen Arbeitnehmer-Bewegung (KAB) Deutschlands, Kevelaer 1976[3]. (Im folgenden unter der Abkürzung ›Texte zur katholischen Soziallehre‹ zitiert.)

6 *Vgl. dazu:* H. Schulze, Ethik im Dialog. Kommentar zur Denkschrift der EKD ›Aufgaben und Grenzen kirchlicher Äußerungen zu gesellschaftlichen Fragen‹, Gütersloh 1972.

7 Aufgaben und Grenzen, § 33.

1.2 Zur Absicht der Dokumente

Zur Erläuterung der *Absicht*, der diese Stellungnahmen verpflichtet sind, muß zunächst auf die *Adressaten* hingewiesen werden, an die diese Dokumente sich wenden; dabei ist es für kirchenamtliche Äußerungen (insbesondere im Blick auf Synodenbeschlüsse und Hirtenbriefe) charakteristisch, daß hinsichtlich der thematischen Problematik, zu der sie Stellung nehmen, insbesondere deren *»innerkirchliche Klärung und Besinnung«*[8] im Vordergrund der Überlegungen steht:

»Diese Vorlage hat das Ziel, eine erste Beschreibung des Themas ›Arbeitslosigkeit‹ für die Gespräche *innerhalb der Kirche* anzubieten. Dabei mußte sich der Sozialethische Ausschuß, um möglichst schnell die drängenden Fragen darzustellen, zunächst darauf beschränken, vor allem solche Problemstellungen zu formulieren, die für die *innerkirchliche Diskussion* von besonderer Bedeutung sind. Dieses geschah unter Verzicht auf eine umfassende Analyse aller damit zusammenhängenden Entwicklungen« (D 7,7; HdV).

Oder: »Diese Orientierungshilfe versucht ... einige Gesichtspunkte zum Problem der Arbeitslosigkeit aufzuzeigen, die für die *kirchliche Praxis* wichtig sind. Sie wendet sich deshalb zunächst an die Gemeinden, deren Verkündigung, Seelsorge und Diakonie herausgefordert sind« (D 9,54; HdV).

Als Orientierungshilfen für die innerkirchliche Praxis, die im Fall der unter Zeitdruck stehenden Synodenverlautbarungen den oft nur mühsam ausgehandelten Konsensus der beschlußfassenden Instanz darstellen, stehen diese Äußerungen insgesamt als Beispiel dafür, daß »die Soziallehre der Kirche ... geschichtlich aus dem (erwächst), was das gesellschaftliche Leben an Fragen, insbesondere an Streitfragen, aufwirft und was es an Nöten und Ungerechtigkeiten erzeugt«[9]. Indem einige dieser Dokumente sich jedoch auch an »alle Entscheidungsträger in den Parteien, Parlamenten, Verbänden, Betrieben und Verwaltungen« wenden, »sich dieser Herausforderung ... gemeinsam zu stellen« (D 3,153), wird deutlich, daß sich die kirchliche Diskussion bei der Erörterung des Problems ›Arbeitslosigkeit‹ zugleich auch noch von einer *weiteren Absicht* bestimmen läßt: »... kirchliche Stellungnahmen (leisten) einen

8 AaO., § 45.

9 Texte zur katholischen Soziallehre, 11. *Vgl. dazu:* »Zunächst zielen kirchliche Äußerungen auf eine innerkirchliche Klärung und Besinnung. Das ist schon deshalb erforderlich, weil auch auf dem Feld der Ethik sich neue theologische Einsichten geltend machen und weil angesichts der raschen Veränderung der gesellschaftlichen und politischen Gegebenheiten die überlieferten Vorstellungen allein nicht mehr genügen.« (Aufgaben und Grenzen, § 45).

Beitrag zur öffentlichen Diskussion bestimmter Fragen; sie versuchen, die Bewußtseins- und Meinungsbildung zu beeinflussen, vergessene oder verdeckte Zusammenhänge zur Sprache zu bringen und vor allem Denkanstöße zu vermitteln« – *genauer noch:* »Der Zeitpunkt für einen Beitrag der Kirche ist namentlich dann gekommen, wenn die konkurrierenden gesellschaftlichen Gruppen zu sachgemäßen Analysen und Lösungen infolge übermäßiger Interessenbindungen außerstande sind, wenn das erforderliche Handeln durch Wunschdenken blockiert ist, . . . oder wenn die ›Berufenen‹ untätig bleiben.«[10] Die hier genannten Bedingungen kirchlicher Stellungnahmen werden von einer zum Problem der Arbeitslosigkeit geführten öffentlichen Diskussion fast durchgängig erfüllt, für die eben dies charakteristisch ist: Daß sie »bisher weitgehend einseitig von interessenbezogenen Standpunkten aus geführt worden« ist und daß sie »deshalb noch keine Wege (hat) aufzeigen können, die Probleme wirksam anzugehen«:

»Vor allem die Interessen derjenigen, die bereits arbeitslos oder von Arbeitslosigkeit besonders bedroht sind, kamen dabei oft nicht ausreichend zur Geltung. Weil die Argumentation vielfach nur darauf abzielt, erreichte Positionen zu sichern, beginnt sich heute eine neue ›Klassengesellschaft‹ abzuzeichnen, in der es zwei ›Klassen‹ mit gegensätzlichen Interessen gibt: diejenigen, die noch Arbeit haben, und die Arbeitslosen. Tragbare Lösungen für das Problem der Arbeitslosigkeit können aber nur dann gefunden werden, wenn die *Interessen der unmittelbar Betroffenen* zur Grundlage aller Überlegungen gemacht werden« (D 7,7f.; HdV. *Vgl. auch:* D 17,13).

Diese Diskussionslage vorausgesetzt, ist es »Aufgabe der Christen, in eine kritische Auseinandersetzung mit den in letzter Zeit vermehrt veröffentlichten Analysen und Stellungnahmen zum ›Fehlverhalten‹ von Arbeitslosen und zum ›Mißbrauch‹ der sozialen Sicherung durch Arbeitslose einzutreten und die Betroffenen vor Diskriminierung zu schützen« (D 6,109):

»Grundsätzlich ist zu solchen Analysen und Stellungnahmen zu sagen, daß Kataloge negativen Verhaltens dazu verleiten, lediglich Sündenböcke zu bestimmen und durch Selbstrechtfertigung die eigene Verantwortung von sich zu schieben. Vor allem aber haben sie häufig zur Konsequenz, daß unmittelbar Betroffene pauschal diffamiert, diejenigen, die engagiert nach neuen Lösungen suchen, entmutigt werden und daß die notwendige Kooperation zwischen den verschiedenen gesellschaftlichen Gruppen und Organisationen verhindert wird. *Darüber hinaus erscheint es angesichts des objektiven Tatbestandes von 1 Million Arbeitslosen gegenüber 250 000 offenen Stellen problematisch und unangemessen, die Ursache von Arbeitslosigkeit nur im persönlichen Verhalten und in subjektiver Charakterschwäche aufspüren zu wollen«* (aaO., 110; HdV. *Vgl. auch:* D 11,1).

10 Aufgaben und Grenzen, § 46, § 60.

In diesem Sinn kritisiert das Kommissariat der deutschen Bischöfe in seiner gemeinsam mit dem Deutschen Gewerkschaftsbund herausgegebenen Erklärung nicht nur, »daß die statistischen Daten im Bereich der Berufsausbildung und des Arbeitsmarktes nach wie vor mangelhaft sind«[11]: »Es gibt nur ein unzureichendes statistisches Instrumentarium und dadurch unzulängliche Informationsmöglichkeiten«, wichtiger noch ist die Feststellung: »Die Beurteilung ist deshalb vielfach eine Zweckinterpretation, die von einer Verharmlosung der Situation oder von mangelnder Lernbereitschaft der Jugendlichen ausgeht. Damit werden die Probleme nicht gelöst« (D 10,67f.; HdV)[12].

2. *Inhaltsanalyse*

2.1 Allgemeine Problemeinschätzung

»Die Ereignisse deuten darauf hin, daß die Menschheit an einem Wendepunkt angekommen ist. Was immer wir jetzt tun, es wird die Zukunft für Generationen mitbestimmen. Wenn wir eine menschenwürdige Zukunft vorbereiten wollen, in der es sich zu leben lohnt, dürfen wir uns nicht damit begnügen, die Vergangenheit in die Zukunft hinein zu verlängern. Wir müssen vielmehr einen neuen Stil der Entscheidungsfindung, überhaupt einen neuen Stil des öffentlichen Miteinander entwickeln. Wir müssen ›anders leben, damit andere leben können‹« (D 14,77).

2.1.1 Dauer der Arbeitslosigkeit

»Die politischen Instanzen registrieren Arbeitslosigkeit als Störung des status quo, die, wenn nicht zu beseitigen, so doch so schnell wie möglich in ihren Auswirkungen zu mildern ist« (D 16,22); daß diese politische Einschätzung sich protestantischerseits noch bis in das 1975 in zweiter, vollständig neu bearbeiteter Auflage erschiene-

11 »Fälle von Fehlverhalten und Mißbrauch der sozialen Sicherung können und sollen nicht verheimlicht werden. Es ist aber ungerecht, wenn diese Tatbestände nur bei gesellschaftlichen Problemgruppen aufgedeckt werden und nicht zugleich geprüft wird, ob nicht im gleichen Umfang in anderen gesellschaftlichen Gruppen entsprechendes Fehlverhalten festzustellen ist (z. B. hinsichtlich der Steuermoral; Subventionskriminalität; Mißbrauch bei der Inanspruchnahme von Mitteln aus Arbeitsbeschaffungsprogrammen)« (D 6,110).

12 *Zu realistischen Daten vgl. u. a.:* J. Heinze, Irreführende statistische Angaben zur Jugendarbeitslosigkeit und wie eine realistische Zahl ermittelt werden kann, in: G. Cremer (Hg.), Jugend ohne Arbeit, München 1976, 24–26; Bundesanstalt für Arbeit, Überlegungen II zu einer vorausschauenden Arbeitsmarktpolitik, Nürnberg 1978.

ne ›Evangelische Staatslexikon‹ nachweisen läßt: »Wenn Arbeitslosigkeit schon nicht zu verhindern ist, sollte sie möglichst schnell beseitigt werden«[13], mag hier als ein Beispiel für das Ausmaß der seither eingetretenen Veränderung im Problembewußtsein der Kirchen genommen werden: »Wir lassen uns nicht mehr einreden, daß es sich nur um eine vorübergehende Krise handelt, die bald überwunden wird« (D 22,83). Der Sache nach stimmen alle bei dieser Untersuchung berücksichtigten Dokumente in *dieser* Auffassung überein: »Bei der Arbeitslosigkeit, die wir gegenwärtig in unserem Land erleben, handelt es sich nicht nur um ein konjunkturelles, sondern um ein strukturelles wirtschaftliches und gesellschaftliches Problem« (D 3,153). Man weiß, daß »Arbeitslosigkeit von beträchtlichem Umfang unser Land für längere Zeit stark belasten wird« (D7,7); daß wir »auch in Zukunft mit Arbeitslosen in größerer Zahl zu rechnen haben« (D 3,153); daß »wir . . . lernen (müssen), ›mit der Arbeitslosigkeit zu leben‹« (D 5,411) – interpretiert man diese für alle hier herangezogenen Dokumente grundlegende Erkenntnis vor dem Hintergrund der Konsequenzen, die mit ihr sich nahelegen, so kann in Gestalt einer *zusammenfassenden* Formulierung zum nächsten Abschnitt wie folgt übergeleitet werden: »Arbeitslosigkeit von dem jetzt erreichten Umfang, der auf absehbare Zeit bestehen bleiben wird, stellt manche Selbstverständlichkeiten unserer Wirtschafts- und Gesellschaftspolitik und die ihnen zugrundeliegenden Wertentscheidungen in einer grundsätzlichen Weise in Frage« (D 7,10).

2.1.2 Folgen der Arbeitslosigkeit

Die kirchlichen Dokumente diskutieren das Thema ›Folgen der Arbeitslosigkeit‹ unter dem *doppelten* Aspekt ihrer *individuellen* und *gesellschaftlichen* Konsequenzen.

Was zunächst die materiellen und psychischen Belastungen betrifft, die mit Arbeitslosigkeit für den einzelnen verbunden sind, so wird in Übereinstimmung mit der diesbezüglichen Literatur[14] sehr deutlich davon gesprochen, daß Arbeitslosigkeit »von vielen Menschen . . . als ein Einbruch in ihr Leben empfunden (wird)« (D 3,153); dieser ›Einbruch‹ wirkt sich in zweifacher Hinsicht aus: »Einmal spüren die Arbeitslosen sehr drastisch die *Minderung ihres Einkommens.* Sie müssen sich nach allen Seiten einschränken« (D 13,68; HdV):

13 J. Stingl / Georg L. Würtlein, Art. Arbeitsmarktpolitik, in: Evangelisches Staatslexikon, Stuttgart 1975², Sp. 70.

14 Vgl. dazu die in Teil D in den Abschnitten I,2.2 (S. 216) bzw. II,1.2.2. (S. 220) angegebene Literatur.

»Wer keine Lehrstelle oder keinen Arbeitsplatz hat, kann plötzlich nicht mehr ›mithalten‹. Freunde, ehemalige Schulkameraden erzählen vom Betrieb, der Arbeitslose schweigt; die anderen können ins Kino gehen, sich ein Bier leisten, eine Runde ausgeben, Bekannte freihalten, der Arbeitslose kaum. Wer weder Arbeit noch Geld hat, gehört bald nicht mehr dazu. Dies gilt besonders für die Jugendlichen, deren Väter und Mütter gleichfalls arbeitslos sind« (D 11,2)[15].

»Dazu kommt die zweite Not: der Mangel an Beschäftigung. *Dadurch leidet das Selbstwertgefühl*...« (D 13,68; HdV):

»Arbeitslose Jugendliche verlieren den Mut, weiter eine Stellung zu suchen. Wer 50 oder mehr Ablehnungen auf seine Bewerbungen erhalten hat, wird bald alles für sinnlos halten. Bohrend taucht dann die Frage auf: Bin ich weniger wert als die anderen? Bin ich schuld an der Misere? Was kann ich denn bloß tun?« (D 11,2)[16].

Zusammenfassend: »Arbeitslosigkeit bedeutet für eine wachsende Zahl von Menschen die Benachteiligung in einer für das Leben in der Leistungsgesellschaft entscheidenden Hinsicht. Arbeitslos zu sein, bedeutet in unserer Gesellschaft eine Einschränkung nicht nur des materiellen Wohlstandes, sondern auch der sozialen Anerkennung und damit auch des Selbstwertgefühls« (D 7,10f.). *Oder auch:* »Arbeitslose müssen, je länger sie arbeitslos sind, desto größere finanzielle Einbußen hinnehmen; ihre Lebenschancen werden dadurch erheblich eingeengt. Sie erleiden soziale Deklassierung, *während andere zur gleichen Zeit ihren finanziellen und sozialen Besitzstand wahren oder sogar erhöhen können*« (D 9,55; HdV) – mit der zuletzt genannten Einsicht sind die mit Arbeitslosigkeit verbundenen *gesellschaftlichen Konsequenzen* bereits angesprochen:

»Die Ursachen und Auswirkungen der Entwicklungen, die zur Massenarbeitslosigkeit geführt haben, lassen eine vorwiegend an quantitativen Ergebnissen orientierte Betrachtungsweise nicht mehr zu. Mit der Einwirkung weltwirtschaftlicher Verschiebungen und der in sehr verschiedenartigen Entwicklungen begründeten Verlangsamung des Wirtschaftswachstums in der Bundesrepublik Deutschland werden in zunehmendem Maße *neuartige strukturelle Bedingungen* wirksam, die sowohl nach *neuen politischen Zielvorstellungen* als auch *neuen wirtschafts- und gesellschaftspolitischen Instrumenten* verlangen. Das bloße Vertrauen auf die Selbstheilungskräfte des Marktes und ihre Stützung durch staatliche Konjunktur-, Steuer- und Finanzmaßnahmen kann dieser Herausforderung ebensowenig genügen wie der Ruf nach einer rigorosen Wirtschaftslenkung durch den Staat« (D 7,9; HdV).

15 *Zum Thema der ›materiellen Folgen‹ vgl. des weiteren:* D 7,8ff.; D 8; D 9,55ff.; D 10,67f.; D 12,73ff.; D 15,37ff.; D 16,75ff. u. ö.
16 *Zum Problem der ›sozialpsychologischen Folgen‹ vgl. u. a.:* D 4,92; D 6,110f.; D 8; D 9,55ff.; D 10,67f.; D 12,73ff.; D 15,37ff.; D 16,75ff. u. ö.

Arbeitslosigkeit »*ist* . . . eine Bedrohung der sozialen Gerechtigkeit« (D 4,92; HdV); »*anhaltende* Arbeitslosigkeit in unserem Lande würde deshalb bedeuten, daß die von der sozialen Marktwirtschaft selbst gesetzten bzw. von ihr anerkannten Ansprüche und Maßstäbe in Frage gestellt wären« (D 9,59; HdV) – vor dem Hintergrund ihrer derart beschriebenen ›Folgen‹ und im Bewußtsein »kaum wieder gutzumachende(r) negative(r) Erfahrungen mit unserer Gesellschaft« (D 10,67) ist es für einige Dokumente daher nur konsequent, daß »zur Bewältigung des Arbeitslosenproblems auch Maßnahmen erwogen werden (müssen), die nicht in die gewohnten Denkschemata und Erwartungshaltungen passen« (D 9,60); *oder*: Bei dem Versuch »eine(r) Neuorientierung des Systems der sozialen Sicherung« (D 6,111) dürfen »auch unpopuläre und auf Widerstand stoßende alternative Lösungsmöglichkeiten . . . auf Dauer nicht außer acht gelassen werden« (D 3,153); *zusammenfassend* läßt sich daher sagen: Im Blick auf die im Kontext von struktureller Arbeitslosigkeit auftretenden individuellen und gesellschaftlichen Folgen ist bei der Mehrzahl kirchlicher Stellungnahmen – insbesondere aber bei den Äußerungen kirchlicher Institutionen und Verbände (D 15–22) – ein sehr deutlich artikuliertes Bewußtsein davon nachweisbar, »daß unser sozialer Rechtsstaat in der Richtung auf mehr soziale Gerechtigkeit weiterentwickelt werden muß«; ein Bewußtsein davon, daß dies ohne »Konsequenzen in den Bereichen der Wirtschafts-, Sozial-, Arbeitsmarkt-, Bildungs-, Tarif- und Personalpolitik« nicht möglich ist (D 4,92), und daß daher »eine deutliche Veränderung der Prioritäten bei wirtschafts- und gesellschaftspolitischen Entscheidungen . . . notwendig ist« (D 7,8). »Wenn auch nur die Hälfte dessen, was von protestantischer Seite an Forderungen zur Wiederherstellung der Vollbeschäftigung erhoben wird, in die Wirklichkeit umgesetzt werden könnte, wären wir auf dem Weg in eine andere Wirtschafts- und Sozialordnung«[17] – ein Resümee, bei dessen Bewertung der Adressat nicht übersehen werden darf, für den diese Zusammenfassung bestimmt ist.

2.2 Die Rolle der Kirche

2.2.1. Was die Kirche nicht kann

»Werden nicht viele Synodale bei der Behandlung dieses Themas überfordert sein?« *Und:* »Was ist eigentlich unsere Kompetenz?« (D 5,147.157) – mit der in diesen beiden Äußerungen begegnenden

17 Evangelische Kirche und Arbeitslosigkeit. Informationen – Forderungen – Einschätzungen, in: Sozialdemokratische Partei Deutschlands (Hg.), Informationsdienst Kirchenfragen 4 (1977), Nr. 2, Bonn 1977, 19.

spontanen Skepsis wird der theologische Hintergrund erkennbar, vor dem eine kirchliche Diskussion zum Thema ›Arbeitslosigkeit‹ stattfindet, deren durchgängig nachweisbares Kennzeichen der Zweifel daran ist, ob die Kirche theologisch überhaupt fähig ist, Arbeitslosigkeit zu *ihrem* Thema zu machen:

- »Die Kirche hat kein Mandat zur Beantwortung wirtschaftlicher Fragen« (D 9,58);
- »Zu konkreten Vorschlägen Stellung zu nehmen ... ist nicht Auftrag der Kirche. Das geht die Sachverständigen und die Verantwortlichen an« (D 13,68);
- »Die Bischöfe ... waren sich dabei bewußt, daß sie auf den Gebieten von Wirtschaft und Naturwissenschaft keine besondere Kompetenz haben« (D 14,77);
- »... auch wir Christen (haben) nicht einfach eine Patentlösung ..., wie die Arbeitslosigkeit insgesamt beseitigt werden könnte« (D 12,73);
- »Ich kann auch keine allgemeinen Lösungen anbieten« (D 11,3);
- »Auch wir haben freilich kein Wunderrezept zu ihrer schnellen Behebung« (D 19,1)

– als ob die Kirche im Zusammenhang der Arbeitslosenproblematik je Adressat derjenigen Erwartungen gewesen ist, die sie in diesen Wendungen als außerhalb ihrer Kompetenz zurückweist; das Eingeständnis, daß *auch* die Kirche ›keine allgemeinen Lösungen‹ anzubieten vermag, fällt um so leichter, als sie in Sachen Arbeitslosigkeit *niemals* Instanz für *allgemeine* Lösungen gewesen ist. Was derart als ›Vorwurf‹ entkräftet wird, ist den Kirchen niemals vorgeworfen worden. Anders verhält es sich freilich im Blick darauf, daß die beiden Kirchen in ihrem eigenen, *speziellen* Bereich als der nach Bund, Ländern und Gemeinden zweitgrößte Arbeitgeber der Bundesrepublik tätig ist. Daß die Kirche allgemeine Lösungen nicht anzubieten hat, nimmt ihr nicht die Gelegenheit, »*ihre* Möglichkeiten als Arbeitgeber beispielhaft aus(zu)schöpfen«. Hier in der Tat gilt die aus einem anderen Zusammenhang stammende Bemerkung: »Ich bin ... der Meinung, daß wir, wenn wir uns als Kirche mit diesem Thema (sc. der Arbeitslosigkeit) befassen, eine ganz bestimmte Aufgabe haben, nämlich uns als Kirche zu beweisen« (D 5,395.147; HdV). *Oder auch:* »Die Kirche ist Arbeitgeber wie andere Arbeitgeber auch, und bevor man von anderen etwas fordert, sollte man auf sich selbst sehen« (aaO., 173). Und – was angesichts der hier ausgewerteten Dokumente auch nicht bestritten werden kann: »Die Kirche erkennt die Verantwortung, die sie selbst angesichts des Problems der Arbeitslosigkeit als Arbeitgeber hat.« In Gestalt kurzfristiger Maßnahmen stellen die Finanzausschüsse der Landeskirchen und Diözesen immer wieder Beiträge zur Verfügung, um »im Rahmen der staatlichen Programme und Finanzierungsmöglichkeiten Arbeitsbeschaffungsmaßnahmen durchzuführen« (D 7,13). Bei der Lektüre der einschlägigen Synodalverhandlungen läßt sich der Eindruck nicht abweisen, als ob die Bewilligung der diesbezüglichen Haushaltsmittel kaum je ernsthaft strittig ist. Die gewisse Art von Selbstverständlichkeit, mit der finanzielle Verpflichtungen wahrgenommen werden, bildet den gleichsam nicht in Zweifel gezogenen Hintergrund, vor dem die Kirchen angesichts struktureller Arbeitslosigkeit ihre *besondere* Aufgabe zu bestimmen versuchen.

2.2.2 Was die Kirche als ihre Aufgabe ansieht

»Der Kirche kann es nicht gleichgültig sein, wenn die erreichte soziale Stabilität unseres Gemeinwesens von der wirtschaftlichen Entwicklung bedroht wird und viele Menschen in unserem Land erheblicher Unsicherheit und steigendem Druck ausgesetzt sind. Sie muß ... zu einer Überwindung der Probleme beitragen. Dieser Beitrag könnte gleichzeitig in *dreierlei* Hinsicht geleistet werden«:

»1. *Theologisch* neu nachdenken über den Stellenwert der Arbeit im menschlichen Leben.
2. Seelsorgerische und *diakonische* Hilfe zur Überwindung konkreter Nöte anbieten.
3. Beteiligung an einer *offenen Diskussion* gesellschaftlicher und politischer Lösungsmöglichkeiten« (D 3,154; HdV).

Überprüft man die ›Kirchlichen Dokumente‹ unter dem Gesichtspunkt dieser *dreifachen Aufgabenzuweisung,* so lassen sich die Ergebnisse unter den Stichworten *›Theologie‹*, *›Diakonie‹*, *›Öffentlichkeitsauftrag‹* in den nachstehenden drei Abschnitten der Reihe nach wie folgt zusammenfassen.

2.3 Theologie

Angesichts der durch Arbeitslosigkeit angegriffenen »Grundwerte unserer Gesellschaft« (D 10,67) sieht die Kirche ihre besondere Aufgabe zunächst darin, »die Frage nach dem Sinn der Arbeit neu zu durchdenken« (D 5,191). »Als im vorigen Jahrhundert arbeitslose Menschen vom Land in die Stadt flohen, war der Satz ›Arbeit macht frei‹ nicht falsch. Inzwischen ist er zur tötenden Lüge geworden. Heute haben wir zu fragen, welche Bedeutung die Arbeit für die Freiheit des Christenmenschen hat.«[18] Derart nötigt die Krise der Arbeit zur Revision des christlichen Arbeitsethos, dessen ›ökonomische Verengung‹ auf ›bezahlte Arbeit‹[19] ebenso

18 Im Dienst. Informationen für Mitarbeiter der Evangelischen Kirche im Rheinland 1978, Nr. 1,29.

19 *Vgl. zum Beispiel:* D 5,412; D 6,109; D 9,57.59.

kritisiert wird wie die industrielle Organisation der Arbeitsvollzüge:

»Die noch immer vorherrschende wissenschaftliche Betriebsführung (Taylorismus), deren Prinzip es ist, möglichst alle Produktionsvorgänge in kleine, meßbare Arbeitsschritte zu zerlegen, fördert nachhaltig eine Instrumentalisierung der Arbeit, d. h. Arbeit wird fast ausschließlich als Mittel zum Gelderwerb angesehen. Traditionell mit Arbeit verbundene Werte wie *Entfaltung von Fähigkeiten, Freude an Arbeitsvollzug und Produkt, Dienst am Mitmenschen, Beitrag zum Gemeinwohl* werden weitgehend funktionslos bzw. bleiben nur den relativ wenigen vorbehalten, die schöpferisch tätig oder verfügungsberechtigt sind« (D 9,56f.; HdV)[20].

Unter den derart skizzierten Bedingungen industrieller Arbeit steht das Plädoyer »für ein neues ... Verständnis der Arbeit« (D 5,411) in der Gefahr, ein bloßes Postulat zu bleiben; eine Behauptung, zu deren Begründung auf folgende Äußerungen verwiesen wird: »Arbeit und Beruf sind ... in christlicher Sicht mehr als nur Einkommensquelle ... Sie sind zugleich Dienst an der Gemeinschaft. In ihnen *soll* der Mensch auch seine Anlagen und Fähigkeiten verwirklichen. Arbeit und Beruf *sollen* zur Sinngebung und -erfüllung des gesamten menschlichen Lebens beitragen« (D 2,343; HdV). *Oder:* »Arbeit als Schöpfungsauftrag des Menschen *soll* Leben erhalten, Fähigkeiten entfalten und Gemeinschaft stiften« (D 9,57; HdV). Vor dem Hintergrund der industriellen Arbeitswelt gelesen, wird die mit diesen Äußerungen vollzogene theologische Einschärfung dessen, was Arbeit im christlichen Verständnis sein *soll,* zur Bestätigung dessen, was sie faktisch *nicht ist:* »Anstatt dem Menschen zu helfen, mehr Mensch auch zu werden, entmenscht sie ihn. Anstatt ihn zu entfalten, erstickt sie ihn unter der Decke drückender Langeweile. Die Arbeit bleibt doppelwertig, und der Arbeitsprozeß läuft Gefahr, den Arbeiter zu entpersönlichen, bis er schließlich Sklave der Arbeit geworden ist, ihr seine geistigen Fähigkeiten und seine Freiheit opfert, um dann ganz seine Würde einzubüßen.«[21] Eine theologische Neubestimmung der Arbeit muß

20 »Längst haben sich Normen der Arbeitswelt – zum Beispiel die Auslegung der Arbeit als zu messende Leistung – Eingang in das ›interne‹ Wertsystem und die Gefühlswelt der Familie verschafft und verdrängen hier die qualitative, die emotional gestaltete Kommunikation. Der Irrglaube, daß der Mensch durch Arbeit, deren Wert entscheidend im finanziellen Entgelt ausgedrückt wird, die ›Selbstverwirklichung‹ des Menschen ermögliche, erdrückt vielfach die humaneren Wertvorstellungen und Lebensmöglichkeiten.« (H. E. Tödt, Arbeitslosigkeit als Problem unserer Kirche, in: Ders., Das Angebot des Lebens. Theologische Orientierung in den Umstellungskrisen der modernen Welt [GTB Siebenstern 254], Gütersloh 1978, 131f.).

21 Paul VI.: Ansprache vor der Internationalen Arbeitsorganisation vom

sich ihrem Gegenstand gegenüber durch ›Realitätsbezogenheit‹ ausweisen (vgl. D 9,56); statt zu fordern: Der »Mensch *(darf)* nicht zum Gegenstand ... wirtschaftlicher Prozesse erniedrigt werden« (D 13,68; HdV), ist derart bei der Erkenntnis einzusetzen, daß in bestimmten Arbeitsvollzügen der Mensch längst zum Gegenstand wirtschaftlicher Prozesse erniedrigt worden *ist.* Dies vorausgesetzt, *hat* »die theologische Überlegung ... davon aus(zu)gehen, daß die Arbeitslosen in unserem Land ... vor allem Produkt des Leistungsprinzips sind, das sich in der ökonomischen bzw. personalpolitischen Kosten-Nutzungs-Rechnung niederschlägt. Aufgrund dieses Kalküls werden sie überflüssig«[22].

Die Kritik an extremisierter ›Leistung‹ und ökonomisierter ›Arbeit‹ schließt für die Kirchen Selbstkritik im Blick auf diejenigen Traditionen ein, die insbesondere im Kontext der protestantisch-calvinistisch geprägten Arbeitsmoral zu jener Absolutsetzung des Wertes der Arbeit beigetragen haben, die man jetzt beklagt: »›Rastlosigkeit‹, Arbeit als Gottesgebot und Erfüllung des Lebens, Bewährungsbewußtsein in der von Gott gesegneten Arbeit, Gewinnstreben für das Wachstum der Unternehmung«[23] – Einstellungen, deren Revision von einzelnen Stellungnahmen so selbstverständlich verlangt wird, daß man sich unwillkürlich die Frage stellt: Warum *erst jetzt* – in der Situation anhaltender Arbeitslosigkeit – die Forderung: »Wir müssen davon wegkommen, Erwerbsarbeit, wirtschaftlichen Erfolg und Konsum zu glorifizieren« (D 9,61)? Warum *so spät* der Hinweis: »Bei der Erörterung des christlichen Verständnisses der Arbeit muß der relative Wert der Arbeit (Selbstverwirklichung nur durch Arbeit?) ... berücksichtigt werden« (D 5,412)? Diese Fragen lassen sich in der Einsicht zusammenfassen, daß es im Zusammenhang ihrer historischen Verspätung für theologisch ›richtige‹ Erkenntnisse durchaus einen, wenn nicht ›falschen‹, so doch jedenfalls ›problematischen‹ Zeitpunkt gibt. Gerade weil für den, der ohne Arbeit ist, Arbeit zum absoluten Wert wird, wird man ihm – dem Arbeitslosen – am allerwenigsten abverlangen,

10. VI. 1969; zit. n.: Texte zur katholischen Soziallehre, 477. *Zur Interpretation vgl.:* O. v. Nell-Breuning, Soziallehre der Kirche. Erläuterungen der lehramtlichen Dokumente, hg. von der Katholischen Sozialakademie Österreichs, Wien 1977², 181–188.

22 Amt für Industrie- und Sozialarbeit der EKHN (Hg.), Überlegungen zur wirtschaftlichen Situation und zur Arbeitslosigkeit, Frankfurt o. J., Absatz 11.

23 D 16,37; mit Verweis auf: W. Conze, Art. Arbeit, in: Geschichtliche Grundbegriffe. Historisches Lexikon zur politisch-sozialen Sprache in Deutschland, Bd. I, Stuttgart 1972, 190f.

er habe den *relativen* Wert der Sache einzusehen, von der er *nichts* besitzt[24]: Nur der, der Arbeit hat, vermag deren ›relativen‹ Wert zu erkennen; gleichwohl ist die theologische Forderung ›Anerkennung des relativen Werts der Arbeit‹ angemessen, wenngleich es einzusehen gilt, daß ineins mit der ökonomischen Verknappung von Arbeit deren begrenzte Verfügbarkeit schon ausgesprochen ist, die die Theologie mit dieser Forderung wiederholt.

Der Versuch, der Extremisierung des Werts der Arbeit ein Ende zu setzen, verweist im Kontext theologischer Argumentation auf grundsätzliche Probleme im Verhältnis von ›Theologie‹ und ›moderner Arbeitswelt‹. Zwar soll das skizzierte Beispiel nicht überbetont werden; eher schon ist Anlaß zu der Feststellung: Der Versuch, die Strukturprobleme der Arbeit im individualisierenden Rückverweis auf die Person des arbeitenden Subjekts anzugehen, ist für die Texte *insgesamt* weithin *nicht* charakteristisch – eben dies ist ja der Vorwurf, den einige Stellungnahmen gegen die Adresse derer erheben, die für Arbeitslosigkeit allein deren Opfer verantwortlich sehen[25]. Schwierigkeiten grundsätzlicher Art tauchen vielmehr im Umkreis solcher Formulierungen auf, von denen man sich theologisch eine Lösung des thematischen Problems verspricht: »Eine theologische Ethik der Arbeit muß Wertmaßstäbe entwikkeln, die *zugleich realitätsbezogen sind und die biblische Tradition zur Geltung bringen*« (D 9,56; HdV). So wenig bestritten werden kann, daß alle Dokumente diesem ›Zugleich‹ verpflichtet sind, so sehr differieren einige Stellungnahmen in methodischer Hinsicht bei dem Versuch, gegenwärtiger Realität und biblischer Tradition *zugleich* gerecht zu werden; in vereinfachender Darstellung können *zwei* argumentative Ausgangslagen wie folgt voneinander unterschieden werden: *Einerseits,* von einer *›bibelbezogenen‹* Ausgangsüberlegung ausgehend, der Versuch, das biblische Verständnis der Arbeit für deren gegenwärtige Problematik fruchtbar zu machen: »Während die Heilige Schrift oft von der Mühe der Arbeit (Gen 3,17f.; Ps 90,10; Pred 4,4) und ihrer Notwendigkeit zur Lebenserhaltung (2 Thess 3,10) spricht, enthüllt sich im Verlust plötzlich ein eigener Wert der Arbeit. Sie erweist sich als der geheime Maßstab unserer Leistungs- und Konsumgesellschaft« (D 8). *Anders* der *›realitätsbezogene‹* Ausgangspunkt, der vor allem für die Stellungnahmen kirchlicher Institutionen und Verbände charakteristisch ist (vgl. insbes. D 15–18.21): Wir, *»die wir von der*

24 *Vgl. zum Beispiel:* »Der Nichtarbeitende kann erkennen, daß Leistung und Gelderwerb nicht den ganzen Menschen ausmachen ...« (Evangelischer Erwachsenenkatechismus, 681).

25 *Vgl. z. B.:* D 6,110f.; D 9,63 u. ö.

Realität des Alltagslebens ausgehen, haben in den Untersuchungen ... (der) letzten beiden Jahre festgestellt: daß nicht der Mensch und seine Arbeit im Mittelpunkt unseres Wirtschaftssystems steht, sondern Profit und Erwerbsstreben« (D 21,79; HdV). Bei diesem Ansatz ist die ›Ausgangssituation‹ durch die ›ökonomischen Zusammenhänge‹ vorgegeben (D 15,1ff.); Daten und Statistiken zur konjunkturellen Entwicklung (D 16,1ff.) werden, wie in der ›Villigster Studie‹, in der Absicht diskutiert, »generalisierende und pauschalisierende Urteile über Ursachen und Bekämpfungsmöglichkeiten zu vermeiden und zu einer differenzierteren Betrachtungsweise (sc. der Arbeitslosigkeit) vorzudringen«. Das zuletzt zitierte Dokument, bei dem es sich dem Vorwort zufolge um einen »auf Anregung der Kirchenleitung« geschriebenen ›Zwischenbericht‹ als Vorlage der Landessynode handelt, macht deutlich, daß der kircheninstitutionelle ›Sitz im Leben‹ dieses Typs realitätsbezogener Recherchen bei den landeskirchlichen ›Sozialausschüssen‹ bzw. den ›Ämtern für Industrie- und Sozialarbeit‹ zu suchen ist; *sie* vor allem tragen der Einsicht Rechnung, daß das Thema ›Arbeit‹, obwohl dem Zentrum der gesellschaftlichen Lebenszusammenhänge am nächsten, theologischer Reflexion nicht *unmittelbar* zur Verfügung steht. Weil »das Christentum ... keine Sozialtheologie (hat), d. h. keine aus seiner religiösen Idee *unmittelbar* entspringende Sozialtheorie ...«[26], darf eine ›Theologie der Arbeit‹ sich mit einer »bloß summarische(n) Evokation von Schrift- und Traditionsbelegen«[27] gerade *nicht* zufrieden geben.

2.4 Diakonie

Überblickt man die Dokumente zum Thema, so kann kein Zweifel daran sein, daß die Kirche sich durch das Problem der Arbeitslosigkeit vor allem *diakonisch* herausgefordert fühlt:

»Die Kirche hat eine besondere Verantwortung für den *einzelnen* von Arbeitslosigkeit betroffenen Menschen. Sie muß diese konkrete Not in

26 E. Troeltsch, Die Sozialphilosophie des Christentums, Zürich 1925, 5; (HdV).

27 M. D. Chenu, Art. Arbeit, in: Sacramentum Mundi, I,312: Da die biblischen »Texte mit wirtschaftlichen Voraussetzungen, Denkkategorien und Bedingtheiten ihres Ortes und ihrer Zeit aufs engste verknüpft sind, können sie nur auf der höheren Ebene einer Heilsökonomie Gottes, die sie insgesamt offenbaren, und in Verbindung mit einer Naturphilosophie, die sie selbst nicht zu liefern hatten, richtungsweisend sein. Das aber heißt, daß ihr Licht nur dort erhellend wirkt, wo man zuvor die Evolution der irdischen Gegebenheiten, die gesellschaftliche und kulturelle Entwicklung, die wissenschaftliche und technische Bewältigung der Natur reflektiert, kurz: eine Philosophie der irdischen Wirklichkeiten erstellt hat« (aaO.).

Verkündigung, Gebet und Seelsorge zu ihrer eigenen Sache machen« (D 7,11; HdV).

Es ist das in allen einschlägigen Äußerungen durchschimmernde *Problem* der Kirche, daß sie dabei *zugleich* erkennen muß:

»Weil das Schicksal des einzelnen aber mitbedingt ist durch die *gesellschaftliche Situation*, genügt es nicht, daß sich die Kirche um den einzelnen Arbeitslosen kümmert. Sie kann sich der seelsorgerlichen Aufgabe nur dann glaubwürdig zuwenden, wenn sie die sozialen Aspekte nicht vernachlässigt« (D 9,54; HdV).

Der diakonischen Herausforderung entspricht die Skepsis, mit den Mitteln der Diakonie dieser Herausforderung gewachsen zu sein: »Soll sich die Kirche auf die Seelsorge an den von der Arbeitslosigkeit Betroffenen beschränken *oder* muß sie sich auch an der Beseitigung ihrer Ursachen beteiligen?« Die Einsicht, daß es sich bei dieser Frage »um eine *falsche Alternative* handelt« (D 5,411; HdV), ist ihrerseits noch keine Antwort auf die Probleme, die mit dieser, in vielfachen Variationen begegnenden Formulierung zur Diskussion stehen. Diakonische Tätigkeit anerkennt den Satz, daß »Arbeitslosigkeit ... nicht einfach privates Mißgeschick (ist)«, indem sie ergänzend darauf hinweist, daß *der* Arbeitslose, mit dem sie es in der konkreten Situation seelsorgerlicher Begleitung zu tun hat, *die* Arbeitslosigkeit weithin gerade *so* erfährt: als ›privates Mißgeschick‹ oder auch als ›persönlichen Makel‹, den es vor der Öffentlichkeit – erst recht »vor der Kirche und ihren Repräsentanten« (D 9,58.62) – zu verbergen gilt; dies nur als *ein* Beispiel dafür, daß man »sozialen Mißständen ihre Explosionskraft« dadurch nehmen kann, »indem man sie zu Problemen ... nicht ganz unschuldiger Minderheiten stempelt«[28]. Gelingt es, die Opfer von Arbeitslosigkeit als deren Täter erscheinen zu lassen, so ist dieses Experiment geglückt. Insofern die in derartigen Akten subjektiver Legitimierung sich vollziehende Umdeutung sozialer Ungerechtigkeit Voraussetzung dafür ist, daß strukturelle Arbeitslosigkeit im Bewußtsein der Nichtbetroffenen so erfolgreich verdrängt zu werden vermag, wird man diakonische Initiativen, sofern sie um Aufdekkung dieses Zusammenhangs bemüht sind, gegen den Vorwurf gesellschaftlicher Irrelevanz nicht eigens verteidigen müssen.

»Auch in unseren Pfarrgemeinden gibt es manche, die sagen: Wer Arbeit finden will, findet sie; Arbeitslose sind faul und wollen gar nicht arbeiten. Andere meinen: arbeitslose Jugendliche sind Drückeberger oder Kriminelle. Dies mag auf den einen oder anderen zutreffen; aber so allgemein gesagt, ist es ein unchristliches und in seiner Wirkung gefährliches Vorurteil« (D 11,1).

28 K. G. Zinn; zit. n.: S. Katterle, Arbeitslosigkeit und Wirtschaftspolitik, in: Zeitschrift für Evangelische Ethik 23 (1979) 32–47,37.

Die vor diesem Hintergrund einer konkret benannten parochialen Situation sich entfaltende diakonisch-seelsorgerliche Absicht, wie sie insbesondere für das ›Wort des Bischofs von Limburg zur Jugendarbeitslosigkeit‹ charakteristisch ist, kann anhand derjenigen Adressaten näherhin präzisiert werden, die von diesem Dokument in direkter Rede angesprochen werden:

Mit Blick auf *Unternehmer und Arbeitgeber* wird gefordert: »Schafft zusätzliche Lehrstellen und Arbeitsplätze für Jugendliche, auch wenn dies eine wirtschaftlich noch verantwortbare Einbuße bringt.« »Tun Sie alles Erdenkliche, um möglichst vielen Jugendlichen das schwere Schicksal zu ersparen, ohne Lehrstelle zu bleiben.« Die *Eltern* werden angeredet: »Helfen Sie Ihren Söhnen und Töchtern beim Suchen einer Lehrstelle!« »Wenn trotz aller Bemühungen keine Lehrstelle gefunden wurde, sollten die Eltern ihren heranwachsenden Kindern Mut machen und ihnen zu Erfolgserlebnissen verhelfen, wo immer dies möglich ist.« Die *Freunde und Bekannten* »arbeitsloser Jugendlicher möchte ich aufrufen: Wenn ihr selbst eine Stelle habt, laßt nicht zu, daß eure arbeitslosen Altersgenossen sich verkriechen. Geht ihnen nach, wenn sie sich verschämt zurückziehen.« Und schließlich: »Den *arbeitslosen Jugendlichen* selbst kann ich nur sagen: Laßt Euch nicht unterkriegen. Macht Euch nichts daraus, wenn Ihr zu Unrecht schief angesehen werdet ... Geht weiter in Euren Club, zu den Treffs mit den Gleichaltrigen« (D 11,3ff.).

Die konkrete Zuwendung »zum Bruder und zur Schwester, die sich in Not befinden« (D 12,73), ist daher die Gestalt, in der die Kirchen auf der Ebene der Gemeinden die *»diakonische Urfunktion der Begleitung«* (D 5,402; HdV) wahrzunehmen suchen: »Seelsorge müßte zunächst darauf zielen, daß sich der Arbeitslose ›angenommen‹ und verstanden fühlt . . .« (D 9,63); mit anderen Worten: »Es ist . . . bereits eine Hilfe, wenn wir den Arbeitslosen mit Verständnis für ihre Situation begegnen . . .« (D 12,73); *oder auch:* »Es könnte entlastend wirken, wenn hier (sc. in den Gemeinden und bei den Betroffenen) das Bewußtsein wächst, daß Arbeitslosigkeit *nicht individuelle Schuld, sondern kollektives Schicksal ist«* (D 9,63; HdV) – wobei im Begriff des *›kollektiven Schicksals‹* wie auch bei einer Wendung wie »Das Problem der Arbeitslosigkeit ist über uns gekommen . . .« (D 19,1) ein weiteres Mal die Frage nach den *Ursachen* ungestellt bleibt – eine Thematik, die (sieht man von den in Dokument 21 vorliegenden CAJ-Resolutionen einmal ab) einzig in der ›Erklärung der katholischen Seelsorger des Dekanats Saarbrücken–Malstatt–Burbach‹ eine bestimmende Rolle spielt: »Wir glauben nicht daran, daß Strukturmisere und Arbeitslosigkeit in unserem Land und weltweite Wirtschaftskrise ein Naturereignis, ein unabänderliches Schicksal sind, das alle überwältigt. Dahinter stecken handfeste Interessen und gezielte

Kämpfe, die auf dem Buckel der Kleinen ausgetragen werden« (D 22,83).

Dieser auf den *›konkreten einzelnen‹* abstellenden Arbeit, der hier im Detail nicht nachgegangen werden kann[29], entspricht es, wenn die diakonischen Werke im Gegenzug sich mit ihren Vorschlägen gleichsam *›an alle‹* wenden: »Ich bin davon überzeugt«, so heißt es in einer Erklärung des Präsidenten des Diakonischen Werkes der EKD vom Oktober 1977,

»daß der Teil der Bevölkerung, der in Arbeit ist und sich, im Weltmaßstab gesehen, eines Spitzeneinkommens erfreuen darf, bereit ist, zugunsten der von der Arbeitslosigkeit Betroffenen im Augenblick auf weitere Verbesserung ihrer Situation zu verzichten. Als konkreter Schritt zur Verbesserung des Arbeitsmarktes sollte daher ernsthaft überlegt werden, ob nicht *alle Beschäftigten* in der Bundesrepublik Deutschland *im Jahre 1978 auf eine reale Lohn- und Gehaltserhöhung verzichten* sollten« (D 19,1f.)[30].

Zusammenfassend: »So wichtig die konkrete Einzelhilfe für Arbeitslose ist – die Kirche wird sich auch an der gesellschaftlichen *Diskussion über Ursachen und Lösungsmöglichkeiten der Arbeitslosigkeit* beteiligen müssen, wenn sie ihrem Auftrag treu bleiben will.«[31]

29 »Mit dem konkreten Engagement für die Betroffenen steht und fällt die Glaubwürdigkeit dessen, was die gesellschaftlichen Gruppen, damit auch die Kirche, zur Arbeitslosigkeit zu sagen haben. Darum mögen diejenigen zwar recht haben, die behaupten, dem Problem der Arbeitslosigkeit sei nicht mit karitativer Einzelfallhilfe, sondern nur mit der Veränderung wirtschaftlicher und gesellschaftlicher Entscheidungsstrukturen und -maßstäbe beizukommen; doch kann gerade diese Forderung ihre Glaubwürdigkeit nur daraus gewinnen, daß die Not jedes einzelnen Betroffenen ernstgenommen wird.« (W. Sohn, Arbeitslosigkeit – Recht auf Arbeit. Die Gemeinde ist gefragt, in: Stimme der Arbeit 20 [1978] 51–52,52).

30 *Dieser Vorschlag wird wie folgt konkretisiert:* »Um die Zahl der Arbeitslosen abzubauen, werden die in den Haushalten und Wirtschaftsplänen für 1978 eingeplanten Lohnerhöhungen arbeitsmarktpolitisch eingesetzt. Das könnte folgendermaßen praktiziert werden: *Alle öffentlichen Haushalte sowie die privaten Organisationen ohne Erwerbscharakter* (Kirchen, Gewerkschaften usw.) werden verpflichtet, bzw. verpflichten sich freiwillig zur zusätzlichen Ausgabe der durch den Verzicht der Beschäftigten auf weitere Lohnsteigerungen gesparten Beträge. Diese Ausgaben können durch Investitionen oder durch Einstellungen zusätzlichen Personals oder durch Ausweitung der Ausbildungsanstrengungen erfolgen. *Alle Unternehmen* werden tarifvertraglich verpflichtet, ihre Ausbildungs- bzw. Fortbildungsausgaben um den gleichen Betrag zu erhöhen oder zusätzliches Personal einzustellen. *Die öffentlichen Haushalte* sollten zusätzliche Ausgaben insbesondere für mehr qualitatives Wachstum verwenden. Das bedeutet: Mehr Anstrengungen beispielsweise im Bildungsbereich, in der Umwelterhaltung, in der Infrastruktur, im sozialen Bereich und in der Forschung« (D 19,2).

31 Amt für Industrie- und Sozialarbeit der EKHN (Hg.), Überlegungen

2.5 Öffentlichkeitsauftrag

Fragt man danach, wie die Kirchen den ›Öffentlichkeitsauftrag‹, den sie für sich in Anspruch nehmen, im Zusammenhang der »Diskussion über Ursachen und Lösungsmöglichkeiten der Arbeitslosigkeit« wahrnehmen, so wird man mit der Feststellung einsetzen müssen, daß die *kirchenamtlichen* Dokumente dieser Auswahl sich an der Diskussion über die *Ursachen* von Arbeitslosigkeit fast durchgängig *nicht* beteiligen – dies jedenfalls ist für die protestantischen Stellungnahmen die Regel; was die *Wirtschaftsentwicklung* angeht, so herrscht ganz allgemein »der Eindruck, als sei der Mensch, der meinte, die Natur im Griff zu haben, nicht mehr in der Lage, den Prozeß zu meistern, den er selbst ausgelöst hat. Er herrscht nicht mehr über die Wirtschaft; sie beherrscht ihn. Die ernsten Fragen, welche die gegenwärtigen krisenhaften Erscheinungen dem menschlichen Gewissen stellen, betreffen alle. Da es sich hier um die Zukunft des Menschen und der Gesellschaft handelt, ist auch die Kirche nach ihrer Antwort gefragt« (D 14,76f.). Doch wie sieht kirchlicherseits die Antwort aus?

»Die Kirche hat kein Mandat zur Beantwortung wirtschaftlicher Fragen. Da aber die Wirtschaft ein Geschehen ist, das sowohl den einzelnen wie die Gesamtheit betrifft, muß die Kirche fragen, wie sich die Lösung wirtschaftlicher Probleme auf die hierdurch betroffenen Menschen auswirkt. Sie kann deshalb nicht zulassen, daß Dauerarbeitslosigkeit als unvermeidbar angesehen oder verharmlost wird und daß die Masse der Nichtbetroffenen bedauernd aber achselzuckend zur Tagesordnung übergeht. Zugleich muß sie darauf achten, daß bei der Lösung wirtschaftlicher Probleme ethische Grundwerte nicht außer Kraft gesetzt werden. Sie muß diese Dimensionen auch in die öffentliche Diskussion einbringen« (D 9,58).

Mit anderen Worten: Während die hier untersuchten kirchlichen Dokumente im Bereich der *Problembeschreibung* (›Was bedeutet Arbeitslosigkeit für den einzelnen Menschen?‹) um eine nicht-verharmlosende, d. h. *realistische Position* bemüht sind, versuchen sie auf dem Feld der öffentlich diskutierten *Problemlösungen* (›Wie kann Arbeitslosigkeit behoben werden?‹) christliche Grundwerte – wie z. B. die ›Sozialpflichtigkeit des Eigentums‹ – als *ethisches Korrektiv* zur Geltung zu bringen; um in diesem Zusammenhang nur *ein* Beispiel zu nennen:

»Ein Vorschlag zur Behebung des Arbeitslosenproblems ist nicht diskutabel, obwohl er manchenorts Zustimmung findet: die Zwangsrückkehr der ausländischen Arbeitnehmer. Wir dürfen *die* Menschen, die wir für die

zur wirtschaftlichen Situation und zur Arbeitslosigkeit, Absatz 13; (HdV). Dieses Zitat, das von mehreren Vorstudien zu Dokument 9 belegt wird, ist in dessen endgültiger Fassung nicht mehr enthalten.

Steigerung unseres Wohlstandes in unser Land geholt haben, nicht als konjunkturelle oder strukturelle Manövriermasse behandeln. Derartige Tendenzen, Forderungen und Praktiken sind durch die Kirche öffentlich zu verurteilen« (D 9,61).

Zusammenfassend kann daher bestätigt werden, daß die Kirchen in *zweierlei* Weise auf die zum Problem der Arbeitslosigkeit geführte öffentliche Diskussion einzuwirken suchen: in *analytischer* Hinsicht gilt zunächst die Einsicht, daß die herangezogenen kirchlichen Dokumente übereinstimmend darum bemüht sind, *realistischen Problemeinschätzungen öffentlich Gehör zu verschaffen;* sodann gilt jedoch auch in *konstruktiver* Hinsicht, daß alle Stellungnahmen *rein ›pragmatische‹ Strategien zur Überwindung der Arbeitslosigkeit als unzureichend ablehnen:*

»Es geht jetzt darum, daß Staat, Tarifvertragsparteien und gesellschaftliche Großgruppen gemeinsame Vorstellungen zur Lösung des Problems entwikkeln. Das darf jedoch nicht dadurch geschehen, daß alle lediglich auf ein verstärktes Wirtschaftswachstum setzen, dessen Ergebnisse den Arbeitslosen nur eingeschränkt zugute kommen ... Die dringend erwünschte Vollbeschäftigung darf nicht durch eine erhöhte Belastung der natürlichen Umwelt, durch eine rücksichtslose Ausbeutung der heute verfügbaren Energie- und Rohstoffvorräte oder durch die Fortsetzung der ungerechten Verteilung der Lebenschancen für die Menschen dieser Erde erkauft werden« (D 7,9; vgl. auch: aaO., 13).

Insofern der problemanalytische Realismus das Faktum struktureller Arbeitslosigkeit *voraussetzt,* in dessen gesuchter Behebung sich der ethische Diskurs der Kirchen entfaltet, kann behauptet werden: Die von den kirchenamtlichen Stellungnahmen dokumentierte Diskussion über ›Lösungsmöglichkeiten des Arbeitslosenproblems‹ wird in eben den Grenzen geführt, die auch für die öffentliche und politische Erörterung dieser Problematik bestimmend sind. *Zum Thema ›Arbeitslosigkeit‹ gehört, daß deren wirtschaftspolitische Ursachen unthematisiert bleiben.* Die Kirche wendet sich nicht an die Verantwortlichen, sie spricht »*alle* Verantwortlichen« an (D 3,153; HdV): »*Alle* Mitglieder der Gesellschaft müssen ... ihren Beitrag zur Überwindung der gegenwärtigen Arbeitslosigkeit leisten« (D 9,59; HdV); *oder auch:* »... die Kirche (ruft) zur *Solidarität* zwischen den gesellschaftlichen Gruppen in unserem Volk ... auf« (D 13,68; HdV). Man wird die für derartige Aufrufe kennzeichnenden kirchlichen Intentionen nicht verkennen wollen, um dennoch die Feststellung treffen zu dürfen: Der *›an alle‹* adressierte ethische Appell, mit dem die Kirchen zu einer *›solidarisch‹* zu erbringenden, *›gemeinsamen‹* Anstrengung aufrufen, benennt kraft der allgemeinen Zustimmung, die ihm sicher ist, zugleich das Motiv, das es erlaubt, zur Tagesordnung überzugehen.

Vergessen oder verdrängt wird, was einzig im Beschluß der ›Gemeinsamen Synode der Bistümer‹ wie folgt beschrieben wird:

»Unsere Gesellschaft wird in weitem Umfang von der Wirtschaft und ihrer Ordnung geprägt, diese wiederum wird maßgeblich bestimmt von Befugnissen, die auf Eigentum (an Produktionsmitteln) gründen oder vom Eigentum hergeleitet werden. Zwischen denen, die solche Befugnisse ausüben, und den Arbeitnehmern, die zum Erwerb von Einkommen auf den Dienst an für sie fremden Produktionsmitteln angewiesen sind, bestehen neben Interessenübereinstimmung auch Interessenunterschiede und -gegensätze und ein Machtungleichgewicht. Trotz der wirtschaftlichen und sozialen Fortschritte und ungeachtet der notwendigen partnerschaftlichen Zusammenarbeit aller an der wirtschaftlichen Leistungserstellung Beteiligten darf diese Polarität nicht bagatellisiert oder gar geleugnet werden. Sie scharf anzusprechen, gehört zu dem Versuch, taugliche Lösungen zu finden, die die Übel von der Wurzel her überwinden« (D 2,340).

Wie immer es auch um Vorschläge bestellt sein mag, die darauf abzielen, strukturelle Arbeitslosigkeit unter gleichzeitiger Beibehaltung ihrer Ursachen beheben zu wollen – die Kirche sollte in der Herausforderung durch Arbeitslosigkeit den Anlaß dazu sehen, ihr öffentliches Eingeständnis fehlender wirtschaftlicher Kompetenz zu überprüfen. Zur Begründung einer solchen Revision kann nicht zuletzt darauf verwiesen werden, daß die Kirche auch in anderen Bereichen nur über *die* Kompetenz verfügt, die sie sich erworben hat. Die nachweisbare Fähigkeit, sich sachkundig zu machen, kann daher für *Strukturprobleme der Wirtschaftsgesellschaft* nicht einfach *grundsätzlich* in Abrede gestellt werden; und dies schon deswegen nicht, weil der diese theologische Nichtzuständigkeitserklärung erläuternde Satz: »Das geht die *Sachverständigen* . . . an« (D 13,68; HdV), immer wieder zur Bestätigung jener *›Sachgesetzlichkeit‹* herangezogen wird, auf die sich die »Praktiker in Politik und Wirtschaft . . . oft . . . gerade dann« berufen, »wenn man das Gebotene und auch Mögliche unterläßt, weil man es in Wahrheit nicht will«[32].

Diese Hinweise mögen genügen, um die Grenzen kirchenamtlicher Äußerungen erkennbar werden zu lassen, über die die Verlautbarungen kirchlicher Institutionen und Verbände (D 15–22) hinauszukommen versuchen:

»Aufgabe der Kirche ist, Verantwortungsbewußtsein zu wecken. Es geht nicht darum, nach dem Schuldigen zu suchen, sondern in erster Linie mitzuhelfen, daß Arbeitslosigkeit in Zukunft nicht mehr einfach als Preis gilt, der für die wirtschaftliche Freiheit zu zahlen ist. Die Zeit eines begrenzten Wirtschaftsaufschwungs ist genau der richtige Augenblick, um darüber nachzudenken, welche Lehren für die Zukunft aus den Erfahrun-

32 Aufgaben und Grenzen, § 25; (HdV).

gen der Vergangenheit gezogen werden müssen ... Die Kirche muß sich stärker als bisher in der gesellschaftspolitischen Diskussion als ein Anwalt umfassender sozialer Gerechtigkeit ausweisen. Wenn die Kirche dieses Anliegen glaubhaft vertreten will, muß sie sich selbst verstärkt den Problemen unserer *Wirtschaftsgesellschaft* stellen ...« (D 16,17f.; HdV).

Vor diesem Hintergrund sei insbesondere auf den Villigster ›Zwischenbericht‹ verwiesen; die dort entwickelten ›Handlungsalternativen zur gegenwärtigen und künftigen Arbeitslosigkeit‹[33] machen deutlich, daß ›Arbeitslosigkeit‹ dazu herausfordert, die Frage nach den Grenzen des kirchlichen Öffentlichkeitsauftrags in neuer Weise zu beantworten.

3. *Schwerpunktanalysen*

Die im Begriff von ›Sockelarbeitslosigkeit‹ nicht selten ökonomisch heruntergespielte Arbeitslosenquote ist eher dazu angetan, den Blick für die sozialpolitische Problematik überzyklisch gewordener Arbeitslosigkeit zu verstellen; nicht die jeweilige *Quote des Umfangs,* sondern das sich ständig vertiefende *Muster ihrer Verteilung* läßt in der Arbeitslosigkeit das *Problem sozialer Ungerechtigkeit* erkennbar werden, das daher folgerichtig auch für einige Dokumente im Mittelpunkt steht. Daher heißt, *die* Arbeitslosigkeit zu thematisieren, *bestimmte,* unter demographischen und sozialen Kriterien (Alter/Geschlecht/Qualifikation/Gesundheit) eindeutig identifizierbare *Gruppen des Beschäftigungssystems* (Jugendarbeitslosigkeit/Frauenarbeitslosigkeit/Arbeitslosigkeit ausländischer Arbeitnehmer/behinderte Arbeitslose) zum Thema zu machen; sie sind – überproportional häufig und überdurchschnittlich lange – die Opfer des Arbeitsmarktes. Entsprechend hat die Analyse der ›Kirchlichen Dokumente‹ einen *ersten* Schwerpunkt im Bereich der *›Jugendarbeitslosigkeit‹* (3.1); das Thema *›Frauenarbeitslosigkeit‹* wird als Gegenstand der *zweiten* Schwerpunktanalyse (3.2) deswegen aufgegriffen, weil mit der Arbeitslosigkeit der Frau, die mit der Dauer der Massenarbeitslosigkeit ständig zugenommen hat, mehr als nur ein Gruppenproblem zur Diskussion steht: Macht man sich klar, daß berufstätige Frauen – über ein Drittel aller Erwerbstätigen – fast die Hälfte der Arbeitslosen stellen (September 1976

33 Diese Handlungsalternativen beziehen sich auf folgende Bereiche: »Grundsätze gesellschaftspolitischen Handelns« (Ziele, Mittel, Träger und Maßnahmen), »Vorschläge zur Wirtschafts- und Finanzpolitik«, »Vorschläge zur Sozial- und Personalpolitik«, »Vorschläge zur Arbeitsmarktpolitik«, »Vorschläge zur Bildungspolitik« (D 16,50–66).

= 47,4%), so wird die Feststellung der Landessynode der Evangelischen Kirche von Kurhessen-Waldeck verständlich: »Die Arbeitslosigkeit der Frau ist gleichzeitig eine grundsätzliche Frage der Stellung der Frau in der Gesellschaft« (D 5,398). Von hier aus ergibt sich auch ein Zugang zu der unter dem Titel ›*Recht auf Arbeit*‹ stehenden *dritten* Schwerpunktanalyse (3.3).

3.1 Jugendarbeitslosigkeit

3.1.1 Kirchliche Perspektiven

Nicht ohne Gründe steht ›Jugendarbeitslosigkeit‹ als zentrales Thema (D 10,11,12,20), das auch von einer Reihe weiterer Dokumente ausführlich behandelt wird[34], im Mittelpunkt kirchlicher Aufmerksamkeit, denn: Unter den von Arbeitslosigkeit »besonders schwer« betroffenen Gruppen der »bisher schon Benachteiligten: Ungelernte, Ausländer, Frauen, Jugendliche, ältere Arbeitnehmer und Behinderte« (D 9,55), bilden Jugendliche (und hier wiederum ›ausländische‹, ›weibliche‹ und ›behinderte Jugendliche‹) *die* Gruppe, die durch die Freisetzung von Arbeit *am schwersten* betroffen ist. Es ist diese »in *besondere Not* geraten(e)« Gruppe arbeitsloser Jugendlicher (D 11,1; HdV), die in Wahrnehmung der seelsorgerlichen Verantwortung für die heranwachsende Generation der »*besonderen Zuwendung* der christlichen Gemeinde« bedarf: »Da die Kirche auch bei Ausschöpfung ihrer Möglichkeiten als Arbeitgeber die Arbeitslosigkeit der Jugendlichen nicht beseitigen kann, ist es um so nötiger, die betroffenen Jugendlichen und die betroffenen Familien in besonderer Weise zu begleiten und zu beraten . . . Wir fordern deshalb die Pfarrer, Mitarbeiter und Kirchenvorsteher auf:

- sich mit den konkreten Problemen der arbeitslosen und von Arbeitslosigkeit bedrohten Jugendlichen in ihrem Bereich auseinanderzusetzen und um Verständnis in der Gemeindeöffentlichkeit zu werben,
- die Jugendlichen und die betroffenen Familien seelsorgerlich zu begleiten,
- sich um Hilfen für ihre Eingliederung ins Arbeitsleben zu bemühen,
- ihnen die Gemeinderäume zu öffnen und sie bei der sinnvollen Gestaltung ihrer freien Zeit zu unterstützen« (D 5,395f.).

Die ›konstruktiven Prinzipien‹ dieses in vielfach modifizierter Gestalt begegnenden kirchlichen Maßnahmekatalogs können näherhin wie folgt präzisiert werden: *Information*[35]; *Kontaktaufnahme* zu

34 *Vgl.:* D 5,395–397; D 9,55f., 63ff.; D 15,13–26; D 16,67–79; D 21,80f.
35 Sich auf der Ebene von Gemeinde, Kirchenkreis und Landeskirche zu

den Arbeitslosen selbst, wie zu den amtlich mit Jugendarbeitslosigkeit beschäftigten Stellen (*dazu:* D 7,15f.); *Projekte*, die der Verbesserung der Qualifikation arbeitsloser Jugendlicher oder auch der Behandlung des Themas im kirchlichen Unterricht dienen können (*dazu:* aaO., 18f.); und – mit »besondere(r) Berücksichtigung der Bedürfnisse von arbeitslosen Jugendlichen« – der Versuch, die *»kirchliche Jugendarbeit«* auszuarbeiten oder zu erweitern in Richtung auf: »1. Angebote von *Kleingruppen*, in denen arbeitslose Jugendliche ihre Probleme offen darstellen und diskutieren können; 2. *Beratungsangebote* (durch Vertreter des Arbeitsamtes, des Stadt- oder Kreisjugendrings usw.); 3. Entwicklung besonderer *Freizeitangebote* (Besichtigungen, Exkursionen, Gespräche mit Kommunalpolitikern, Gewerkschaftern usw.); 4. Möglichkeiten zum persönlichen *Gespräch* (Seelsorge); 5. *Elternarbeit* zur Aufarbeitung der komplexen Problemsituation arbeitsloser Jugendlicher (Familie, Schulerfahrungen, Freizeit usw.); 6. *Wochenend- und Ferienangebote* bei vollständiger oder teilweiser Übernahme der Kosten für arbeitslose Jugendliche« (D 7,17; HdV). Die in den Stichworten »Stärkung des Selbstwertgefühls arbeitsloser Jugendlicher«, »Stabilisierung des persönlichen Verhaltens« (aaO.) benannten Zielsetzungen, auf die hin diese Angebote schwerpunktmäßig ausgerichtet sind, sind ein deutlicher Hinweis dafür, daß eine derartig konzipierte kirchliche Jugendarbeit insbesondere durch die ›sozialtherapeutisch-aufklärerische Funk-

informieren, heißt den Überlegungen der Rheinischen Landeskirche zufolge (D 7,14f.): *»Sammeln von Informationen über:*

- die Arbeitsmarktlage in der jeweiligen Region
- die Zusammensetzung der besonders betroffenen Gruppen (arbeitslose Jugendliche – mit welchem Bildungsabschluß?, Ungelernte, Angestellte, Frauen, Teilzeitarbeit Suchende, ausländische Jugendliche, ältere Arbeitnehmer, Behinderte)
- die Struktur der Arbeitslosigkeit (Kurzarbeit, kurzzeitige Arbeitslosigkeit, Dauerarbeitslosigkeit, nicht gemeldete Arbeitslosigkeit, Arbeitslosenunterstützung, Arbeitslosenhilfe, Sozialpläne usw. Wer ist jeweils betroffen?)
- besondere Engpässe im Angebot von Arbeits- und Ausbildungsstellen
- offene Arbeits- und Ausbildungsstellen
- Kurz-, mittel- und längerfristige Entwicklungsprognosen für die örtlichen Betriebe/Wirtschaftszweige und ihre Arbeitsplatzentwicklung
- angebotene Maßnahmen für Arbeitslose und von Arbeitsplatzverlust Gefährdete (Berufsförderung, Umschulung usw.)
- Vorschläge zum Abbau der Arbeitslosigkeit in der Region
- die materielle Lage von Arbeitslosen
- die psychische Lage von Arbeitslosen
- die Stellen, an denen Arbeitslose im Leben der Kirche vorkommen.«

tion‹ (B. Schön) definiert ist, die sie im Blick auf arbeitslose Jugendliche ausübt; ›Aufarbeitung der komplexen Problemsituation‹ der Betroffenen, das heißt: Bearbeitung der individuell, familiär und situativ bedingten Dispositionen und Reaktionen:

»Ich bitte Sie, nicht zu resignieren und sich nicht in die Isolation zurückzuziehen. Halten Sie Kontakt mit Ihren bisherigen Freunden und Kollegen, die im Augenblick in einer besseren Lage sind als Sie. Machen Sie von den Beratungsmöglichkeiten Gebrauch, die sich Ihnen bieten, und nützen Sie die Bildungschancen, die Sie vielleicht nur jetzt haben« (D 12,74); »Laßt Euch nicht durch Leistungsdruck verängstigen . . .«, »Laßt Euch nicht unterkriegen.« (D 11,5f.)

So wenig die unter der Devise »Arbeitslosigkeit (ist) nicht individuelle Schuld . . .« (D 9,63) stehenden ›moralischen Unterstützungen‹ unterschätzt werden sollen, so sehr ist *dies* das Problem: »Das *dominante Interesse* der jugendlichen Arbeitslosen liegt nicht in einer Beschäftigung mit den Ursachen ihrer Lage – an der sie zunächst doch nichts ändern können –, sondern in ihrer *Integration in den Ausbildungs- und Arbeitssektor*[36].« Dieser Gesichtspunkt, dem die insbesondere in den Dokumenten 10,18,20 und 21 enthaltenen politischen Forderungen Rechnung tragen, kann nicht einfach alternativ gegen eine ›bloß‹ sozialtherapeutisch orientierte kirchliche Tätigkeit ausgespielt werden; das Problem läßt sich auf die einfache Alternative ›Arbeitslosigkeit‹ *oder* ›Arbeit um jeden Preis‹ gerade *nicht* reduzieren. Daß der ›Limburger Hirtenbrief‹ Recht hat mit der Feststellung: »Mehr als andere brauchen Jugendliche in der Pubertät Hilfen zur Entwicklung ihrer Persönlichkeit. Sie brauchen eine Stärkung ihres Selbstwertgefühls durch Anerkennung ihrer Arbeit« (D 11,4), soll nicht bestritten werden; und es ist derart auch verständlich, wenn der ›Freiburger Hirtenbrief‹ – »angesichts der ausweglosen Lage, in der sich viele Jugendliche infolge langandauernder Arbeitslosigkeit bereits befinden« – »die dringende Bitte« an all diejenigen richtet, »die im Bereich unseres Bistums politische Verantwortung tragen, . . . wirklich zu tun, was in ihrer Macht steht, um diesen Jugendlichen durch einen Arbeitsplatz neue Hoffnung auf eine gesicherte Zukunft zu geben« (D 12,74). Was aber wird aus der *›gesicherten Zukunft‹*, wenn zugleich behauptet werden kann, es sei »richtig, Ausbildungsverhältnisse *selbst dann* zu begründen, wenn von vornherein damit zu rechnen ist oder gar feststeht, daß eine Weiterbeschäftigung im ausbildenden

36 A. Wacker / G. Paul, Politische Bildung mit arbeitslosen Jugendlichen? Eine Zwischenbilanz, in: G. Cremer (Hg.), Jugend ohne Arbeit, München 1976, 134.

Betrieb später *nicht möglich* sein wird« (D 11,4; HdV), ja vielleicht auch an anderer Stelle nicht zustande kommt? Zum Verständnis dieser Fragen gilt es, die folgende Überlegung zu berücksichtigen:

»Wenn wir versuchen, die bei arbeitslosen Jugendlichen anzutreffenden Einstellungen und Verhaltensweisen zu verstehen und einzuschätzen, lassen wir uns leicht von der Annahme leiten, sie seien ein unmittelbares Ergebnis ihrer Arbeitslosigkeit. Wir können uns dann erhoffen, die Wiederaufnahme eines Arbeits- oder Lehrverhältnisses lasse für die Jugendlichen eine völlig veränderte Situation entstehen, die die Probleme zu lösen verspricht, die in der Situation der Arbeitslosigkeit in Erscheinung getreten sind. Bei dem so begründeten Versuch, dem Jugendlichen zu einer Arbeits- oder Lehrstelle zu ›verhelfen‹, mag uns dann passieren, daß der Jugendliche erklärt: ›. . . ja, wenn ich arbeiten gehe, dann ändert sich das alles, ich weiß, ich weiß. Alles schöne Sprüche . . .‹«[37]

Zusammenfassend: »Wenn viele arbeitslose Jugendliche keine Berufsausbildung anstreben bzw. keine Motivation für Erwerbsarbeit haben, so ist daraus ein Protest gegen sinnentleerte Arbeit zu entnehmen . . .‹ Falsch ist die Behauptung: sie wollen nicht arbeiten; richtig dagegen: sie wollen *so* nicht arbeiten‹« (D 9,57).

3.1.2 Gesellschaftliche Konsequenzen

»Denn letztlich ist nicht die Kirche verantwortlich für dieses Problem, sondern es ist der Staat mit seiner Gesetzgebung, die leider in dem Punkt meines Erachtens versagt hat« (D 5,156) – so das bei Gelegenheit der Diskussion der Ursachen von Jugendarbeitslosigkeit abgegebene Votum eines Synodalen, das dazu angetan ist, die Frage nach dem spezifischen Auftrag der Kirche in diesem Zusammenhang noch einmal neu zu stellen. Geht man zur Beantwortung dieser Frage von der in vielfachen Variationen immer wieder begegnenden Behauptung aus:

»Die Jugend in unserer Gesellschaft braucht Perspektiven für eine persönliche, berufliche und gesellschaftliche Zukunft. Sie ist auf die Solidarität aller Verantwortlichen angewiesen. Deshalb müssen Regierungen, Arbeitgeber, Betriebsräte und Personalräte dafür sorgen, daß die Herausforderung in eine Chance zur Entwicklung unserer Gesellschaft umgewandelt wird« (D 10,68),

so ergibt es sich, daß mit der ›gesellschaftlichen Zukunft‹ der Jugend die Zukunft der Gesellschaft selbst zur Diskussion steht. Jugendarbeitslosigkeit ist deswegen eine »Herausforderung für die gesamte Gesellschaft« (D 10,67), weil sie die »Regeneration einer bestimmten Sozialverfassung und die Aufrechterhaltung gewichtiger, die Gesellschaft tragender Verhaltensweisen« in Frage stellt

37 M. Liebel, Arbeitslust durch Arbeitsverlust?, in: S. Laturner / B. Schön (Hg.), Jugendarbeitslosigkeit (roak 1941), Reinbek 1975, 52.

(H. Schelsky). Können die mit dem Beruf verbundenen Einkommens- und Lebenserwartungen einer nachwachsenden Generation nicht mehr garantiert werden, so büßt eine gegebene Gesellschaft die Fähigkeit ein, sich in dieser Generation ihrer eigenen Dauer zu versichern; denn, von allem anderen abgesehen, ist ›Jugend‹ zugleich eine Altersstufe, in der die Gesellschaft ihre Kontinuität »unter dem Blickpunkt der Institutionen, Kräfte und Möglichkeiten, durch welche ihre Permanenz grundsätzlich und bleibend geregelt ist, zu sichern trachtet[38]«. Es kann kein Zweifel daran sein, daß zentrale Passagen kirchlicher Stellungnahmen als Ausdruck dieser Befürchtung aufzufassen sind:

»Anhaltende Arbeitslosigkeit in unserem Lande würde deshalb bedeuten, daß die von der sozialen Marktwirtschaft selbst gesetzten bzw. von ihr anerkannten Ansprüche und Maßstäbe in Frage gestellt wären. Manche mögen derartige Überlegungen als ethischen Rigorismus beiseite schieben. Sie seien daran erinnert, daß eine Wirtschaftsordnung nicht nur die Versorgung der Bevölkerung mit Gütern, Dienst- und Sozialleistungen zu garantieren hat, sondern auch die Zustimmung der überwiegenden Mehrheit der Bevölkerung finden muß. Gelingt das nicht, kann sie – zumal in einer demokratischen Gesellschaft – nicht auf Dauer bestehen« (D 9,59).

Derart weist auch der Villigster ›Zwischenbericht‹ zu Recht darauf hin, »daß das Selbstverständnis unserer Gesellschaft als Leistungsgesellschaft zerbricht, wenn in solchem Umfang leistungsfähigen und leistungswilligen jungen und alten Mitgliedern der Gesellschaft der Weg zur Teilnahme und Teilhabe nach den Regeln des Leistungsprinzips verweigert wird« (D 16,7). *Oder* – in den Worten der Gemeinsamen Erklärung des Kommissariates der deutschen Bischöfe und des Deutschen Gewerkschaftsbundes: »Das Verhältnis zu den Grundwerten unserer Gesellschaft und unserer Demokratie wird dadurch erheblich gestört« (D 10,67):

»Möglicherweise zieht die Gesellschaft sich in den jugendlichen Arbeitslosen ihre künftigen Feinde selbst heran. Schon jetzt ist bei den Betroffenen zunehmend Resignation und Distanz zu Gesellschaft und Staat festzustellen. Vielen Beschäftigten in Betrieben und Verwaltungen, Schülern und Studierenden sitzt die Angst um ihre berufliche Zukunft im Nacken. Ein Klima der Anpassung, des Konkurrenzverhaltens, der Furcht vor freier Meinungsäußerung breitet sich aus. Nicht wenige suchen Halt bei weltanschaulichen Gruppierungen und Sekten, die ein simples Erklärungsmuster und festen Halt unter Gleichgesinnten anbieten« (D 9,56).

Diese Beispiele mögen genügen, um erkennbar werden zu lassen, daß die Kirchen in Wahrnehmung ihres politischen Mandats Arbeitslosigkeit hier aus der Perspektive ihrer gesellschaftlichen Fol-

38 *Vgl. dazu:* F. H. Tenbruck, Jugend und Gesellschaft, Freiburg 1962, 11f.

gen diskutieren; solche Erkenntnis übernimmt stellvertretend für die Gesellschaft jene Herausforderung, der diese sich entzieht.

3.2 Frauenarbeitslosigkeit

3.2.1 ›Recht auf Arbeit – auch für Frauen?‹

»Uns haben die ganz schön verschaukelt: Im Krieg mußten wir Munition drehen. Danach durften wir Steine klopfen. Dann haben die uns gebraucht für das Wirtschaftswunder. Und nun wundern wir uns, denn jetzt brauchen die uns nicht mehr« (D 17,5) – so die Äußerung einer Teilnehmerin anläßlich der vom Sozialamt der Evangelischen Kirche von Westfalen durchgeführten ›Gesprächswochen mit arbeitslosen Frauen‹[39], an der deutlich zu werden vermag, daß zwischen den wechselnden Einstellungen zum Thema ›Erwerbstätigkeit der Frau‹ und dem Wechsel der konjunkturellen Situationen ein Zusammenhang besteht: »In den 60er Jahren wurde mit großer Eindringlichkeit um die Frauen als Arbeitskräfte geworben« (D 17,4), wie sich insbesondere an der 1965 veröffentlichten Denkschrift ›Teilzeitarbeit von Frauen‹ belegen läßt, in der es u. a. heißt:

> »Industrie und Wirtschaft können auf die Mitarbeit der Frau nicht verzichten und sind bereit, durch angemessenes Entgegenkommen bezüglich der Arbeitszeit usw. auch denjenigen die Mitarbeit zu ermöglichen, die durch häusliche Pflichten gebunden sind.«[40]

»Heute dagegen fordert kaum einer die Eingliederung der Frauen ins Erwerbsleben« (D 17,4), sieht man von den Dokumenten 17 (Sozialausschuß der Ev. Kirche von Westfalen) und 18b (Kirchentagsresolution) ab, die als die beiden *thematischen* Ausnahmen von dieser Regel bezeichnet werden können[41]. Im Unterschied zu der vom Berliner Kirchentag verabschiedeten Resolution: »Die Gesellschaft muß das Recht der Frau auf Ausbildung und auf Arbeit ebenso anerkennen, wie sie die Aufgabe der Frau in Familie und Erziehung anerkennen muß« (D 18b,277), enthält die ›Villigster Studie‹ jedoch eine charakteristische Einschränkung:

39 *Vgl. dazu:* Arbeitslose Frauen unter den Problemgruppen des Arbeitsmarktes. Ein Beratungsmodell (Mitteilungen des Sozialamtes der Ev. Kirche von Westfalen, Nr. 25), Schwerte 1979. Dazu die ›Projektbeschreibung‹ in Teil B dieses Bandes (S. 136–143).
40 Teilzeitarbeit von Frauen. Eine Denkschrift des Rats der Evangelischen Kirche in Deutschland (1965), in: Die Denkschriften der EKD. Texte und Kommentar von K.-A. Odin, Neukirchen-Vluyn 1966, 36.
41 Erwähnt wird das Thema ›Frauenarbeitslosigkeit‹ selbstverständlich in fast allen Dokumenten.

»Diese Stellungnahme zum Recht auf Arbeit auch für Frauen soll auch *kein Plädoyer* dafür sein, daß sich Frauen verstärkt außerfamiliärer Erwerbstätigkeit zuwenden sollten; sie *beschränkt sich vielmehr auf die Situation derjenigen Frauen, die sich für eine außerfamiliäre Erwerbstätigkeit entschieden haben* oder aufgrund der familiären und wirtschaftlichen Lage *entscheiden mußten* . . .« (D 17,1).

Im Blick auf die Gründe für eine derartige Entscheidung, die verheiratete Frauen dazu veranlaßt, eine außerfamiliäre Berufstätigkeit aufzunehmen, heißt es in dem Dokument ›Villigst‹ (aaO., S. 7): »In einer Repräsentativerhebung ›Familie und Sozialisation 1973‹ zur Berufsmotivation berufstätiger Mütter nannten 50,4% der Befragten finanzielle Gründe (›um das Familieneinkommen aufzubessern‹ / ›um bestimmte größere Anschaffungen zu machen‹ / ›um den täglichen Lebensunterhalt zu sichern‹)«; zu diesen Angaben darf als Kommentar aus dem Synodenbeschluß ›Kirche und Arbeiterschaft‹ wie folgt zitiert werden:

»Wer Verständnis für Situation und Probleme der Arbeiter gewinnen will, muß auf die vielfältigen Abstufungen eingehen, die leicht hinter den pauschalen Kennzeichnungen unserer Gesellschaft als ›Wohlstands-‹ oder ›Konsumgesellschaft‹ u. ä. verschwinden. Es wird oft nicht wahrgenommen, daß in vielen Arbeiterhaushalten nur mit Vorbehalt von Wohlstand die Rede sein kann. Deren Standard wird häufig nur über einen zusätzlichen Verdienst durch Überstunden, Sonn- und Feiertagsarbeit erreicht. Nicht selten ist es auch die Mitarbeit von Frauen und Müttern, die erst ein ausreichendes Haushaltseinkommen sicherstellt« (D 2,341).

Unter Einbeziehung weiterer Gründe[42] kommt die Stellungnahme ›Recht auf Arbeit – auch für Frauen?‹ zusammenfassend zu dem Ergebnis: »Auch die Frauen haben ein Recht auf Arbeit, ein Recht auf qualifizierte Arbeit« (D 17,10).

3.2.2 Vorschläge, Forderungen, Perspektiven

Im Zusammenhang kirchlicher Strategien gegen Arbeitslosigkeit kommt dem Thema ›Erwerbstätigkeit der Frau‹ eine besondere Bedeutung zu: »In der *Forderung nach Beschränkung der Frauen-*

42 »Viele Frauen . . . sind an einer Fortsetzung oder Wiederaufnahme der Erwerbstätigkeit interessiert, um *Rentenansprüche abzusichern* oder aufzubessern . . . Andere wiederum sind daran interessiert, durch die außerfamiliäre Berufstätigkeit *Kontakte nach draußen* zu behalten (die Nur-Hausfrauentätigkeit bedeutet für manche eine große Isolierung) und die *erlernten Kenntnisse anzuwenden.* Eine Unterbrechung der Berufstätigkeit hätte für viele Frauen zur Folge, daß sie den *Anschluß an die berufliche Entwicklung verlieren* und *später keine Chance* mehr haben, in ihrem *gelernten Beruf* und in einer ihrer *Ausbildung* entsprechenden Position tätig zu werden. Hinzu kommt, daß die Frauen sehr viel *weniger Aufstiegschancen als Männer* haben und daß sich evtl. Entwicklungsmöglichkeiten schlagartig verschlechtern, sobald die Frau ihre Berufstätigkeit unterbricht« (D 17,9).

erwerbstätigkeit sehen manche einen Weg, der Lösung des Gesamtproblems Arbeitslosigkeit näherzukommen« (D 17,1):

»Ich möchte das Augenmerk der Synode auf einen Gesichtspunkt lenken, der in der Arbeitsgruppe 2 ausführlich besprochen worden ist ... Und zwar ist es das *Doppelverdienen*, das eine wesentliche Rolle innerhalb der gesamten Problematik zu spielen scheint. Wenn die Arbeitslosigkeit in der Quantität, die sie schon erreicht hat, noch zunehmen wird, werden wir nicht umhin kommen, auch von *Opfern* reden zu müssen. *Es ist doch so, daß dieser Doppelverdienst anderen Familien den Arbeitsplatz für einen der beiden Elternteile entzieht* ... Wenn Opfer gebracht werden müssen, wäre hier zu beginnen, daß man nun einmal ganz klar und deutlich sagt: Es geht nicht an – ich greife jetzt nur einmal ein Beispiel heraus –, daß etwa bei Lehrerehepaaren beide Teile berufstätig sind und dadurch anderen Familien die Arbeitsmöglichkeiten eines Teiles wegnehmen« (D 5,182f.; HdV. *Vgl. auch:* D 17,6ff.).

Im Blick auf die Forderung, durch Einschränkung der Frauenerwerbstätigkeit das Problem Arbeitslosigkeit lösen zu wollen, stellt die ›Villigster Studie‹ fest: »Überraschenderweise wird dieser Lösungsansatz in *kirchlich orientierten Kreisen* relativ häufig formuliert und unterstützt. Zur *Begründung* wird darauf hingewiesen, der *eigentliche Aufgabenbereich der Frau sei die Familie* ...« (D 17,1) Man wird diesen ›Lösungsansatz‹ dann nicht mehr ›überraschend‹ finden, stellt man – insbesondere für den protestantischen Bereich – in Rechnung: Es gibt eine starke, kirchentypische Option dafür, die aus der spezifischen *Doppel-Rolle* der Frau erwachsenden Probleme des Verhältnisses von ›beruflicher‹ *und* ›familiärer‹ Rolle in Gestalt eines ›Entweder–Oder‹ einseitig zugunsten familiär-häuslicher Tätigkeit zu entscheiden: »Insbesondere von seiten der Theologen in unserer Gruppe wurde darauf hingewiesen, daß die Frau Erfüllung ihres Lebens nicht *nur* im Berufsleben finden kann« (D 5,400; HdV) – als ob *dies* das Problem ist. Von dieser ›weltanschaulichen‹ Problemkomponente unterscheidet sich der Synodenbeschluß ›Kirche und Arbeiterschaft‹ dadurch, daß er in Gestalt eines ›Sowohl – als auch‹ wie für die ›familiäre‹ (A) so für die ›berufliche‹ Rolle der Frau (B) eintritt; auf diese Weise tritt die ›belastete‹ Frage nach dem *Zuordnungsverhältnis* dieser beiden Rollen zunächst in den Hintergrund:

Ad A: »Daß Mütter der Erziehung der Kinder nicht nachkommen können, weil sie genötigt sind, durch Erwerbsarbeit das notwendige Familieneinkommen sicherzustellen, müßte unter allen Umständen abgestellt werden.«
Ad B: »Für die Frauen, die im Erwerbsleben stehen, muß vieles getan werden, um ›jede ungerechtfertigte Benachteiligung der Frau gegenüber dem anderen Geschlecht aufzuheben und ihr die volle, ihrer Würde entsprechende Gleichberechtigung einzuräumen‹, ohne den in ihrer Eigenart begründeten besonderen Schutz im Arbeitsleben zu lockern. Ein solcher Status ist vielfach nicht verwirklicht: Frauen arbeiten häufig auf minderbe-

werteten Arbeitsplätzen; ihre Aufstiegsmöglichkeiten sind sehr begrenzt, zumal sie allzu häufig noch eine unzulängliche berufliche Bildung aufweisen.«[43]

Bei den Forderungen, welche die Kirchen zur Verbesserung der ›beruflichen‹ wie der ›familiären‹ Situation der Frau geltend machen, lassen sich *zwei Arten von Vorschlägen* unterscheiden. *Zum einen* übernehmen die Kirchen für sich Forderungen aus dem Bereich der *allgemeinen politischen Diskussion,* wie dies zum Beispiel bei dem Ruf nach Schaffung von mehr *Teilzeitarbeitsplätzen* der Fall ist; in dieser Forderung stimmen alle Stellungnahmen, sofern sie die Frage der Frauenerwerbstätigkeit berühren, nicht nur überein[44], es heißt vielmehr ausdrücklich: »Die Kirche sollte hier mit gutem Beispiel vorangehen und in ihrer Eigenschaft als Arbeitgeber mehr Teilzeitstellen schaffen« (D 5,399). *Oder auch:* Die Kirchen könnten bei der Realisierung der Forderung nach »mehr Teilzeitarbeit für Männer *und* Frauen . . . Lösungen erproben und damit ein Signal setzen« (D 17,14).
Zum anderen diskutieren die Stellungnahmen das Problem der Erwerbstätigkeit der Frau im Aspekt der *spezifisch kirchlichen Interessen,* Bedingungen und Möglichkeiten. Unter den zur Diskussion gestellten Vorschlägen gibt es einen Punkt, auf den an dieser Stelle eigens hingewiesen werden soll; es handelt sich um Überlegungen zum Thema der *›ehrenamtlichen Mitarbeit‹*, das in zwei Dokumenten eine Rolle spielt:

Bei der im »Vordergrund« kirchlicher Arbeit stehenden »Bewußtseinsveränderung der Menschen . . . sollte klar werden, daß mit Arbeit nicht nur die auf Broterwerb gerichtete entgeltliche Arbeit, sondern auch unentgeltliche Arbeit den Sinn . . . sittlich wertvollen Tuns erreicht . . . So können in *ehrenamtlicher Arbeit* auch Arbeitslose eingebunden werden, um so ihre Resignation und das Gefühl, ›Versager‹ zu sein, zu verlieren« (D 5,407.400; HdV).
Oder auch: »Die Kirchengemeinden leisten gerade mit ihrem Angebot zu *ehrenamtlicher Mitarbeit* . . . einen Beitrag zur Korrektur an der einseitigen Bewertung der Arbeit durch den ökonomischen Erfolg« (D 9,58; HdV).

Für sich genommen durchaus erwägenswert, sind diese Überlegungen *im Zusammenhang* des Themas ›Frauenarbeitslosigkeit‹ keineswegs unproblematisch, wie dies die zuletzt zitierte Studie auch

43 D 2,341. *Zitat:* ›Octogesima adveniens‹ vom 14. V. 1971, in: AAS LXIII (1971) 401–441; deutsch in: Texte zur katholischen Soziallehre 487–523,495. *Zur Interpretation von OA vgl. u. a.:* O. v. Nell-Breuning, Soziallehre der Kirche, aaO., 189–204.
44 *Vgl. zum Beispiel:* D 5,399; D 7,22; D 15,26f.; D 17,13f.; D 18b; D 21,81.

erkennt, die ihr Plädoyer für ›ehrenamtliche Mitarbeit‹ wie folgt ergänzt: »Dabei darf nicht übersehen werden, daß gerade der ökonomische Erfolg Grundlage für die soziale Entfaltung des Menschen ist.« Vor dem Hintergrund dieser Einsicht gilt *auch für Frauen,* was für Männer ohnehin nicht strittig ist: ›Ehrenamtliche Mitarbeit‹ ist kein Äquivalent für Berufstätigkeit[45]. Arbeitslose brauchen Arbeit, weil Arbeit – *auch für Frauen* – durch nichts zu ersetzen ist.

3.3 Recht auf Arbeit

3.3.1 Synoden und Kirchenleitungen

Die zum Problem ›Arbeitslosigkeit‹ verabschiedeten Synodalbeschlüsse stimmen mit den Stellungnahmen kirchenleitender Organe protestantischerseits in *einem* Punkt überein; im Blick auf die diesbezüglichen Dokumente (D 1–14) gilt die Feststellung, daß für sie ›Recht auf Arbeit‹ im Grunde *kein* Thema ist[46]. Zwar kommt diese Forderung als Absichtserklärung (a), Zusatzerläuterung (b) oder Grundsatzbehauptung (c) gelegentlich durchaus vor:

a) »Die Kirche . . . sollte sich einsetzen . . . für das Recht auf Ausbildung für alle Jugendlichen« (D 5,396).

b) Es gilt zu untersuchen, »welche Konsequenzen sich aus der sozialethischen Forderung des Rechtes auf Arbeit, wie es in der Verfassung des Landes Nordrhein-Westfalen verankert ist, für das Grundgesetz der Bundesrepublik Deutschland ergeben« (4,93); *oder:* »Eine Weiterarbeit an dieser Problematik (sc. ›Recht auf Arbeit‹) ist notwendig« (D 6,109); *oder auch:* »Um das Recht auf Arbeit durchsetzen zu können, müssen . . . die verschiedenen Strategien zur Überwindung der Arbeitslosigkeit . . . mit ihren Konsequenzen für das Wirtschaftssystem . . . erörtert werden« (D 5,412).

c) »Das Recht auf Arbeit kann nicht als einklagbarer individueller Anspruch mißverstanden werden, zu jeder Zeit und an jedem Ort die Art von Arbeit mit der Bezahlung zu finden, die man sich wünscht« (D 8)

45 Vgl. D 17,9. *Zusammenfassend:* Wenn »aus der Sicht der evangelischen Sozialethik . . . mit Nachdruck darauf hingewiesen« wird, »daß es problematisch ist, wenn für die Lösung der gegenwärtigen Probleme der Wirtschaft . . . für Menschen in unterschiedlichen gesellschaftlichen Funktionen und Situationen, d. h. auf der einen Seite in Unternehmensleitungen und auf der anderen Seite in Arbeitslosigkeit, gegensätzliche Bedingungen gefordert werden . . .« (D 6,111) – warum sollte dann nicht auch ebenso nachdrücklich darauf hingewiesen werden, daß für Arbeit und Beruf der Mann nicht anders als die Frau dasselbe Recht hat? Um die Frage: »Wie können möglichst alle an . . . menschenwürdige(r) Arbeit nach ihren Kräften und Fähigkeiten partizipieren?« (D 9,57), in diesem Sinn mit einer Gegenfrage zu beantworten: Gehören zu diesen ›allen‹ nicht auch die Frauen?

46 Zur gegenwärtigen Diskussion vgl. die bibliographischen Angaben in Teil D/III,2 (S. 227f.).

– angesichts einer derart formalen Verwendung dieser Forderung bestätigt sich die für kirchenamtliche Verlautbarungen charakteristische Regel *inhaltlicher* Nichtbefassung mit dieser Thematik, zu der die nachstehende Äußerung der Evangelischen Kirche von Hessen und Nassau die Ausnahme darstellt: »Wirtschaft ist kein Selbstzweck. Sie muß die verantwortliche Beteiligung und das Wohl aller ermöglichen. Hat sie dieses Ziel nicht mehr, verliert sie die ethische Legitimation. Hält sie aber daran fest, kann sie sich nicht damit abfinden, daß eine Großzahl von Menschen vom Arbeitsprozeß ausgeschlossen bleibt«; mithin »ergibt sich ... im Hinblick auf die Gesamtwirtschaft ... die ethische Forderung nach einem Recht auf Arbeit für alle Arbeitsfähigen« (D 9,59.57)[47].

Was die Realisierung dieser ›ethischen Forderung‹ angeht, so ist für die Stellungnahmen kirchenamtlicher Organe *weiterhin* auch *dies* charakteristisch: Daß sie an keiner Stelle den Versuch machen, die theologische Argumentation in der Vermittlung über ein dynamisches Verfassungsverständnis mit der ständigen Aufgabe des Grundgesetzes in Beziehung zu setzen, durch den Ausbau des Sozialstaatlichkeitsprinzips für eine »sozialgerechte Ordnung innerhalb der Gesellschaft (zu) sorgen«[48]. So angemessen es daher auch ist, wenn die ›Kundgebung der Evangelischen Kirche in Deutschland zur Arbeitslosigkeit‹ im Zusammenhang des ›Rechts auf Arbeit‹ an die »Verpflichtung des Staates und der gesellschaftlichen Gruppen« erinnert, »alles zu tun, um wirtschaftliche und soziale Zustände herbeizuführen, in denen jeder eine angemessene

47 *Vgl. dazu als Parallelaussage ›Gaudium et Spes‹:* »Die ... menschliche Arbeit hat den Vorrang vor allen anderen Faktoren des wirtschaftlichen Lebens, denn diese sind nur werkzeuglicher Art. Die Arbeit nämlich, ... ist unmittelbarer Ausfluß der Person, die den stofflichen Dingen ihren Stempel aufprägt und sie ihrem Willen dienstbar macht. Durch seine Arbeit erhält der Mensch sein und der Seinigen Leben, tritt in tätigen Verbund mit seinen Brüdern und dient ihnen; ... Ja wir halten fest: Durch seine Gott dargebrachte Arbeit verbindet der Mensch sich mit dem Erlösungswerk Jesu Christi selbst, der, indem er in Nazareth mit eigenen Händen arbeitete, der Arbeit eine einzigartige Würde verliehen hat. Daraus ergibt sich für jeden einzelnen sowohl die Verpflichtung zu gewissenhafter Arbeit wie auch das Recht auf Arbeit; Sache der Gesellschaft aber ist es, nach jeweiliger Lage der Dinge für ihren Teil behilflich zu sein, daß ihre Bürger Gelegenheit zu ausreichender Arbeit finden können.« (Pastoral-Konstitution ›Gaudium et Spes‹ vom 7. 12. 1965, in: AAS LVIII [1966] 1025–1120; deutsch in: Texte zur katholischen Soziallehre, 321–425, 388f).

48 Materialien zum Bericht der Lage der Nation 1974; hg. vom Bundesministerium für innerdeutsche Beziehungen, Bonn/Berlin 1974; zit. n.: M. Rath, Die Garantie des Rechts auf Arbeit. Mit einem Anhang von U. Lohmann (Kommission für wirtschaftlichen und sozialen Wandel 25), Göttingen 1974, 180.

Arbeit finden kann« – indem diese Kundgebung sich bei der Frage der Einlösbarkeit mit Antworten wie den folgenden begnügt: »Dafür sind koordinierende Planungen erforderlich« (D 8), steht sie in der Gefahr, sich den Konsequenzen ihrer eigenen Analyse zu verweigern. In diesem Sinn sei zu der zuvor zitierten kirchlichen Äußerung (»Wirtschaft ist kein Selbstzweck. Sie muß . . . das Wohl aller ermöglichen«) als Kommentar der das ›Recht auf Arbeit‹ betreffende Artikel der Verfassung des Landes Nordrhein-Westfalen zur Seite gestellt (Art. 24): »Im Mittelpunkt des Wirtschaftslebens steht das Wohl der Menschen. Der Schutz seiner Arbeitskraft hat den Vorrang vor dem Schutz materiellen Besitzes. Jedermann hat ein Recht auf Arbeit«; dies vorausgesetzt, kann gesagt werden: »Die Verwirklichung des . . . Rechts auf Arbeit durch eine mit einem effizienten Instrumentarium ausgestattete Vollbeschäftigungspolitik sollte in einem sozialen Rechtsstaat Vorrang vor privaten Gewinninteressen haben.«[49]

3.3.2 Kirchliche Institutionen und Verbände

Beim Übergang zu den Äußerungen ›Kirchlicher Institutionen und Verbände‹ (D 15–22) ist die veränderte Beurteilungsperspektive nicht zu übersehen, durch die bedingt die Forderung nach einer grundgesetzlichen Verankerung des Rechts auf Arbeit hier zum Ausgangspunkt gemacht wird[50]. Statt der für kirchenamtliche Äußerungen nicht immer von der Hand zu weisenden Befürchtung, eine Garantie dieses Sozialrechts werde notwendigerweise eine Beschränkung der marktwirtschaftlich konstitutiven Freiheitsrechte zur Folge haben, setzen einige dieser Dokumente angesichts der »bereits lange anhaltende(n) Wirtschaftskrise« bei »der Frage« ein:

> »ob die sogenannte ›Soziale Marktwirtschaft‹ als Ordnungsprinzip der Wirtschaft überhaupt noch in der Lage ist, ihren Anspruch – nämlich sozial zu sein – gerecht zu werden. Die immer wieder beschworenen Selbstheilungskräfte des Marktes haben versagt und helfen hier offensichtlich nicht weiter. Wenn die jetzige Wirtschaftsordnung nicht in der Lage ist, den Menschen ihren existenziellen *Grundanspruch auf Arbeit zu garantieren,* dann müssen wir sie in Frage stellen und ändern« (D 22,83; HdV).

Die Einsicht, daß »ohne das Grundrecht auf Leben und damit auf Arbeit . . . keine Rechte denkbar (sind)«[51], ist Ausgangspunkt auch

49 S. Katterle, Arbeitslosigkeit und Wirtschaftspolitik, 41; mit Verweis auf Art. 12 (1) der Verfassung des Landes Berlin-West: »Dieses Recht (sc. auf Arbeit) ist durch eine Politik der Vollbeschäftigung und Wirtschaftslenkung zu verwirklichen.«

50 *Vgl.:* D 16,3; D 15,13–21; D 17; D 18a/b; D 21,81; D 22,83.

51 So eine Formulierung der 5. Vollversammlung des Weltrates der Kirchen 1975 in Nairobi; zit. n.: D 18a,501.

der Berliner Kirchentagsresolution, die unter dieser Voraussetzung fordert:

1. »Wir erwarten von den politischen Parteien, daß sie Vorschläge ausarbeiten, wie durch die Aufnahme des ›Rechts auf Arbeit‹ in das Grundgesetz dem einzelnen die Teilnahme an der Arbeit garantiert werden kann.«
2. »Wir erwarten von Arbeitgebern und Gewerkschaften, dafür einzutreten, daß durch die Aufnahme des ›Rechts auf Arbeit‹ in das Grundgesetz die Arbeit ebenso geschützt wird wie das Eigentum.«
3. »Wir erwarten von den evangelischen Kirchen, daß sie nicht unbenommen die herrschende Meinung der Juristen und Ökonomen übernehmen, die die Garantie des Rechts auf Arbeit ablehnen. Wir erwarten von den evangelischen Kirchen, für die Garantie des ›Rechts auf Arbeit‹ einzutreten, weil Gott dem Menschen den Auftrag zu verantwortlicher Arbeit gegeben hat« (D 18a,501).

Es entspricht den ersten beiden Forderungen dieses Katalogs, wenn auch der Villigster ›Zwischenbericht‹ dem Recht auf Arbeit »als Konkretion des Rechtes auf Leben« wie »als Entsprechung zum Schutz des Privateigentums« Anerkennung zu verschaffen sucht (D 16,39). Daß ausgerechnet die theologisch völlig unproblematische *dritte* Aufforderung (die Kirche möge bei ihrer Meinungsbildung sich »nicht *unbenommen* die herrschende Meinung der Juristen und Ökonomen« zu eigen machen) zum Gegenstand heftiger synodaler Antikritik gemacht worden ist, darf in diesem Zusammenhang nicht unerwähnt bleiben[52].

52 »Herr Präsident, verehrte Konsynodale! Ich muß Sie bitten, sich nun einer völlig anderen Problematik zuzuwenden. Ich spreche zur Resolution II/7 des Deutschen Evangelischen Kirchentages zum Problem der Arbeitslosigkeit. Das Begehren, das in der Resolution zum Ausdruck kommt, ist die Aufnahme des ›Rechts auf Arbeit‹ als ein soziales Grundrecht in das Grundgesetz. Dabei wird die Erwartung ausgesprochen, daß die evangelische Kirche nicht unbenommen die Meinung der Juristen und Ökonomen übernehme – diese verneinen nämlich eine solche Garantie –, sondern für die Garantie dieses Rechtes eintrete ... Die geforderte Verankerung des Rechts auf Arbeit im Grundgesetz wird ... vom Bildungsausschuß als *untaugliches,* ja *gefährliches Mittel* zur Beseitigung der Arbeitslosigkeit angesehen, und zwar aus zwei Gründen:

1. Daß die Vollbeschäftigung eine Zielvorstellung von höchstem Rang ist, ist in unserem Staat unstreitig. Zu verweisen wäre auf das ›magische Viereck‹: Vollbeschäftigung – stabile Preise – stabile Wechselkurse – Wirtschaftswachstum, das die wichtigsten Kriterien der Wirtschaftspolitik überhaupt nennt.
   Die Verankerung einer solchen Zielvorstellung in der Verfassung, wie sie in einigen Staaten besteht, wäre lediglich eine *Bestätigung der bisher betriebenen Vollbeschäftigungspolitik* und nicht ein neuer Ansatz dazu.
2. *Das einklagbare Recht auf Arbeit ist in einem freiheitlichen sozialen Rechtsstaat nicht zu verwirklichen. Es würde letztlich auf eine Planwirtschaft mit totalitaristischem Staatsgefüge hinauslaufen.*

Die getroffenen Feststellungen bedeuten jedoch keine Resignation vor dem

4. *Zusammenfassung*

»Wovon man nicht sprechen kann, darüber muß man schweigen«[53] – bei der Auswertung der Stellungnahmen davon ausgehend, daß umgekehrt *dies* die Devise der Kirche ist: ›Wovon man nicht schweigen kann, davon muß man reden‹, soll angesichts der Vielzahl ihrer thematischen Äußerungen nicht bezweifelt werden, daß die Kirchen entsprechend gehandelt haben. Aber hat die Kirche, die nicht geschwiegen hat, deswegen schon geredet? Geredet von *all* dem, wovon in *diesem* Zusammenhang geredet werden muß?:

»Wir sind daran erinnert worden, daß es verschiedene Strategien zur Überwindung der Arbeitslosigkeit gibt. Ich kann hier nur die Stichworte nennen: Umsatzsteigerung und Investitionsordnung, künstliche Vollbeschäftigung (Modell Schweden), Entwicklung arbeitsintensiver Technologien, Umverteilung der Arbeitsmöglichkeiten. Wir sind sehr nachdrücklich darauf aufmerksam gemacht worden, daß jede dieser vier Strategien sehr grundsätzliche und weite Konsequenzen für die Wirtschaftsordnung hat und *daß wir daher* – in unserem Kreise ganz bestimmt, aber vielleicht auch in einer Denkschrift – *sehr vorsichtig diskutieren und das Problem behandeln müssen*« (D 5,152; HdV).

Man muß diesen Vorschlag zur Vorsicht nur akzeptieren, um jenem zweifachen Vorwurf zuvorkommen zu können, der im Zusammenhang ihrer Äußerungen zu gesellschaftlichen und politischen Fragen der Kirche immer wieder gemacht wird; mit anderen Worten: Wenn die Kirche das Problem der Arbeitslosigkeit vorsichtig *diskutiert,* erbringt sie, dem Vorwurf *interner* Kritik zuvorkommend, den Nachweis, zu diesem Thema nicht geschwiegen zu haben; indem sie dieses Thema *vorsichtig* behandelt, entzieht sie zugleich der *externen* Kritik jener den Boden, die der Kirche bei einer weniger vorsichtigen Behandlung gesellschaftlicher Fragen gewöhnlich anempfehlen, von Dingen zu schweigen, die ihre Sache nicht ist.

»Die Synode der Evangelischen Kirche in Deutschland ist über die gegenwärtige Arbeitslosigkeit und besonders über ihre Folgen für

Problem Arbeitslosigkeit, sondern im Gegenteil *die Annahme dieses Problems als ein Problem.* In dieser Nüchternheit der Betrachtung und im daraus folgenden engagierten Bemühen um die Beseitigung der Arbeitslosigkeit und ihrer materiellen und psychischen Folgen sieht der Bildungsausschuß die heute notwendige und richtige Reaktion auf die gegebene Situation.« (Allgemeiner, lebhafter Beifall) (Bericht des Bildungs- und des Rechtsausschusses: Deutscher Evangelischer Kirchentag – ›Resolution II/7 zum Problem der Arbeitslosigkeit‹, in: Landessynode Baden. Fünfte Sitzung vom 16.–21. 10. 1977, 182f.; HdV).

53 L. Wittgenstein, Tractatus logico-philosophicus (es 12), Frankfurt 1963, 115 (Satz 7).

die einzelnen Menschen *betroffen*« (D 8; HdV) – ist es die *Betroffenheit der Nichtbetroffenen,* die hier und in anderen Dokumenten sich ausspricht? Man wird sagen können: Es gibt zwei Arten von Betroffenheit, die Betroffenheit *von* etwas und die Betroffenheit *über* etwas: Der Arbeitslose ist *von* Arbeitslosigkeit betroffen, die er am eignen Leib verspürt; kirchliche Synoden sind *über* Arbeitslosigkeit betroffen, von der sie sich in Gestalt von Referaten berichten lassen – das ist etwas anderes. Zugleich mag dies auch ein Grund dafür sein, warum einzelne Stellungnahmen allzu schnell mit der Forderung bei der Hand sind: »wir müssen lernen, ›mit der Arbeitslosigkeit zu leben‹« (D 5,411). Ganz anders die Erklärung der Bischöfe von Luxemburg, Metz und Trier: »Wir stehen nicht unter einem blinden Schicksal. Über den Gegensatz der Ideologien hinaus und bei aller Verschiedenheit der Überzeugungen und Meinungen ist jeder Mann, ist jede Frau aufgerufen, das eigene Geschick und das der nachwachsenden Generation in die Hand zu nehmen. Wer davor zurückschreckt und sich einem gewissen Fatalismus überläßt, stimmt der Selbstzerstörung oder Gewaltlösungen zu oder der Flucht in die künstlichen Paradiese all derer, die in ihrem Leben keinen Sinn mehr sehen« (D 14,78). Ganz anders auch die Erklärung, die am 5. März 1977 in den Kirchen des Dekanats Saarbrücken–Malstatt–Burbach verlesen worden ist: »Für uns«, heißt es da, »ist jeder Arbeitslose ein Arbeitsloser zuviel« (D 22,83).

Sozialethische Arbeitsgruppe Marburg

C. Fidora · *N. Mander*
Chr. Gremmels · *E. Strathmann*
D. Gröning · *Chr. Weyer*

III. ABDRUCK KIRCHLICHER DOKUMENTE

1. Dokument 9
Evangelische Kirche in Hessen und Nassau (Hg.), ARBEITSLOSIGKEIT. EINE HERAUSFORDERUNG
Orientierungshilfe für die Gemeinden der Evangelischen Kirche in Hessen und Nassau (1976)*

Vorbemerkung. *Es fällt heute relativ schwer, die Entwicklungs- und Entstehungsgeschichte dieser Äußerung der Evangelischen Kirche in Hessen und Nassau in Einzelheiten nachzuzeichnen; die Schrift selbst trägt kein Erscheinungsdatum. Die als Anhang veröffentlichte ›Materialsammlung zum Thema Arbeitslosigkeit‹ (S. 23–41), die vom zuständigen ›Amt für Industrie- und Sozialarbeit‹ erarbeitet worden ist, läßt freilich die Vermutung nicht unbegründet erscheinen, daß der Redaktionsschluß auf den Juni 1976 datiert werden kann. Als Vorarbeiten zu dieser Schrift können die umfangreichen Recherchen angesehen werden, die das ›Amt für Industrie- und Sozialarbeit‹ zum Thema ›Humanisierung der Arbeitswelt‹ bis zu diesem Zeitpunkt erarbeitet hatte. Vor dem Hintergrund der bis dahin formulierten doppelten Aufgabe (›Abbau der Angst am Arbeitsplatz‹, ›Abbau der Angst um den Arbeitsplatz‹) stand fest, daß die rapid wachsende Zahl der Arbeitslosen nicht nur konjunkturell bedingt, d. h. als vorübergehende ›Krise‹ anzusehen sei, sondern daß man – im Unterschied zu wirtschaftspolitischen Interpretationsversuchen – davon auszugehen habe, mit Massenarbeitslosigkeit auch in Zukunft rechnen zu müssen. Auf diesen Sachverhalt sollte eine ›offizielle Äußerung der Kirche‹ aufmerksam machen. Die ersten von mehr als einem halben Dutzend Vorlagen, die fast ausschließlich im ›Amt für Industrie- und Sozialarbeit‹ entstanden, wurden in einem zeitraubenden Verfahren durch Mitglieder der Kammer (Arbeitgeber-, Arbeitnehmervertreter, Vertreter der Kirchenleitung, Leiter der Ämter) unter Hinzuziehung von Expertenmeinungen zu einer unangreifbare und unstrittige Aussagen betonenden Vorlage zusammengefaßt, die ihrerseits in den Urlaubsmonaten 1976 in der Kirchenleitung endredaktionell bearbeitet wurde.*

* Zu den bibliographischen Angaben vgl. S. 12 dieses Bandes. Der Abdruck bietet den Textteil dieser Studie ungekürzt; nicht mitabgedruckt wurde das Inhaltsverzeichnis und die als Anlage beigegebene ›Materialsammlung zum Thema Arbeitslosigkeit‹ (S. 23–41).

Vorwort

Wir alle wissen es: das Brot, um das wir im VATER UNSER bitten, ist mehr als Essen und Trinken, als Kleidung und Wohnung. Es bedeutet zugleich auch, daß wir für uns selbst sorgen können, daß wir gebraucht werden und daß wir uns freuen können an den kleinen oder auch großen Erfolgen, die wir erringen.
Wir alle wissen auch das: niemand kann vom Brot allein leben. Es muß hinzukommen, was Luther unübertroffen formuliert: mit Danksagung empfangen; das Leben annehmen; sich selbst bejahen; die Zeit nicht einfach hinter sich bringen; ein Ziel haben; nach dem Sinn unseres Tuns fragen; dem anderen als Freund begegnen; sich einbringen für das Ganze; Solidarität üben; Gott loben.
Wer arbeitslos ist, entbehrt Brot. Das Netz der sozialen Sicherung bewahrt ihn zwar vor schwerer materieller Not; die Einbußen, die er erleidet, sind jedoch schlimm genug. Dazu fängt er auch an zu zweifeln an sich selbst, an der Ordnung, in der er lebt, am Sinn überhaupt. Er ist angefochten. Wir sind gefragt.
Die Kirchenleitung begrüßt es deshalb, daß die vorliegende Orientierungshilfe die mit der Arbeitslosigkeit aufgeworfenen seelsorgerlichen und sozialen Probleme aufgreift. Sie ist in Zusammenarbeit der Kirchenverwaltung mit der Kammer und dem Amt für Industrie- und Sozialarbeit entstanden. Eine Materialsammlung zum Thema ist beigefügt, die das Amt für Industrie- und Sozialarbeit zusammengestellt hat.
Diese Arbeit will zunächst einmal durch die Zusammenfassung von sonst nur verstreut veröffentlichten Daten und Unterlagen informieren.
Sie will ferner dazu anregen, erneut über den Wert von Arbeit im industriellen Zeitalter nachzudenken und dadurch die persönliche und soziale Situation der Arbeitslosen und der von Arbeitslosigkeit Bedrohten besser zu verstehen.
Sie will schließlich Hinweise geben, wie Gemeinden konkret helfen können.
Die Kirchenleitung nimmt diese Orientierungshilfe dankbar zur Kenntnis und leitet sie an die Gemeinden weiter mit der Empfehlung, sich mit den in ihr angesprochenen Problemen zu befassen.

Pfarrer D. Helmut Hild
Kirchenpräsident

1. Einleitung: Begründung und Zielsetzung

Auf Arbeitslosigkeit nicht vorbereitet

»Der Wandel zur Industriegesellschaft hat immer wieder Verhältnisse geschaffen, in denen Menschen infolge des technischen Fortschritts und der Änderung der Marktlage keine für sie geeignete

Arbeit finden konnten. In vielen Ländern, in denen eine große Arbeitslosigkeit besteht, ist diese heute die größte soziale Unsicherheit. Die nun schon seit Ende der fünfzigerJahre dauernde Vollbeschäftigung in der Bundesrepublik läßt das soziale Problem der Arbeitslosigkeit stärker in den Hintergrund treten.« Dieses Zitat aus der Denkschrift der EKD »Die soziale Sicherung im Industriezeitalter« von 1973 belegt, wie sehr auch die Kirche von dem im gleichen Jahr einsetzenden Anstieg der Arbeitslosigkeit überrascht worden ist.

Ein Problem trotz Konjunkturerholung

Diese Überraschung wirkt bis heute in einer gewissen Rat- und Hilflosigkeit der Kirche im Umgang mit diesem Problem nach. Sowohl in der breiten Öffentlichkeit als auch bei den Experten gibt es unterschiedliche Erklärungsmuster, Prognosen und Lösungsvorschläge. Inzwischen zeichnet sich eine kräftige Erholung der Konjunktur ab. Die Zahl der Arbeitslosen sinkt, doch wäre es verfehlt, das Problem der Arbeitslosigkeit deswegen weniger ernst zu nehmen. Dafür gibt es vor allem drei Gründe:

Fachleute rechnen für die Zukunft mit einem im Vergleich zu den beiden vergangenen Jahrzehnten wesentlich höheren »Sockel« an Arbeitslosigkeit.

Die Zahl der von Arbeitslosigkeit – vorübergehend – betroffenen Arbeitnehmer ist bedeutend höher, als es die Angaben in der Statistik erkennen lassen.

Arbeitslosigkeit wird für den einzelnen wie für die Gesellschaft von erheblicher psychologischer Bedeutung sein und das soziale Geschehen mitprägen.

Für die kirchliche Praxis

Diese Orientierungshilfe versucht deshalb – aufbauend auf die freilich nicht breiten Erfahrungen im kirchlichen Bereich –, einige Gesichtspunkte zum Problem der Arbeitslosigkeit aufzuzeigen, die für die kirchliche Praxis wichtig sind. Sie wendet sich deshalb zunächst an die Gemeinden, deren Verkündigung, Seelsorge und Diakonie herausgefordert sind.

Die sozialen Aspekte nicht vernachlässigen

Weil das Schicksal des einzelnen aber mitbedingt ist durch die gesellschaftliche Situation, genügt es nicht, daß sich die Kirche um den einzelnen Arbeitslosen kümmert. Sie kann sich der seelsorgerlichen Aufgabe nur dann glaubwürdig zuwenden, wenn sie die sozialen Aspekte nicht vernachlässigt. Die vorliegende Arbeit enthält deshalb auch Aussagen zu wirtschafts- und sozialpolitischen Fragen und stützt sich hierbei insbesondere auf Vorarbeiten der Kammer für Industrie- und Sozialarbeit. Sie will vor allem auf sozialethische Grundwerte hinweisen und auf Fragen aufmerksam

machen, die für die weitere Diskussion von Bedeutung sein können. Angesichts des Umfangs und der Vielschichtigkeit der wirtschaftlichen Probleme erscheint eine abschließende Stellungnahme augenblicklich jedoch nicht möglich.
Im Anschluß an eine zusammenfassende Beschreibung der Auswirkungen der Arbeitslosigkeit werden folgende Fragen behandelt:
Was bedeuten die Aussagen der Bibel über die Arbeit als Schöpfungsauftrag an den Menschen in einer Zeit, in der Lohnarbeit knapp zu werden beginnt?
An welchen sozialethischen Grundwerten muß bei der Bewältigung der wirtschaftlichen Probleme festgehalten werden?
Worauf ist beim seelsorgerlichen Umgang mit Arbeitslosen zu achten?
Welche Möglichkeiten haben wir in den Gemeinden, vor allem arbeitslosen *Jugendlichen* konkret zu helfen?

2. *Auswirkungen der Arbeitslosigkeit*

Arbeitslosigkeit schafft Ungerechtigkeit

Arbeitslose müssen, je länger sie arbeitslos sind, desto größere finanzielle Einbußen hinnehmen; ihre Lebenschancen werden dadurch erheblich eingeengt. Sie erleiden soziale Deklassierung, während andere zur gleichen Zeit ihren finanziellen und sozialen Besitzstand wahren oder sogar erhöhen können.

Trifft vor allem die Benachteiligten

Arbeitslosigkeit trifft besonders schwer die bisher schon Benachteiligten: Ungelernte, Ausländer, Frauen, Jugendliche, ältere Arbeitnehmer und Behinderte. Für die Produktion überflüssig geworden, verlieren sie in einer Arbeitnehmergesellschaft weitgehend die Möglichkeit, für sich selbst zu sorgen und sind auf die Hilfe der Allgemeinheit angewiesen.
Besorgniserregend ist vor allem die große Zahl der Jugendlichen aus den geburtenstarken Jahrgängen der sechziger Jahre, die voraussichtlich in den nächsten 10 Jahren keinen Ausbildungs- oder Arbeitsplatz erhalten werden.

Jugendarbeitslosigkeit hat gefährliche Auswirkungen

Wiederum trifft es vor allem die ohnehin benachteiligten Jugendlichen aus der Unterschicht. Durch langandauernde Arbeitslosigkeit in dieser Lebensphase werden ihre bereits geringen Entfaltungsmöglichkeiten noch mehr eingeschränkt, wird ihre soziale Anerkennung zusätzlich gemindert oder versagt und auf diese Weise die Persönlichkeitsentwicklung erheblich gefährdet. Sie werden zu Außenseitern abgestempelt. Damit erleiden sie Schäden, die für den einzelnen kaum reparabel sind und die sich auf die Gesellschaft verhängnisvoll auswirken werden. So können selbst gut durch-

dachte soziale Hilfen bei ihnen eine Empfängerhaltung fördern, die sie auf die Dauer daran hindert, für sich selbst sorgen zu lernen. Möglicherweise zieht die Gesellschaft sich in den jugendlichen Arbeitslosen ihre künftigen Feinde selbst heran.
Schon jetzt ist bei den Betroffenen zunehmend Resignation und Distanz zu Gesellschaft und Staat festzustellen. Vielen Beschäftigten in Betrieben und Verwaltungen, Schülern und Studierenden sitzt die Angst um ihre berufliche Zukunft im Nacken. Ein Klima der Anpassung, des Konkurrenzverhaltens, der Furcht vor freier Meinungsäußerung breitet sich aus. Nicht wenige suchen Halt bei weltanschaulichen Gruppierungen und Sekten, die ein simples Erklärungsmuster und festen Halt unter Gleichgesinnten anbieten.

3. *Arbeit als Schöpfungsauftrag*

Eine theologische Ethik der Arbeit muß Wertmaßstäbe entwickeln, die zugleich realitätsbezogen sind und die biblische Tradition zur Geltung bringen.

Die Einstellung zur Arbeit ändert sich

Dabei ist zu berücksichtigen, daß sich gegenwärtig bei vielen längerfristig eine tiefgreifende Veränderung in der Einstellung zu Arbeit und Konsum vollzieht.
Schon vor Eintritt der wirtschaftlichen Krisensituation war auf Grund von Umfragen ein »Prozeß der Erosion der bürgerlichen Tugenden« zu beobachten. »Im geistigen Bereich der Einstellungen und Wertvorstellungen vollzieht sich ... eine Anpassung (der Mittelschicht) an die Unterschichtsmentalität, den bürgerlichen Werten entgegengesetzte Haltungen: Arbeitsunlust, Ausweichen vor Anstrengungen, auch der Anstrengung des Risikos. An die Stelle langfristiger Zielplanung treten der Zwang nach unmittelbarer Befriedigung, Egalitätsstreben, Zweifel an der Gerechtigkeit der Belohnungen und Status-Fatalismus, Zweifel also an der Möglichkeit, durch Anstrengung den eigenen Status zu verbessern« (Zitat aus der Artikel-Serie von Elisabeth Nölle-Neumann in »DIE ZEIT«, 13. und 20. Juni 1975). Es ist anzunehmen, daß die wirtschaftliche und soziale Entwicklung diesen Prozeß zumindest bei den Absteigern noch beschleunigt.

Arbeit bringt vor allem Geld

Zu den Ursachen dieser Wertverschiebung gehört sicherlich die einseitige Bewertung von Arbeit und Leistung nach dem Maßstab des ökonomischen Erfolges bzw. Nutzens. Die noch immer vorherrschende wissenschaftliche Betriebsführung (Taylorismus), deren Prinzip es ist, möglichst alle Produktionsvorgänge in kleine, meßbare Arbeitsschritte zu zerlegen, fördert nachhaltig eine Instrumentalisierung der Arbeit, d. h. Arbeit wird fast ausschließlich

als Mittel zum Gelderwerb angesehen. Traditionell mit Arbeit verbundene Werte wie Entfaltung von Fähigkeiten, Freude an Arbeitsvollzug und Produkt, Dienst am Mitmenschen, Beitrag zum Gemeinwohl werden weitgehend funktionslos bzw. bleiben nur den relativ wenigen vorbehalten, die schöpferisch tätig oder verfügungsberechtigt sind. Arbeitnehmer, vor allem Ungelernte, die vorwiegend inhaltslose Arbeit leisten müssen, entwickeln von daher meist ein ambivalentes Verhältnis zu ihrer Arbeit: einerseits lehnen sie zunehmend eingeschränkte Arbeit als inhuman ab, andererseits gewinnen sie immerhin auch aus dieser Arbeit ein gewisses Selbstwertgefühl, weil sie ihnen einen bescheidenen Lebensstandard und soziale Anerkennung gewährt.
Wenn viele arbeitslose Jugendliche keine Berufsausbildung anstreben bzw. keine Motivation für Erwerbsarbeit haben, so ist daraus ein Protest gegen sinnentleerte Arbeit zu entnehmen: Das Deutsche Jugendinstitut München stellte kürzlich in einer Untersuchung dieser Zusammenhänge fest: »Falsch ist die Behauptung: sie wollen nicht arbeiten; richtig dagegen: sie wollen *so* nicht arbeiten.« (FRANKFURTER RUNDSCHAU vom 9. 12. 1975.)

Arbeit menschenwürdig

Angesichts dieser Problemlage ergibt sich für alle, die sich um die Zukunft der Arbeit Gedanken machen, die doppelte Frage: Wie kann Arbeit in jeglicher Form menschenwürdig werden, und: Wie können möglichst alle an dieser menschenwürdigen Arbeit nach ihren Kräften und Fähigkeiten partizipieren?

Arbeit soll Leben erhalten, Fähigkeiten entfalten und Gemeinschaft stiften

Die Kirche kann zur Lösung dieser Frage beitragen, wenn sie die biblische Auffassung von Arbeit zur Geltung bringt: Arbeit als Schöpfungsauftrag des Menschen soll Leben erhalten, Fähigkeiten entfalten und Gemeinschaft stiften. Im Gegensatz zur einseitig ökonomischen Wertung von Arbeit ist darauf hinzuweisen, daß wirtschaftlicher Erfolg nicht allein und an sich erstrebenswert ist, sondern nur unter der Bedingung, daß jene drei Momente realisiert werden. Das gilt sowohl für das einzelne Unternehmen wie für die Gesamtwirtschaft. Innerbetrieblich muß Arbeit so organisiert werden, daß alle Beteiligten in ihren Lebenschancen gefördert und an den notwendigen Entscheidungen in abgestufter Verantwortung beteiligt werden. Im Hinblick auf die Gesamtwirtschaft ergibt sich die ethische Forderung nach einem Recht auf Arbeit für alle Arbeitsfähigen.
Vom biblischen Ansatz her ist die Verengung unseres Wertbewußtseins auf Berufs- bzw. Erwerbsarbeit zu kritisieren. Auch diese ergibt sich aus der einseitig ökonomischen Wertung von Arbeit:

Nur Arbeit, die sich vermarkten läßt, wird als vollwertige Arbeit angesehen.

Lebenswichtige Arbeit unbezahlt

Die Arbeit der Hausfrau, die Pflege und Erziehung von Kindern, die Versorgung der Familienangehörigen bleibt völlig unterbewertet, obwohl die Gesellschaft ohne diese Leistung überhaupt nicht existieren könnte. Ähnliches gilt für »ehren«amtliche Tätigkeit in Vereinen, Gemeinden, politischen Parteien, Gewerkschaften usw., die als beliebige Freizeitbeschäftigung angesehen wird, obwohl sie für das Zusammenleben notwendig ist. Der Schöpfungsauftrag der Arbeit umfaßt alle diese Tätigkeiten; denn durch sie wird Leben erhalten, werden Fähigkeiten entfaltet, wird Gemeinschaft gestiftet.

Die Kirchengemeinden leisten gerade mit ihrem Angebot zu ehrenamtlicher Mitarbeit und zur Gemeinschaft einen Beitrag zur Korrektur an der einseitigen Bewertung der Arbeit durch den ökonomischen Erfolg. Dabei darf nicht übersehen werden, daß gerade der ökonomische Erfolg Grundlage für die soziale Entfaltung des Menschen ist.

4. *Sozialethische Grundwerte und wirtschaftliche Probleme*

Die Verantwortung der Kirche

Die Kirche hat kein Mandat zur Beantwortung wirtschaftlicher Fragen. Da aber die Wirtschaft ein Geschehen ist, das sowohl den einzelnen wie die Gesamtheit betrifft, muß die Kirche fragen, wie sich die Lösung wirtschaftlicher Probleme auf die hierdurch betroffenen Menschen auswirkt. Sie kann deshalb nicht zulassen, daß Dauerarbeitslosigkeit als unvermeidbar angesehen oder verharmlost wird und daß die Masse der Nichtbetroffenen bedauernd aber achselzuckend zur Tagesordnung übergeht. Zugleich muß sie darauf achten, daß bei der Lösung wirtschaftlicher Probleme ethische Grundwerte nicht außer Kraft gesetzt werden. Sie muß diese Dimensionen auch in die öffentliche Diskussion einbringen.

Ethische Grundlagen der Wirtschaftsordnung

Arbeitslosigkeit ist nicht einfach privates Mißgeschick. Sie rührt vielmehr an die ethischen Grundlagen unserer Wirtschafts- und Gesellschaftsordnung. Denn bei uns sind Arbeit und Leistung das vorrangige gesellschaftliche Integrationsprinzip, d. h. durch Leistung wird der einzelne zum vollwertigen Mitglied der Gesellschaft. Arbeitslosigkeit erscheint daher als schwerer Makel und kann Ausschluß aus der Gesellschaft geachteter Menschen bedeuten.

Die Kirche hält an der hohen Wertung von Arbeit als Schöpfungsauftrag fest, der den Menschen seine Kräfte und Fähigkeiten entfalten läßt und diese zugleich für den Nächsten in Dienst nimmt. Darin liegt eine deutliche Kritik an der bei uns vorherrschenden einseitigen Ausrichtung von Arbeit auf den ökonomischen Erfolg. Wirtschaft ist kein Selbstzweck. Sie muß die verantwortliche Beteiligung und das Wohl aller ermöglichen. Hat sie dieses Ziel nicht mehr, verliert sie die ethische Legitimation. Hält sie aber daran fest, kann sie sich nicht damit abfinden, daß eine Großzahl von Menschen vom Arbeitsprozeß ausgeschlossen bleibt.

Sozialpflichtigkeit des Eigentums

In die gleiche Richtung weist die Betrachtung des Privateigentums als Basis unserer Wirtschaftsordnung. Nach christlicher Auffassung steht das Eigentum – gerade auch das Eigentum an Produktionsmitteln – unter dem Dienstgebot, d. h. die Sozialpflichtigkeit ist nicht eine beliebige Zugabe zum Eigentum, sondern dieses wird überhaupt erst durch seinen sozialen Gebrauch legitimiert.

Arbeitslosigkeit stellt die Wirtschaftsordnung vor eine Bewährungsprobe

Anhaltende Arbeitslosigkeit in unserem Lande würde deshalb bedeuten, daß die von der sozialen Marktwirtschaft selbst gesetzten bzw. von ihr anerkannten Ansprüche und Maßstäbe in Frage gestellt wären. Manche mögen derartige Überlegungen als ethischen Rigorismus beiseite schieben. Sie seien daran erinnert, daß eine Wirtschaftsordnung nicht nur die Versorgung der Bevölkerung mit Gütern, Dienst- und Sozialleistungen zu garantieren hat, sondern auch die Zustimmung der überwiegenden Mehrheit der Bevölkerung finden muß. Gelingt das nicht, kann sie – zumal in einer demokratischen Gesellschaft – nicht auf Dauer bestehen. Alle Mitglieder der Gesellschaft müssen deshalb ihren Beitrag zur Überwindung der gegenwärtigen Arbeitslosigkeit leisten.

Wirtschaftliche Verflechtungen – Rücksicht auf die schwachen Länder

Die Verantwortung unserer Wirtschaft endet freilich nicht an unserer Landesgrenze. Mit unserer Exportorientierung einerseits und unserer Abhängigkeit von Rohstoffimporten andererseits sind wir eng mit den weltwirtschaftlichen Problemen verflochten. Wirtschaftskrise und Arbeitslosigkeit in unserem Land sind mit von diesen weltwirtschaftlichen Verflechtungen bestimmt, und unsere Lösungsversuche haben Rückwirkung auf die Wirtschaft anderer Länder. Die Gefahr liegt nahe, unsere Wirtschaftsprobleme nur im nationalen Interesse, ohne Rücksicht auf die wirtschaftlich schwachen Länder, lösen zu wollen. Das wäre kurzsichtig; denn langfristig können wir nur dann unsere Zukunft sichern, wenn es zu einem allmählichen Ausgleich zwischen armen und reichen Ländern kommt.

Krise nicht für den eigenen Vorteil nutzen

Wirtschaft und Staat bemühen sich augenblicklich gemeinsam, wirtschaftliche Krise und Arbeitslosigkeit zu überwinden. Alle Maßnahmen zielen darauf hin, die Produktivität zu steigern und neues Wachstum zu erzeugen. Dabei wird es entscheidend darauf ankommen, das zuletzt erreichte Kräfteverhältnis zwischen Arbeitgebern und Arbeitnehmern nicht unter der Hand einseitig zugunsten der einen oder anderen Seite zu verändern. Der Verteilungskampf würde sonst neue Impulse erhalten.

Ist weiteres Wachstum verantwortbar?

Die Begrenzung der Rohstoffvorräte und das schon erreichte Maß an Umweltbelastung lassen es jedoch fragwürdig erscheinen, ob hohes Wachstum der industriellen Produktion ein geeignetes Mittel ist, um die Vollbeschäftigung auf Dauer sicherzustellen. Entgegen einem wiedererwachten Wachstumsdenken, das aus der Krise nichts gelernt hat, muß die Kirche daran erinnern, daß wir uns damit dem Punkt nähern, wo die Schöpfung als Lebensraum für alle Menschen vielleicht unwiederbringlich zerstört wird.
Daher müssen zur Bewältigung des Arbeitslosenproblems auch Maßnahmen erwogen werden, die nicht in die gewohnten Denkschemata und Erwartungshaltungen passen und bei geringem industriellen Wachstum realisierbar sind.

Vorhandene Arbeit aufteilen?

Kann das schrumpfende Arbeitsvolumen (Zahl der insgesamt zu leistenden Arbeitsstunden) durch Arbeitszeitverkürzung auf alle Arbeitsfähigen gleichmäßig verteilt werden? Das bedeutete eine höhere Kostenbelastung für die Unternehmen und gleichzeitig eine Verringerung des Realeinkommens für die Arbeitnehmer. Denn ein voller Lohnausgleich für die Arbeitszeitverkürzung wäre gegenwärtig nicht durchsetzbar. Dieses Lohnopfer der Arbeitnehmer wäre nur dann zumutbar, wenn garantiert ist, daß bei Arbeitszeitverkürzung tatsächlich Neueinstellungen erfolgen. Die erwünschte Wirkung ließe sich wahrscheinlich nur schrittweise und langfristig erzielen. Gewerkschaften und Arbeitgeber wären zu ermutigen, Schritte in dieser Richtung zu unternehmen.

Herabsetzung des Rentenalters – Verlängerung der Schulzeit?

Kann das Arbeitskräfteangebot und damit Arbeitslosigkeit kurzfristig dadurch verringert werden, daß das Rentenalter herabgesetzt und die Schulzeit verlängert wird? Insbesondere die Einführung eines oder mehrerer Berufsgrundschuljahre für Haupt- und Sonderschüler könnte ein wirksames und sinnvolles Mittel zur Bekämpfung der Jugendarbeitslosigkeit sein. Hand in Hand damit müßte eine Neubestimmung der Lernziele erfolgen, damit den

Jugendlichen Qualifikationen vermittelt werden, die sie für ihre berufliche Zukunft brauchen können.

Neue Arbeitsplätze bei Dienstleistungen?

Können Arbeitsplätze im Dienstleistungssektor geschaffen werden? Hier gibt es eine Reihe von gesellschaftlich wünschenswerten Aufgaben, etwa im Sozialbereich oder beim Umweltschutz, die bisher nicht oder nur sehr unzureichend wahrgenommen wurden. Sofern private Organisationen nicht in der Lage sind, diese Aufgaben anzugehen, muß der Staat hier größere Aktivität entfalten.

Öffentliche Dienstleistungen müssen bezahlt werden

Öffentliche Dienstleistungen kosten viel Geld; d. h. wir müssen darüber diskutieren, ob alle seither durch den Staat erbrachten Leistungen angesichts veränderter und sich ändernder Verhältnisse aufrecht erhalten und beansprucht werden können. Andererseits wird auch gefragt werden müssen, ob die Steuerlastquote erhöht werden muß.

Nicht auf dem Rücken der ausländischen Arbeitnehmer

Ein Vorschlag zur Behebung des Arbeitslosenproblems ist nicht diskutabel, obwohl er manchenorts Zustimmung findet: die Zwangsrückkehr der ausländischen Arbeitnehmer. Wir dürfen *die* Menschen, die wir für die Steigerung unseres Wohlstandes in unser Land geholt haben, nicht als konjunkturelle oder strukturelle Manövriermasse behandeln. Derartige Tendenzen, Forderungen und Praktiken sind durch die Kirche öffentlich zu verurteilen.

Veränderte Zielsetzungen

Eine veränderte wirtschaftliche Lage mit verringertem Wirtschaftswachstum, begrenztem Wohlstand und kürzerer Arbeitszeit verlangt veränderte Zielsetzungen im gesellschaftlichen wie im persönlichen Leben. Die auf den Weltkirchenkonferenzen von Uppsala und Nairobi diskutierte Frage nach einem »alternativen Lebensstil« wird immer dringender. Wir müssen davon wegkommen, Erwerbsarbeit, wirtschaftlichen Erfolg und Konsum zu glorifizieren. Mehr Freizeit kann genutzt werden zu gesellschaftlich notwendiger, unbezahlter und unbezahlbarer Arbeit, nämlich zur Beteiligung an Gemeinschaftsaufgaben, Diakonie, Bürgerinitiativen, Nachbarschaftshilfe, Mitarbeit bei kirchlichen und kommunalen Aufgaben oder Gewerkschaftsarbeit, kurz: zu ehrenamtlicher Tätigkeit, aber auch zur Freisetzung spielerischer und kreativer Fähigkeiten. Konsum kann dann auf das notwendige Maß reduziert werden, braucht nicht mehr Ersatz für fehlende zwischenmenschliche Beziehungen oder sinnentleerte Tätigkeit zu sein. Alternativer Lebensstil bedeutet nicht nostalgische Rückkehr zum einfachen Leben, sondern gesellschaftliche Tätigkeit mit und für vergessene, bedrohte und benachteiligte Menschen. Die Art und Weise, wie wir als christliche Gemeinde der Herausforderung durch die Arbeitslosigkeit begegnen, könnte eine erste Probe darauf sein, ob wir fähig sind, in Alternativen zu denken und zu leben.

5. *Probleme der Seelsorge*

Schwierigkeiten im Umgang mit Arbeitslosen entstehen dadurch, daß die meisten von ihnen nicht als solche erkannt sein wollen. Arbeitslose verbergen sich normalerweise vor der Öffentlichkeit, auch vor der Kirche und ihren Repräsentanten.

Arbeitslosigkeit als Makel empfunden

Der Grund liegt sicherlich darin, daß Arbeitslosigkeit als Makel empfunden wird – vom Arbeitslosen selbst und von seiner Umgebung. Schnell ist das Vorurteil bei der Hand: arbeitslos = arbeitsscheu. Manche Arbeitslose neigen dazu, diesen Makel dadurch zu überspielen, daß sie sagen, dieser Zustand sei ganz schön (was bei der ambivalenten Haltung zu abhängiger, inhaltsarmer Arbeit verständlich ist; s. o., Abschn. 3.). Wahrscheinlich fühlen sie sich eher isoliert. Jedenfalls sind die wichtigen sozialen Kontakte am Arbeitsplatz verloren. Wenn Arbeitslose sich gegen Umzug sträuben, wollen sie nicht auch noch die Kontakte im Wohnbereich verlieren.

Freizeit ist »Leerzeit«

Viele Arbeitslose, vor allem Jugendliche, klagen über Langeweile. Sie haben unendlich viel »Freizeit«, die man freilich genauer »Leerzeit« nennen sollte; denn die meisten von ihnen wissen damit nichts anzufangen. Als Angehörige der Unterschicht ist es ihnen meist schon in der Kindheit verwehrt worden, Kreativität und Initiative zu entwickeln. Inhaltslose, häufig monotone Arbeit und Abhängigkeit von fremden Entscheidungen bzw. Anweisungen haben eigene Aktivität gelähmt. Diese gerade während der Arbeitslosigkeit zu wecken, dürfte besonders schwierig sein.

Arbeitslosigkeit schafft neue Abhängigkeit

Je länger Arbeitslosigkeit dauert, desto mehr drückt sie auch ökonomisch; hinzu kommt die Abhängigkeit von der Behörde (Arbeitsamt), die die Unterstützung sperren oder entziehen oder bei entdeckter »Schwarzarbeit« reduzieren kann.

Distanz zum Pfarr-Amt

Diese Momente erschweren den Kontakt zu Arbeitslosen, zumal der Pfarrer gut situiert und gesichert zur gebildeten Mittelschicht gehört und ein »Amt« repräsentiert. Manch einer mag im Hinblick auf die bisherige kirchliche Praxis fragen: Warum entdeckt die Kirche den Arbeiter erst, wenn er arbeitslos ist?

Vor allem kann die Kirche nicht vermitteln, was der Arbeitslose am nötigsten braucht: einen Arbeitsplatz.

Den Arbeitslosen annehmen

Seelsorge müßte zunächst darauf zielen, daß sich der Arbeitslose »angenommen« und verstanden fühlt, d. h. anders gesehen und behandelt als von seiner Umgebung.
Bei der herrschenden Überbewertung von Berufsarbeit und Leistung befinden sich viele Arbeitslose in einer Identitätskrise. Sie haben keine Aufgabe, mit der sie sich identifizieren können, sind deshalb versucht, ihr Leben als sinnlos anzusehen. Die Seelsorge könnte dazu helfen, daß der Arbeitslose Aufgaben entdeckt, die er in der Lage ist anzufassen und zu bewältigen, etwa anhand der Frage: Was hätte ich schon immer gern tun wollen, kam aber nicht dazu?

Vorurteile abbauen, Gemeinschaft stiften

Da das Erleben von Arbeitslosigkeit vom Verhalten der Umwelt mitgeprägt ist, wird man versuchen müssen, wenigstens bei der Familie die oben erwähnten Vorurteile abzubauen. Es könnte entlastend wirken, wenn hier das Bewußtsein wächst, daß Arbeitslosigkeit nicht individuelle Schuld, sondern kollektives Schicksal ist. Es wäre wünschenswert, Arbeitslose untereinander und mit anderen in Kontakt zu bringen, um Isolation zu überwinden. Kirchengemeinden allein mögen dazu nicht immer in der Lage sein; sie könnten aber Anstöße geben und sich mit anderen Gruppierungen dafür zusammentun.

6. *Hilfsmöglichkeiten der Gemeinden*

Aufgabe der kirchlichen Jugendarbeit

Die steigende Zahl der Schulabgänger, die in den nächsten Jahren keine Lehrstelle oder Arbeitsplatz finden werden, stellt die Gemeinden vor besondere Aufgaben, zumal sie sich in Unterricht, Konfirmanden- und Jugendarbeit ohnehin der Jugendlichen. (sic!) Arbeitslose Jugendliche, die zum großen Teil keinen Schulabschluß haben, kommen zumeist aus sozial schwächeren Schichten. Nicht alle Gemeinden haben Erfahrung im Umgang mit diesen Jugendlichen. Die Muster der gemeindlichen Jugendarbeit sind nicht ohne weiteres auf sie übertragbar. Es ist deshalb wichtig, sich zunächst mit ihrer spezifischen Erfahrungswelt vertraut zu machen. Es könnte auch sein, daß die bereits im 19. Jahrhundert eingetretene und noch immer nachwirkende Entfremdung zwischen Kirche und Arbeiterschaft ein zusätzliches Hindernis für den Zugang zu diesen Jugendlichen ist. Diese Schwierigkeiten dürfen uns jedoch nicht entmutigen, wenn wir auch weiterhin an dem Ziel festhalten wollen, Kirche für das ganze Volk zu sein.

Thema für den Unterricht

Der Religionsunterricht in den letzten Klassen der Hauptschule, Konfirmandenunterricht und Jugendarbeit können verstärkt die Fragen der Arbeit und Berufsfindung behandeln, um die Jugendlichen besser auf ihre ungewisse Zukunft vorzubereiten. Erfahrungen in einzelnen Gemeinden zeigen, daß man hier vorbeugend tätig werden kann, um Enttäuschungen zu vermeiden oder zu verarbeiten und Schuldkomplexe zu verhindern bzw. abzubauen.
Inhaltlich könnte der Unterricht folgende Themen anbieten:

- Die biblische Sicht der Arbeit im Unterschied zur gegenwärtig vorherrschenden Wertung von Arbeit
- Die Gründe für die auch künftig hohe Zahl der jugendlichen Arbeitslosen
- Informationen über weiterführende Schulen
- Berufsberatung
- Maßnahmen der Arbeitsämter zur Förderung jugendlicher Arbeitsloser
- Aussichten in einzelnen Berufen
- Berufswechsel
- Ausbildungsverträge u. a. m.

Vertreter des Arbeitsamtes bzw. Berufsberatung, Berufsschullehrer, Ausbilder, Auszubildende können darüber berichten. Außerdem sind beim Arbeitsamt eine Reihe von Informationsschriften darüber zu erhalten.
Die beruflichen Erfahrungen von Eltern, älteren Geschwistern oder Bekannten, die Vorurteile gegenüber Arbeitslosen, bestehende Unsicherheit im Umgang mit Arbeitsamt, Meistern usw. können in vorwegnehmenden Rollenspielen reflektiert werden.
Eine begleitende Elternarbeit wäre in diesem Zusammenhang besonders nötig, weil viele Eltern diesen Problemen hilflos gegenüberstehen.

Chance der offenen Jugendarbeit

Eine Integration von arbeitslosen Jugendlichen in die gemeindliche Jugendarbeit ist, soweit bisher Erfahrungen vorliegen, dort möglich, wo offene Jugendclubs unter qualifizierter hauptamtlicher Leitung betrieben werden. Geschlossene Jugendkreise und ehrenamtliche, meist jugendliche Mitarbeiter scheinen durch die besonderen Probleme und Verhaltensweisen von jugendlichen Arbeitslosen in der Regel überfordert zu sein. Kontinuierliche Arbeit mit dieser Zielgruppe kann man nicht nur nebenbei leisten. Man muß Zeit und Geld (Personalkosten) investieren.
Wenn arbeitslose Jugendliche nicht von sich aus in den gemeindlichen Jugendclub kommen, besteht vielfach das Problem, überhaupt mit ihnen Kontakt zu finden. Ob diese Schwierigkeit durch Einladung an frühere Konfirmandenjahrgänge oder Hausbesuche

zu überwinden ist, wäre auszuprobieren. Zusammenarbeit mit dem zuständigen Sozial- bzw. Jugendamt kann hilfreich sein.

Einzelberatung

Dort, wo Kontakt zu jugendlichen Arbeitslosen besteht, ist die Möglichkeit zur Einzelberatung gegeben. Viele Jugendliche haben Schwierigkeiten im Umgang mit den zuständigen Behörden: Arbeitsamt, Berufsberatung, Sozialamt und mit den geltenden Vorschriften bzw. Gesetzesregelungen. Hier kann im Einzelfall durch Information, durch Begleitung beim Gang zur Behörde oder zu einem Betrieb oder bei der Ausfüllung der notwendigen Formulare geholfen werden.

Viele jugendliche Arbeitslose haben Konflikte mit ihren Eltern, mit Nachbarn, mit der Berufsschule oder auch mit der Polizei. Auch hier ist Einzelhilfe nötig.

Fast alle, die mit jugendlichen Arbeitslosen zu tun haben, klagen über deren mangelnde Motivation, sich überhaupt um Arbeit zu bemühen, wenn sie einige Fehlschläge erlebt haben oder wenn sie sonst der Überzeugung sind, arbeiten bringe nichts. Sie zu motivieren und zu stabilisieren, ist eine mühsame, aber notwendige Aufgabe.

Grundausbildungs- und Förderlehrgänge

Vielleicht kann man sie dazu bewegen, sich an den vom Arbeitsamt und anderen Trägern angebotenen Grund- und Förderlehrgängen zu beteiligen. Diese Lehrgänge erhöhen zwar erfahrungsgemäß die Chancen für eine Vermittlung in eine Lehr- oder Arbeitsstelle nur geringfügig; sie bieten aber wenigstens vorübergehend (für etwa ein halbes oder ein Jahr) eine nicht sinnlose Beschäftigung. Die Gemeinden und kirchlichen Einrichtungen sollten prüfen, ob sie Mitarbeiter mit der sozialpädagogischen Begleitung solcher Lehrgänge beauftragen können.

In den Angeboten der gemeindlichen Jugendclubs kann den Jugendlichen eine Hilfe gegeben werden, wenigstens einen Teil ihrer immensen Freizeit einigermaßen sinnvoll zu verbringen. Gegenseitiger Austausch über Erfahrungen bei der Arbeitssuche und Informationen aus Zeitungen über freie Stellen u. a. m. könnten neben den reinen Freizeitangeboten stehen.

Selbsthilfeinitiativen

An einigen Stellen beteiligen sich Mitarbeiter von gemeindlichen Jugendclubs gemeinsam mit anderen Trägern an der Gründung von Selbsthilfeinitiativen für jugendliche Arbeitslose. Dabei bieten Jugendliche einfache Dienstleistungen wie Entrümpelung, Kleintransporte, Kleinreparaturen gegen mäßige Bezahlung an. Derartige Versuche sind kein Allheilmittel gegen Jugendarbeitslosigkeit, haben aber den großen Vorteil, daß die Jugendlichen aus ihrer

Apathie herauskommen und initiativ werden, wobei nicht nur die Ausführung bestimmter Aufgaben, sondern auch Organisation von Arbeit gelernt wird.
Da Gemeinden in der Regel überfordert sind, selbst solche Initiativen ins Leben zu rufen, wird es sinnvoll sein, deren Träger zu unterstützen. Soweit hier Erfahrungen vorliegen, sind diese für jede Unterstützung dankbar. Die kommunalen Sozial- und Jugendämter können darüber Auskunft geben.

Öffentlichkeitsarbeit

Kooperation mit anderen Institutionen, z. B. Vereinen, Jugendorganisationen, katholischen Gemeinden usw. wird auch nötig, wenn man die Probleme der jugendlichen Arbeitslosen in die Öffentlichkeit tragen will. Das muß immer wieder geschehen, weil die Gefahr besteht, daß man sich an die Zahl der jugendlichen Arbeitslosen gewöhnt und daß sich Vorurteile gegen sie einnisten.

Gibt es in den Gemeinden etwas zu tun?

Einige Gemeinden könnten die Frage prüfen, ob jugendliche Arbeitslose entsprechend den Zivildienstleistenden oder in einer Art Freiwilligem Sozialen Jahr für soziale Aufgaben angestellt werden können. Sicherlich wird dafür nur eine kleine Zahl besonders geeigneter Jugendlicher in Frage kommen. Insbesondere hätten auf diese Weise auch weibliche Jugendliche die Möglichkeit, Wartezeiten sinnvoll zu überbrücken.
Außerdem werden im Rahmen der Arbeitsbeschaffungsmaßnahmen (ABM) der Arbeitsämter 80% der Lohnkosten bis zu einem Jahr an gemeinnützige Träger erstattet, die jugendliche Arbeitslose für bestimmte Projekte (z. B. Renovierung von Jugendräumen, Anlegung von Spielplätzen) anstellen.

2. Dokument 10

MASSNAHMEN ZUR ÜBERWINDUNG DER BERUFSNOT UND DER ARBEITSLOSIGKEIT JUGENDLICHER

Gemeinsame Erklärung des Kommissariates der deutschen Bischöfe – Katholisches Büro Bonn – und des Deutschen Gewerkschaftsbundes vom 14. Dezember 1976*

I.

Die Berufsnot junger Menschen und die Jugendarbeitslosigkeit sind eine große Herausforderung für die gesamte Gesellschaft. Sie sind schicksalhaft für die Jugendlichen und führen zu kaum wieder gutzumachenden negativen Erfahrungen mit unserer Gesellschaft.

Die Jugendlichen werden davon betroffen, wenn sie beim Verlassen der Schule keine qualifizierte Ausbildungsstätte finden, wenn sie nach der Ausbildung für längere Zeit arbeitslos werden oder wenn sie als Ungelernte in besonderem Maße von den Risiken der Arbeitslosigkeit bedroht werden. Insbesondere bei wiederholter oder lang andauernder Arbeitslosigkeit wird sich die Einstellung zur Ausbildung, Beruf und Arbeitstätigkeit ändern. Das Verhältnis zu den Grundwerten unserer Gesellschaft und unserer Demokratie wird dadurch erheblich gestört.

Berufsnot und Jugendarbeitslosigkeit hinterlassen aber auch tiefe, schmerzliche Eindrücke, die die Jugendlichen ihr ganzes Leben lang begleiten. Sie führen zu Mutlosigkeit, Niedergeschlagenheit und zu Existenzangst und nicht selten zu besonderen Gefährdungen, zu Alkohol und Drogen.

Die Probleme der Jugendlichen sind eng verknüpft mit dem Mangel an qualifizierten betrieblichen und schulischen Ausbildungsplätzen. Jugendliche finden keine entsprechenden Ausbildungsplätze und ein nicht unerheblicher Teil der Jugendlichen hat bereits von vornherein resigniert und die Suche nach Ausbildungsplätzen sowie die Bereitschaft für eine Ausbildung aufgegeben. Darüber hinaus zeigen sich in der Berufswahl verstärkt Konkurrenz- und Verdrängungseffekte in der Weise, daß die Auswahl der Betriebe zu Lasten Jugendlicher ohne Schulabschluß, zu Lasten von Sonderschülern und behinderter Jugendlicher geht.

Bei der Beurteilung der Situation der Jugendlichen zeigt sich auch, daß die statistischen Daten im Bereich der Berufsausbildung und des Arbeitsmarktes nach wie vor mangelhaft sind. Es gibt nur ein unzureichendes statistisches Instrumentarium und dadurch unzu-

* Ungekürzter Abdruck. Zu den bibliographischen Angaben vgl. S. 12 dieses Bandes.

längliche Informationsmöglichkeiten. Die Beurteilung ist deshalb vielfach eine Zweckinterpretation, die von einer Verharmlosung der Situation oder von mangelnder Lernbereitschaft der Jugendlichen ausgeht. Damit werden die Probleme nicht gelöst. Der Entwicklungstrend der letzten Jahre und die Dunkelziffer in der Statistik ergeben zunehmend größere Schwierigkeiten und Ungerechtigkeiten gegenüber den jungen Menschen unserer Gesellschaft.

Darüber hinaus haben sich als negative Ausnutzungsformen der Berufsnot und der Jugendarbeitslosigkeit herausgestellt:

der Abbau von Berufsschulrechten Jugendlicher durch eine vorzeitige Ableistung der Berufsschulpflicht,

das Unterlaufen der Qualifikationsstruktur der Ausbildungsberufe durch die Schaffung von Teilqualifikationen als betriebsbezogene oder regionale Ausbildungsangebote, die nicht zu einer Vollqualifikation führen.

Entscheidende Verbesserungen im Interesse der Schulabgänger und der arbeitslosen Jugendlichen sind verstärkt notwendig. Im Zusammenhang mit den bisherigen Sonderprogrammen der Bundesregierung und der Landesregierungen zur Bekämpfung der Jugendarbeitslosigkeit wird erwartet, daß sie künftig aufeinander abgestimmt und in ihrer Wirksamkeit beobachtet und ausgewertet werden. Soweit es sich um den Ausbildungsbereich handelt, sind die Nutzung aller schulischen und außerschulischen Bildungsangebote sowie die Weiterentwicklung der gesetzlichen Form einer Ausbildungsfinanzierung in der betrieblichen Berufsausbildung von entscheidender Bedeutung.

Die Jugend in unserer Gesellschaft braucht Perspektiven für eine persönliche, berufliche und gesellschaftliche Zukunft. Sie ist auf die Solidarität aller Verantwortlichen angewiesen. Deshalb müssen Regierungen, Arbeitgeber, Betriebsräte und Personalräte dafür sorgen, daß die Herausforderung in eine Chance zur Entwicklung unserer Gesellschaft umgewandelt wird.

II.

Zur Behebung der Berufsnot und zum Abbau der Jugendarbeitslosigkeit schlagen das Kommissariat der deutschen Bischöfe und der Deutsche Gewerkschaftsbund folgende Maßnahmen vor:

1. Die Situation in den Grund-, Haupt- und Sonderschulen muß qualitativ und quantitativ verbessert werden. Um kleinere Klassen und damit eine verstärkte Förderung aller Begabungen sowie eine Befähigung Benachteiligter zu erreichen, ist die Beschäftigung von mehr Lehrern notwendig. Durch einen stärkeren Arbeitsweltbezug ist eine verbesserte Berufswahlvorbereitung in und durch die Schule vorzunehmen.
2. Die Schulpflicht ist um ein 10. Vollzeitschuljahr zu verlängern.

Schwerpunkt dieses Schuljahres muß eine intensive Vorbereitung und Förderung zur Berufswahlentscheidung sein.

3. Die Zusammenarbeit zwischen Schule und Berufsberatung muß weiter ausgebaut werden. Die Berufsberatung muß insbesondere zu einem früheren Zeitpunkt in der Schule einsetzen. Darüber hinaus bedarf die Berufsberatung einer qualitativen und quantitativen Verstärkung.
4. Das schulische Berufsgrundbildungsjahr ist als Pflichtangebot in Regionen und Berufsbereichen beschleunigt einzuführen. Die notwendige bundeseinheitliche Abstimmung von Rahmenlehrplänen und Ausbildungsordnungen sollte unverzüglich vorgenommen werden. Das Berufsgrundbildungsjahr ist das erste Jahr der Ausbildung und muß voll auf die Gesamtausbildung angerechnet werden. Im Interesse der Schüler ist es erforderlich, die Teilnahme am schulischen Berufsgrundbildungsjahr in die Förderung nach dem Bundesausbildungsförderungsgesetz einzubeziehen.
5. Durch den Ausbau und die zusätzliche Errichtung beruflicher Vollzeitschulen müssen zusätzliche Möglichkeiten geschaffen werden, qualifizierte Berufsabschlüsse zu erreichen, u. a. zur Schließung von Lücken im betrieblichen Ausbildungsplatzangebot wirtschaftlich schwach entwickelter Gebiete.
   Die Berufsqualifikationen sollten sich dabei insbesondere auf gewerblich-technische Berufe im Metall- und Elektrobereich sowie auf kaufmännische, verwaltende Berufe beziehen.
6. Zur Förderung der Berufs- und Arbeitsreife Jugendlicher ist ein verstärkter Ausbau zusätzlicher berufsvorbereitender Bildungsmaßnahmen notwendig. Dabei geht es insbesondere um Hilfen für den außerschulischen Bildungsbereich, dessen Aufgabe es ist, die erforderlichen Lernangebote und die Möglichkeiten einer Mobilitäts- und Motivationshilfe für diese Jugendlichen zu schaffen.
7. Das Ausbildungsplatzförderungsgesetz mit seinen Möglichkeiten zur Finanzierung und Förderung des Ausbildungsplatzangebotes muß ergänzt, wirksam eingesetzt und genutzt werden. Die Einbeziehung weiterer öffentlicher Mittel und die Weiterentwicklung des gesetzlichen Finanzierungsinstrumentariums gehört zu den vordringlichsten Aufgaben, um ein zusätzliches qualifiziertes Ausbildungsangebot zu erreichen.
8. Betriebe und Verwaltungen müssen mehr qualifizierte Ausbildungsplätze in den nächsten Jahren zur Verfügung stellen. Es geht dabei auch darum, den notwendigen Nachwuchs an qualifizierten Facharbeitern und Angestellten für die Zeit nach 1985 auszubilden. Groß- und Mittelbetriebe sowie der öffentliche Dienst sollten aus diesem Grunde eine Quote von mehr als 5% der Beschäftigtenzahl für Auszubildende zur Verfügung stellen.

9. Die Ausbildungsinhalte müssen weiterentwickelt werden. Dabei geht es insbesondere um eine breit angelegte berufliche Erstausbildung, die eine Vielzahl von qualifizierten Arbeitsmöglichkeiten eröffnet. In diesem Zusammenhang ist jeweils nach den entsprechenden Erfordernissen eine verstärkte Förderung überbetrieblicher Ausbildungsstätten notwendig, um insbesondere Klein- und Mittelbetrieben Hilfen für die Abschnitte einer qualifizierten Berufsausbildung zu geben, die sich nicht erbringen können.
10. Die Angebote im außerschulischen Bereich müssen ausgebaut werden. Dabei geht es insbesondere darum, die berufsbezogene Bildungsarbeit im Hinblick auf gesellschaftliche und persönliche Bezüge von Jugendlichen und Erwachsenen auszubauen und finanziell zu fördern.
11. Den besonders benachteiligten Gruppen Jugendlicher sind alle Hilfen zur Eingliederung in die Arbeitswelt und in die Gemeinschaft zu geben. Dies bedeutet eine großzügige und erweiterte finanzielle Förderung der Betreuung und Bildungsarbeit mit diesen Jugendlichen.
12. Für die Beschäftigung Jugendlicher ist entscheidend, die Wiederherstellung und die Sicherung der Vollbeschäftigung. In diesem Zusammenhang ist es notwendig, alle Anstrengungen für die Schaffung von Arbeitsplätzen zu unternehmen, die der Qualifikation der Jugendlichen entsprechen und eine unterwertige Beschäftigung verhindern.

3. Dokument 12

Hirtenbrief des Herrn Kapitularvikars zur Feier des Diözesanjubiläums am 16. Oktober 1977*

Vorbemerkung. *Ein Jubelfest im Stil einer repräsentativen Feier zum 150jährigen Geburtstag der Erzdiözese Freiburg? – dazu bestand, wie der nachstehend abgedruckte Hirtenbrief sehr deutlich zu zeigen vermag, kein Anlaß. Zur Feier des Diözesanjubiläums am 16. Oktober 1977 in allen Gottesdiensten verlesen, sind – die Arbeitslosigkeit betreffend – in diesem Hirtenbrief Überlegungen zu einem Problem zusammengefaßt, das für viele Einrichtungen und Träger des Bistums schon seit langem im Mittelpunkt ihrer Tätigkeit gestanden hatte: Die Vollversammlung des Diözesanrates als höchstes Laiengremium, der ›Bund der katholischen Jugend‹, die Industrieseelsorge, die katholische Arbeitnehmerbewegung, die vermehrten Fabrikbesuche des Bischofs – was diese Institutionen und Initiativen untereinander verband, war der Versuch, die Problematik einer Pastoral der Arbeit in die Gesamtpastoral der Diözese einzubringen. Man kann in dem ›Freiburger Hirtenbrief‹ das Signal einer diözesanweiten Solidaritätsbewegung erkennen, die inzwischen in über 40 Gemeinden zu aktiven Projektgruppen geführt hat*[1].

Liebe Brüder und Schwestern!

»Das Jubiläumsjahr unserer Erzdiözese muß auf Zukunft hin ausgerichtet sein ... Die Menschen, die die nächsten 150 Jahre unseres Bistums zu gestalten haben, warten auf unser Zeugnis, ›damit sie auch morgen glauben können‹.« Mit diesen Worten hatte unser heimgegangener Oberhirte zur 150-Jahrfeier unseres Bistums aufgerufen. Niemand von uns, wohl auch er selbst nicht, hätte geahnt, wie schnell unsere eigentliche Zukunft für ihn bleibende Gegenwart werden sollte. Mitten im Jubiläumsjahr hat Gott ihn zu sich gerufen. Die Sorge um den Glauben von morgen ist damit sein Vermächtnis an uns geworden.
Äußerer Höhepunkt des Jubiläumsjahres hätte neben dem 15. Mai der heutige Sonntag sein sollen. Ein Bistum, das um seinen Bischof trauert, begeht jedoch keine großen Feste. Gott zu danken haben wir freilich immer Anlaß. So soll dieser Tag, an dem der Apostolische Nuntius in Deutschland, Erzbischof Dr. Guido Del Mestri,

* Ungekürzter Abdruck. Zu den bibliographischen Angaben vgl. S. 12 dieses Bandes.

1. Vgl. dazu die in diesem Band enthaltenen Projektbeschreibungen S. 98–106. 106–110.

im Münster zu Freiburg einen feierlichen Pontifikalgottesdienst hält, die ganze Diözese im Dank für den Glauben vereinen, den wir durch Gottes Güte empfangen haben und den weiterzutragen heute uns aufgegeben ist. Unserem heimgegangenen Oberhirten aber können wir unsere Dankbarkeit nicht besser erzeigen als dadurch, daß wir gerade heute seiner im Gebet gedenken und das letzte Anliegen, das er uns anvertraut hat, ganz zu dem unsrigen machen.

»Damit sie auch morgen glauben können.« Zum Glauben werden die nach uns Kommenden nur gelangen, wenn sie spüren, daß der Glaube zunächst uns Halt und Hoffnung und Freude geschenkt hat. Sie werden glauben, wenn wir sie erfahren lassen, daß er unserem Leben einen tragenden Sinn gab. Der Glaube wird ihnen etwas bedeuten, wenn sie sehen, daß er imstande war, uns umzuwandeln und zu Boten der erbarmenden Liebe Gottes zu machen.

Wenn die Menschen morgen glauben sollen, müssen wir heute Glaubende sein. Es wird darauf ankommen, daß wir davon Zeugnis geben, daß Gott in unser Leben eingetreten ist, daß er seine Hand auf uns gelegt und daß die Begegnung mit ihm uns frei gemacht hat, so frei, daß wir bereit sind, auch dem Bruder in dienender Liebe zu begegnen. Wo solcher Glaube unter uns lebendig ist, wird er die Menschen auch heute aufhorchen lassen. Wo er lebendig ist, wird es auch in unseren Tagen junge Menschen geben, die sich durch ein Leben der besonderen Nachfolge Jesu ganz in den Dienst dieses Glaubens stellen.

Alles Lebendige stirbt ab, wenn es keine Nahrung bekommt. Unser Glaube verkümmert, wenn er nicht in der Begegnung mit Gott immer neu und immer mehr vertieft wird. Menschen, die sich lieben, haben sich viel zu sagen. Und gerade indem sie es tun, wachsen sie enger zusammen. Das große Du unseres Glaubens ist Gott der Herr. Wenn wir morgen noch glauben wollen und wenn wir wollen, daß auch die nach uns Kommenden noch glauben können, müssen wir mit ihm im Gespräch bleiben, müssen wir uns betend für das Geschenk des Glaubens öffnen. Wenn das in den Familien und in den Gemeinden unseres Bistums mit neuem Eifer und im Vertrauen auf die Verheißung der Gegenwart des Herrn geschieht, haben wir für die Zukunft des Glaubens nichts zu befürchten. Dann aber wird es auch morgen Boten des Glaubens in genügender Zahl geben. Unser heimgegangener Oberhirte ist im Gebet aus unserer Mitte abberufen worden. So ist sein Tod uns bleibende Mahnung, dem kommenden Herrn wachend und betend entgegenzugehen.

Wer glaubt, glaubt an einen Gott, der erbarmende Liebe in Person ist. Kriterium für einen lebendigen Glauben ist deshalb die Liebe. So muß die Sorge um den Glauben, die uns im Jubiläumsjahr unseres Bistums aufgegeben ist, Gestalt annehmen in der Zuwendung zum Bruder und zur Schwester, die sich in Not befinden. Eine solche Not ist mir Anlaß, Ihnen heute noch eine besondere Bitte zu unterbreiten. Ich denke an die wachsende Zahl junger Menschen, denen ein Studien- oder Ausbildungsplatz fehlt oder die nach abgeschlossener Berufsausbildung keine entsprechende Tätigkeit finden können. Gerade wenn wir an die Zukunft des Glaubens denken, darf uns ihr Schicksal wie allerdings auch das der älteren Arbeitslosen, von denen viele für eine Familie zu sorgen haben, nicht gleichgültig sein.

Sie werden fragen, was eine Gemeinde, was Sie als einzelne konkret tun können, um arbeitslosen Jugendlichen wirklich zu helfen. Sie sind sich dessen bewußt, daß auch wir Christen nicht einfach eine Patentlösung haben, wie die Arbeitslosigkeit insgesamt beseitigt werden könnte. Das entbindet uns jedoch nicht von der Pflicht, Hilfen wenigstens in dem Maß anzubieten, wie sie uns möglich sind. Dazu möchte ich Ihnen heute den einen oder anderen Hinweis geben. Im Laufe dieses Herbstes wird eine eigene Studiengruppe zusammen mit dem Diözesanrat weitere Anregungen und Vorschläge erarbeiten und diese den Pfarrgemeinderäten zuleiten.

1. Arbeitslosigkeit kann für die Betroffenen zu einer drückenden Not werden. Man fühlt sich, »als ob man nichts ist«, lautet die resignierte Feststellung eines jugendlichen Arbeitslosen. Es ist deshalb bereits eine Hilfe, wenn wir den Arbeitslosen mit Verständnis für ihre Situation begegnen, für die sie sehr oft nicht oder nur teilweise die Verantwortung tragen. Daß eine Pfarrei eine brüderliche Gemeinde ist, müßte sich gerade jetzt darin zeigen, daß alle bereit sind, die Mahnung des heiligen Paulus zu verwirklichen: »Einer trage des andern Last« (Gal 6,2).

- Wer gezielt helfen will, muß um das genaue Ausmaß einer Not wissen. Auf der Ebene der Pfarrei und des Dekanats sollten sich deshalb Pfarrgemeinderäte und Dekanatsräte mit der Arbeitslosigkeit befassen, um festzustellen, wie viele arbeitslose Jugendliche es in der Pfarrei bzw. im Dekanat gibt und welche Hilfen ihnen kirchlicherseits angeboten werden können.
- Unsere Verbände haben eine Reihe von Mitgliedern, die aufgrund ihrer beruflichen Tätigkeit arbeitslosen Jugendlichen mit einem sachdienlichen Rat weiterhelfen können. Ich bitte diese, sich, wo es notwendig erscheint, zusammenzutun, um einen pfarrlichen Beratungsdienst einzurichten.
- In der Bundesrepublik beenden jährlich 100 000 Jugendliche ihre Schulzeit, ohne zu einem Hauptschulabschluß zu gelangen. Sie haben die schlechtesten Aussichten, zu einem Ausbildungs- oder einem Arbeitsplatz zu kommen. Ihnen sollte es deshalb ermöglicht werden, den Hauptschulabschluß nachzuholen. Ebenso notwendig ist es allerdings, die Jugendlichen zu motivieren, daß sie von den angebotenen Möglichkeiten Gebrauch machen. Nur wenn beide

Bemühungen Hand in Hand gehen, ist überhaupt an einen Erfolg zu denken.

- Jugendliche Arbeitslose fühlen sich Gleichaltrigen gegenüber unterlegen, die arbeiten und damit Chancen der Selbstverwirklichung haben. Sie müßten es gerade in dieser Situation konkret erfahren, daß sie von uns nicht abgeschrieben sind. Ich halte es für wichtig, daß im Rahmen der pfarrlichen Jugendarbeit gerade diesen Jugendlichen geholfen wird, etwas Sinnvolles mit ihrer Freizeit anzufangen, und daß ihnen – beispielsweise im sozialen Bereich – Aufgaben gestellt werden, die ihnen etwas abverlangen.
- Eine besondere Aufgabe ist Ihnen, den Eltern und Angehörigen von arbeitslosen Jugendlichen, gestellt. Sie erleben aus allernächster Nähe mit, was es für Ihren Sohn oder für Ihre Tochter, Ihren Bruder oder Ihren Verwandten bedeutet, ohne Arbeit zu sein. Vielleicht ist es die erste große Bewährungsprobe im Leben der Ihnen anvertrauten jungen Menschen. Ob Sie diese bestehen oder nicht, wird nicht zuletzt davon abhängen, ob sie in dieser für sie so schwierigen Lage auf das Verständnis, auf die Geduld, auf den Rat und auf die Hilfe der Ihren zählen dürfen.

2. An alle, die im Bereich unseres Bistums politische Verantwortung tragen, richte ich die dringende Bitte, angesichts der ausweglosen Lage, in der sich viele Jugendliche infolge langandauernder Arbeitslosigkeit bereits befinden, wirklich zu tun, was in ihrer Macht steht, um diesen Jugendlichen durch einen Arbeitsplatz neue Hoffnung auf eine gesicherte Zukunft zu geben. Das kann unter Umständen für uns alle die Forderung bedeuten, daß wir bereit sind, auch spürbare Einschränkungen auf uns zu nehmen.

Ich wende mich auch an diejenigen aus unseren Gemeinden, die durch ihre berufliche Stellung in der Lage sind, zusätzliche Ausbildungs- und Arbeitsplätze zu schaffen. Ich bitte Sie sehr, aus Ihrer Verantwortung als Christen heraus alle Möglichkeiten ins Auge zu fassen, die in der gegenwärtigen Situation vertretbar sind, um die Not der Arbeitslosigkeit für möglichst viele unserer jugendlichen Mitbürger zu beheben.

3. Ein letztes Wort gilt Ihnen, den arbeitslosen Jugendlichen selbst, die Sie persönlich durchzutragen haben, was andere nur teilweise mitempfinden können. Mein Schreiben an die Gemeinden unseres Bistums soll gerade Ihnen Mut und Hoffnung machen und es soll Ihnen zeigen, daß Sie auch jetzt nicht allein sind. Ich bitte Sie, nicht zu resignieren und sich nicht in die Isolation zurückzuziehen. Halten Sie Kontakt mit Ihren bisherigen Freunden und Kollegen, die im Augenblick in einer besseren Lage sind als Sie. Machen Sie von den Beratungsmöglichkeiten Gebrauch, die sich Ihnen bieten, und nützen Sie die Bildungschancen, die Sie vielleicht nur jetzt haben. Ich bin mir dessen bewußt, daß die Arbeitslosigkeit für Sie eine außerordentlich große Belastung ist. Gerade deshalb wollen wir versuchen, diese Sorge mit Ihnen zu tragen.

Liebe Brüder und Schwestern! Wo Menschen in Not sind, brauchen sie nicht nur gute Worte, sondern Hilfe. Für die arbeitslosen Jugendlichen soll sie schwerpunktmäßig durch ein vermehrtes Bildungsangebot, durch Beratungsdienste und durch Möglichkeiten zur sinnvollen Nutzung der – erzwungenermaßen – freien Zeit erfolgen. Unser verstorbener Herr Erzbischof hat bereits im vergangenen Jahr der Gewerbeschule I in Freiburg einen Zuschuß von DM 70 000,– zur Durchführung eines Ausbildungsprogramms für arbeitslose Jugendliche gegeben. Für den Bereich des ganzen Bistums sind jedoch mehr finanzielle Mittel erforderlich. Wegen der Dringlichkeit des Anliegens wird die Diözese einen Betrag von DM 250 000 im Haushalt 1978/79 nach Genehmigung durch die Kirchensteuervertretung für die genannten Aufgaben zur Verfügung stellen. Aber auch das ist noch nicht genug. Ich wende mich deshalb an Sie und bitte alle, die einen Arbeitsplatz oder eine ausreichende Rente haben, bei der Sonderkollekte am 13. 11. 77 mindestens einen Stundenlohn zu erübrigen. Damit wäre nicht nur ein wirkliches Zeichen der Verbundenheit gesetzt. Wir hätten auch die Möglichkeit, vielen durch eine gezielte Hilfe neue Hoffnung zu schenken. Nicht zuletzt wäre eine solche Tat der Liebe Zeugnis unseres Glaubens, das notwendig ist, damit die Menschen auch morgen glauben können.

Die Sorge um den Glauben ist das Vermächtnis unseres heimgegangenen Oberhirten, der uns zur Feier des Diözesanjubiläums aufgerufen hatte. Wenn wir heute dem Herrn für das Geschenk des Glaubens danken, wollen wir auch seiner in Dankbarkeit gedenken. Zugleich aber wollen wir den Herrn bitten, daß er unserem Bistum wieder einen Hirten sende, dessen Glaube und dessen Liebe uns erfahren lassen, daß er mit uns ist bis an das Ende der Zeit.

4. Dokument 14

Gemeinsame Erklärung der Bischöfe von Luxemburg, Metz und Trier zur Wirtschaftsentwicklung und zum Bau von Kernkraftwerken vom 3. Oktober 1978*

Vorbemerkung. *Die Wirtschaftskrise mit ihren schwerwiegenden Folgen für die Bevölkerung in den Grenzregionen Saarland, Lothringen und Luxemburg hat die Bischöfe Bernhard Stein von Trier, Paul Joseph Schmitt von Metz und Jean Hengen von Luxemburg zu einer gemeinsamen Erklärung veranlaßt. Der Vorsitzende des DGB-Landesbezirks Saar und Präsident des interregionalen Gewerkschaftsrates, Manfred Wagner, nannte es ermutigend, daß sich nunmehr auch auf kirchlicher Ebene grenzüberschreitend eine einheitliche Beurteilung der Situation dieser Region ergeben habe. Dies eröffne die Möglichkeit, mit vereinten Kräften auf die Verantwortlichen einzuwirken, um erforderliche Schritte in Gang zu bringen (vgl. dazu: Welt der Arbeit. Wochenzeitung des DGB, Nr. 44 vom 2. 11. 1978, 3).*

Gemeinsame Erklärung

Die Wirtschaftskrise, die Europa erschüttert, hat für die Bevölkerung unserer Grenzregionen schwerwiegende Folgen. In Lothringen scheint die Stahl- und Textilindustrie am Lebensnerv getroffen. Die Zahl der Arbeitslosen, besonders unter Jugendlichen und Frauen, steigt ständig. In Luxemburg und an der Saar haben Umstrukturierungen große Besorgnis ausgelöst. Die Angst um den Arbeitsplatz wird mehr und mehr zu einer schweren und schmerzlichen Belastung. Darüber hinaus haben die Projekte von Kernkraftwerken bei Cattenom und Remerschen unter den Bewohnern des Moseltals von Diedenhofen bis nach Koblenz Befürchtungen, ja Angst hervorgerufen.

Bei dieser Wirtschaftsentwicklung wie bei der aktuellen Suche nach neuen Energien entsteht der Eindruck, als sei der Mensch, der meinte, die Natur im Griff zu haben, nicht mehr in der Lage, den Prozeß zu meistern, den er selber ausgelöst hat. Er herrscht nicht mehr über die Wirtschaft; sie beherrscht ihn. Die ernsten Fragen, welche die gegenwärtigen krisenhaften Erscheinungen dem menschlichen Gewissen stellen, betreffen alle. Da es sich hier um

* Ungekürzter Abdruck. Zu den bibliographischen Angaben vgl. S. 13 dieses Bandes.

die Zukunft des Menschen und der Gesellschaft handelt, ist auch die Kirche nach ihrer Antwort gefragt.

Die Bischöfe von Luxemburg, Metz und Trier haben über diese Lage miteinander beraten. Sie waren sich dabei bewußt, daß sie auf den Gebieten von Wirtschaft und Naturwissenschaft keine besondere Kompetenz haben. Dennoch fühlen sie sich vom Auftrag des Evangeliums her gedrängt, in brüderlicher Mitsorge ihre Gedanken ihren Landsleuten mitzuteilen.

1. Die Ereignisse deuten darauf hin, daß die Menschheit an einem Wendepunkt angekommen ist. Was immer wir jetzt tun, es wird die Zukunft für Generationen mitbestimmen. Wenn wir eine menschenwürdige Zukunft vorbereiten wollen, in der es sich zu leben lohnt, dürfen wir uns nicht damit begnügen, die Vergangenheit in die Zukunft hinein zu verlängern. Wir müssen vielmehr einen neuen Stil der Entscheidungsfindung, überhaupt einen neuen Stil des öffentlichen Miteinander entwickeln. Wir müssen »anders leben, damit andere leben können«.

2. Die Menschheit steht heute vor immensen wirtschaftlichen und technologischen Möglichkeiten. Aber nicht alles, was man glaubt tun zu müssen oder zu können, um das wirtschaftliche Leben zu retten oder zu fördern, ist notwendigerweise gut, um den Menschen zu fördern und zu retten. Wirtschaftlicher Fortschritt bedeutet nicht von sich aus auch menschlichen Fortschritt. Der Abbau, die Umstrukturierung oder Rationalisierung einer Industrie haben für das Leben und das Gleichgewicht der davon betroffenen Regionen ihre Folgen. Hat man diese Folgen genügend bedacht? Hat man insbesondere die Zunahme der Arbeitslosigkeit bedacht – eine Folge, die unannehmbar ist? So stellt auch die massive Entwicklung der Atomenergie neue Probleme. Sie betreffen die Umweltvergiftung, die Gesundheit, die Sicherheit und die Organisation der öffentlichen Ordnung. Sind wir wirklich schon in der Lage, diese Probleme abzuschätzen? Sind wir vor allem imstande, sie schon zu meistern?

3. Das immer neue Scheitern der Umstrukturierungspläne der lothringischen Stahlindustrie zeigt an, daß Fachleute allein nicht imstande sind, die Probleme in ihrer menschlichen Tragweite zu erkennen und zu lösen. Gleiches gilt von den Kernkraftwerken.

Es ist das gute Recht der betroffenen Bevölkerung, am Entscheidungsprozeß beteiligt zu werden. Das verlangt eine vollständigere Information, eine echt demokratische Auseinandersetzung, eine größere Fähigkeit, schon getroffene Entscheidungen erneut in Frage zu stellen, eine ernsthaftere Untersuchung der Projekte, die andere Gruppen vorlegen, und eine größere Rücksicht auf das wahre Wohl der betroffenen Bevölkerung.

4. Um ein reicheres und fruchtbareres Zusammenleben zu erreichen, müßte man Verwaltungsstrukturen, Wirtschaftsmethoden und Finanzgebaren geschmeidiger gestalten, damit die Initiativen

von Einzelpersonen und Gruppen die Chance erhalten, eigenverantwortlich mitzuwirken. Wo immer Menschen leben, arbeiten und einander lieben, müßte sich das verwirklichen lassen. Es wird der Anstrengungen aller bedürfen, um die Verschwendungswirtschaft und die Ausplünderung der natürlichen und der menschlichen Reserven zu überwinden.

Wir stehen nicht unter einem blinden Schicksal. Über den Gegensatz der Ideologien hinaus und bei aller Verschiedenheit der Überzeugungen und Meinungen ist jeder Mann, ist jede Frau aufgerufen, das eigene Geschick und das der nachwachsenden Generation in die Hand zu nehmen. Wer davor zurückschreckt und sich einem gewissen Fatalismus überläßt, stimmt der Selbstzerstörung oder Gewaltlösungen zu oder der Flucht in die künstlichen Paradiese all derer, die in ihrem Leben keinen Sinn mehr sehen.

Als Bischöfe teilen wir die Sehnsüchte, die Hoffnungen und die Ängste der Menschen. Wir glauben, daß vom Evangelium her sich ein Sinn ergibt für alles, was sich im Leben der Menschen und der Gesellschaft ereignet. Wir fassen noch einmal zusammen, wovon wir überzeugt sind, und möchten wünschen, daß alle diese unsere Überzeugung teilen:

Die in unserer Erklärung beschriebenen gegenwärtigen Ereignisse zeigen, daß eine Industriegesellschaft – ob liberalistischer oder kollektivistischer Prägung – dazu neigt, sich auf ein verkürztes Menschenbild zu stützen. Der Mensch ist nicht nur Produzent, nicht nur Verbraucher. Gott läßt ihn an seinem Schöpfungswerk teilnehmen. Heute wie gestern vertraut er ihm die Zukunft der Welt an.

Die Glaubenden haben den Geist der Freiheit empfangen. Er wirkt in jedes Menschen Herz. Er ruft uns an auch in gänzlich unvorhersehbaren Ereignissen. Er macht aus uns nicht Menschen, die nur ruhig dahinleben. Er ist uns gegeben, damit wir leben, anders leben.

5. Dokument 21

Junge Christliche Arbeitnehmerschaft (CAJ)
Resolution – Bereich
Arbeitslosigkeit/Jugendarbeitslosigkeit
(Juni 1978)*

Vorbemerkung. *Die CAJ-Diözesanverbände Deutschlands haben in den vergangenen Jahren in Gestalt vielfältiger Initiativen zum Problem ›Arbeitslosigkeit – Jugendarbeitslosigkeit‹ Stellung genommen. Die im Zusammenhang dieser Aktivitäten gesammelten Erfahrungen wurden auf dem vom 8.–11. Juni 1978 in Fulda zusammengetretenen CAJ-Nationalausschuß in einem besonderen Arbeitskreis eingehend beraten. Als Ergebnis dieser Konsultation wurde der nachstehend abgedruckte 14-Punkte-Katalog dem Plenum der 200 Delegierten der deutschen CAJ vorgelegt. In einzelnen Punkten ergaben sich gegensätzliche Diskussionen und Positionen. Der im folgenden dokumentierte Forderungskatalog wurde jedoch mit großer Mehrheit verabschiedet. Die einzelnen angesprochenen Fragekomplexe gelten auch als deutliche Aufforderung, sie in den einzelnen Diözesanverbänden und Gruppen an der Basis zu überprüfen. Adressat dieser Forderungen ist somit einerseits die CAJ als Verband selbst, andererseits aber auch alle Verantwortlichen in den Gewerkschaften, Gesetzgebungsorganen, Jugend- und Erwachsenenverbänden und in den Kirchen.*

Resolution Bereich Arbeitslosigkeit

Wir, die CAJ, die wir von der Realität des Alltagslebens ausgehen, haben in den Untersuchungen und Aktionen in den letzten beiden Jahren festgestellt: daß nicht der Mensch und seine Arbeit im Mittelpunkt unseres Wirtschaftssystems steht, sondern Profit und Erwerbsstreben.
In diesem System müssen die Wirtschaftsbetriebe untereinander im Konkurrenzkampf stehen; gekennzeichnet durch den Einsatz von Technik, durch Rationalisierung und Automation wird um ein Vielfaches die Produktion gesteigert. Dadurch wird der »Kostenfaktor« Mensch als Arbeitskraft ausgeschaltet. Es entsteht Massenarbeitslosigkeit. Der von multinationalen Konzernen (in mehreren Ländern und Kontinenten organisierte Großbetriebe) gesteuerte Verdrängungswettbewerb führt zu international unkontrollierbaren Monopolen und Verflechtungen, die das internationale Wirt-

* Ungekürzter Abdruck. Zu den bibliographischen Angaben vgl. S. 14 dieses Bandes.

schaftsgeschehen sowie das politische immer mehr beherrschen. Die Existenz der Klein- und Mittelbetriebe wird gefährdet und vernichtet. Die Multis, Großbanken und Versicherungskonzerne entscheiden über arbeitsplatzvernichtende Investitionen.
Hier sehen wir die Grundursachen der internationalen Arbeitslosigkeit.
Die Arbeitslosigkeit darf niemals losgelöst als ein Problem betrachtet werden, sondern immer im Gesamtzusammenhang (z. B. berufliche Bildung, Verflechtung der Wirtschaft, Rationalisierung, Rohstoffverknappung usw.). Sie betrifft vor allem Menschen, die in unserer Gesellschaft zu den benachteiligten Schichten zählen: Behinderte, Ausländer, Frauen, Hauptschüler, Sonderschüler.
Es ergeben sich folgende Auswirkungen auf Menschen und Gesellschaft:
Arbeitslose sind benachteiligt, da sie ihr Recht auf Arbeit nicht wahrnehmen können,

- Angst, Resignation, finanzielle Abhängigkeit und Anpassung macht sich breit,
- Das Selbstwertgefühl, das in unserer Gesellschaft durch Besitz, Güter und Arbeit zum Maßstab von Status und Prestige geworden ist, schwindet,
- eigene Fähigkeiten werden bezweifelt,
- Orientierungslosigkeit, Hilflosigkeit, der Überfluß an freier Zeit ohne erkennbaren Sinn läßt das Leben freudlos, trostlos und lähmend erscheinen

Bereich Jugendarbeitslosigkeit

Bei länger andauernder Arbeitslosigkeit setzt bei der überwiegenden Zahl jugendlicher Arbeitsloser ein Entfremdungsprozeß von der Wirklichkeit ein. Das Ende einer solchen Phase ist oft die Zerstörung der Persönlichkeit.
Auswirkungen auf die arbeitende Bevölkerung

- die Angst, den eigenen Arbeitsplatz zu verlieren, führt zu folgenden von uns festgestellten Tatsachen:
- zum unerbittlichen Konkurrenzkampf mehr zu leisten als andere,
- zum Lohnverzicht,
- zum Inkaufnehmen gesundheitsschädigender Arbeitsbedingungen.

Der arbeitende Mensch ist oft nicht mehr bereit, sich in politischen und betrieblichen Ereignissen zu solidarisieren.
Auf die Einhaltung gesetzlich zustehender Rechte und ein Engagement als Jugendvertreter und Betriebsrat wird verzichtet.
Durch gesellschaftliche, politische und wirtschaftliche Zwänge wird das Solidarverhalten der Arbeiter blockiert.

Wir stellen fest, daß unser Wirtschaftssystem, das mit der Arbeitslosigkeit nicht fertig wird, in Frage gestellt wird.
Deshalb fordern wir:
die Verwirklichung des Grundrechtes der Menschen auf sinnvolle und menschenwürdige Arbeit,

- weil die Arbeit zur Entfaltung und Selbstverwirklichung des Menschen dient,
- weil der Mensch durch seine Arbeit seinen Beitrag zum Gemeinwohl leistet:

1. Qualifizierte, zukunftssichere Ausbildungs- und Arbeitsplätze
2. Manteltarifverträge, die der Arbeitsplatzsicherung dienen
3. Investitionshilfen und Steuerbegünstigungen zur Arbeitsplatzsicherung und Arbeitsplatzbeschaffung, nicht zur Rationalisierung, die Arbeitsplätze vernichten
4. Gezielte Verteilung der Zuschüsse an Betriebe, unter der Voraussetzung, daß Arbeitsplätze gesichert und geschaffen werden in strukturschwachen Gebieten
5. Kontrolle der Investitionshilfen und Steuerbegünstigungen
6. Volle Mitbestimmung der Arbeitnehmervertreter in den Aufsichtsräten und der Betriebsräte, damit bei Rationalisierungsmaßnahmen der Abbau von Ausbildungs- und Arbeitsplätzen verhindert werden kann
7. Die Herabsetzung der wöchentlichen Arbeitszeit mit vollem Lohnausgleich für die unteren Lohngruppen unter der Voraussetzung, daß dadurch neue Arbeitsplätze geschaffen werden
8. Verlängerung des jährlichen Erholungsurlaubs unter den in Punkt 7 genannten Auflagen
9. Abbau von Akkord und Fließbandarbeit sowie Überstunden, um dadurch neue Arbeitsplätze zu schaffen (Ausgleich Pkt. 7)
10. Schaffung von zusätzlichen Teilzeitarbeitsplätzen
11. Erhebung von Berufsbildungsabgabe nach dem Ausbildungsplatzförderungsgesetz und Einführung der Meldepflicht aller Ausbildungsplätze bei der Arbeitsverwaltung
12. Von der Kirche fordern wir die Schaffung von Ausbildungs- und Arbeitsplätzen vor allem für sozial Benachteiligte.
    Die Kirche und ihre Verbände müssen ihre besondere Verantwortung für die jeweiligen Arbeitslosen erkennen und mit ihnen Aktionen und Bildungsmaßnahmen planen und durchführen
13. Weiter fordern wir, daß alle Entlaßschüler, die keine Arbeit finden, angemessen finanziell unterstützt werden, ohne 26 Wochen gearbeitet zu haben
14. Von öffentlichen Einrichtungen, Kammern, Volkshochschulen und Verbänden fordern wir Kostenvergünstigungen für die Arbeitslosen in Weiterbildungsmaßnahmen und bei Veranstaltungen sowie bei der Stellensuche die notwendige Hilfe.

6. Dokument 22

Erklärung der katholischen Seelsorger des Dekanats Saarbrücken–Malstatt–Burbach vom 5./6. März 1977*

Vorbemerkung. *Unter dem Eindruck der über Presse und Rundfunk verbreiteten Nachricht von bevorstehenden Massenentlassungen des Burbacher Röchling-Konzerns wird auf einer kurzfristig einberufenen Konferenz aller Seelsorger des Dekanats Saarbrükken–Malstatt–Burbach der Beschluß gefaßt, die nachstehende Stellungnahme bei der Vorabendmesse und Sonntagmesse am 5./6. März 1977 als Kanzelerklärung in den Gemeinden zu verlesen. Die Saarbrücker Priester sind nicht bereit, Arbeitslosigkeit als ›Naturereignis‹ hinzunehmen: »Dahinter stecken handfeste Interessen und gezielte Kämpfe, die auf dem Buckel der Kleinen ausgetragen werden.« »Wir dürfen nicht schweigen« und »Wir dürfen nicht untätig bleiben« – so lauten die zentralen Aussagen dieser von allen Seelsorgern des Dekanats gemeinsam getragenen Erklärung. (Zur Vorgeschichte und den Folgen dieser Kanzelerklärung vgl. die ausführliche Projektbeschreibung in Teil B/III,5 [S. 144–148] dieses Bandes).*

Erklärung

Angesichts der katastrophalen Wirtschaftsnachrichten der letzten Tage sind wir Seelsorger am 5. März kurzfristig zu einer Beratung zusammengekommen.
Wir haben uns entschlossen, folgende erste Stellungnahme am 5./6. März in allen Gottesdiensten zu verlesen, den Verantwortlichen zuzustellen und zu veröffentlichen.
Über weitere Schritte werden wir in der nächsten Zeit mit unseren und anderen betroffenen Gemeinden beraten.

Wir dürfen nicht schweigen

Die vom Neunkircher Eisenwerk und von den Stahlwerken Röchling-Burbach angekündigten Massenentlassungen haben uns aufgeschreckt.
Angesichts der ohnehin katastrophalen Arbeitsmarktsituation unseres Landes dürfen wir als Christen nicht mehr schweigen.

* Ungekürzter Abdruck. Zu den bibliographischen Angaben vgl. S. 14 dieses Bandes.

Wir erklären unsere Solidarität mit allen betroffenen Arbeitern, Angestellten und ihren Familien und mit allen, die auf ihrer Seite kämpfen!

Die Entwicklung bringt es mit sich, daß in einzelnen Branchen immer wieder Arbeitsplätze verloren gehen. Das ist schlimm, aber es ist nicht hoffnungslos, wenn die Chancen bestehen, einen anderen gleichwertigen Arbeitsplatz zu bekommen. Das aber ist jetzt und vermutlich auch auf Zukunft hin nicht der Fall. Wir lassen uns nicht mehr einreden, daß es sich nur um eine vorübergehende Krise handelt, die bald überwunden wird.

Wir sind auch nicht bereit, uns mit hohen Arbeitslosenquoten auf Dauer abzufinden, wie es die Unternehmer und auch manche politisch Verantwortliche zu tun scheinen. Für uns ist jeder Arbeitslose ein Arbeitsloser zuviel, eine unmenschliche Zumutung für den Betroffenen und ein Hohn auf eine Gesellschaft, die sich human nennt.

Wir lassen uns auch nicht mit dem Hinweis auf das Arbeitslosengeld trösten. Es ist nur eine – zudem kurzfristige – Notlösung und kann kein Ersatz sein für nicht vorhandene Arbeitsplätze, denn Arbeit ist mehr als Geldverdienen.

Wir glauben nicht daran, daß Strukturmisere und Arbeitslosigkeit in unserem Land und weltweite Wirtschaftskrise ein Naturereignis, ein unabänderliches Schicksal sind, das alle überwältigt. Dahinter stecken handfeste Interessen und gezielte Kämpfe, die auf dem Buckel der Kleinen ausgetragen werden.

Das ist die Folge, wenn – wie Papst Paul VI. in »Populorum Progressio« sagt – »der Profit der eigentliche Motor des wirtschaftlichen Fortschritts, der Wettbewerb das oberste Gebot der Wirtschaft, das Eigentum an den Produktionsmitteln ein absolutes Recht, ohne Schranken, ohne entsprechende Verpflichtung der Gesellschaft gegenüber« werden.

Die bereits lange anhaltende Wirtschaftskrise drängt uns zu der Frage, ob die sogenannte »Soziale Marktwirtschaft« als Ordnungsprinzip der Wirtschaft überhaupt noch in der Lage ist, ihrem Anspruch – nämlich sozial zu sein – gerecht zu werden. Die immer wieder beschworenen Selbstheilungskräfte des Marktes haben versagt und helfen hier offensichtlich nicht weiter. Wenn die jetzige Wirtschaftsordnung nicht in der Lage ist, den Menschen ihren existenziellen Grundanspruch auf Arbeit zu garantieren, dann müssen wir sie in Frage stellen und ändern.

Wir protestieren gegen die Vernichtung von Arbeitsplätzen, wenn nicht gleichzeitig neue geschaffen werden. Wir fordern mehr, andere und sichere Arbeitsplätze. Eine planvolle Industrieansiedlung gesunder Unternehmen!

Wir fordern die Unternehmensleitungen gerade der genannten Großunternehmen auf, ihre langfristigen Pläne und Konzeptionen auf den Tisch zu legen!

Wir fordern die Politiker auf, die Wirtschaft wieder den gesellschaftlichen Notwendigkeiten zu unterwerfen!
Die Mächtigen sollen sich nicht herausreden mit eigener Ratlosigkeit und Hilflosigkeit! Wer solche Begabungen mitbringt, solche Bildungschancen hatte, in solchen Positionen steht, solche Apparate zur Verfügung hat, solche Ansprüche stellt, solche Gehälter und Vergünstigungen einschiebt wie die Führer in der Wirtschaft und auch in der Politik, der muß durchblicken, Kreativität entfalten und durch Tatkraft den »Kleinen Mann« schützen.
Wir fordern alle und besonders die Mitglieder unserer Gemeinden auf, den Betroffenen zu helfen und sich darüber hinaus am Kampf zu beteiligen, der das Übel an der Wurzel packt. Wir appellieren besonders auch an diejenigen, die glauben, sie hätten einen sicheren Arbeitsplatz und bräuchten sich über nichts aufzuregen und an nichts zu beteiligen. Gerade jetzt bedarf es der Solidarität aller mit den betroffenen Arbeitern und Angestellten.
Wir erinnern daran, was Jesus Christus uns vorgelebt hat. Christsein heißt, sich auf die Seite der Benachteiligten stellen, ihnen helfen und mit ihnen kämpfen gegen die Mächte, die sie unterdrücken.
Laßt uns gemeinsam Wege suchen, dies in der nächsten Zeit noch wirksamer zu tun!
Wir dürfen nicht untätig bleiben!

TEIL B: PROJEKTE

Erläuterung zum tabellarischen Überblick

In der Arbeit kirchlicher Institutionen mit arbeitslosen Jugendlichen und Erwachsenen gibt es mittlerweile eine Vielzahl unterschiedlicher Typen und Formen. Die in der voranstehenden Tabelle erfaßten und in den nachfolgenden Projektberichten im einzelnen beschriebenen Arbeitsformen erheben weder einen Anspruch auf Vollständigkeit noch auf Repräsentativität. Sie sind vielmehr eine Auswahl aus der Fülle des Möglichen nach Gesichtspunkten, auf die es den Herausgebern und Mitarbeitern dieses Bandes besonders ankam, um den exemplarischen Stellenwert solcher Arbeit in kirchlicher Trägerschaft zu verdeutlichen: Es handelt sich um Projekte, die dem einzelnen Arbeitslosen helfen sollen und zugleich um Vorhaben, die zur Bearbeitung des gesellschaftspolitischen Problems Arbeitslosigkeit einen Beitrag leisten wollen.
Je nach Trägerschaft, gesellschaftlichem Umfeld, Adressaten, Methoden, Zielsetzung und zeitlichen Aspekten gewinnen Maßnahmen mit Arbeitslosen eine unterschiedliche Reichweite: Sie können vorwiegend im Bereich individueller Hilfe verbleiben, sie können aber auch die institutionelle Ebene – Behörden, Organisationen – miteinbeziehen oder sich schließlich ganz bewußt an die verschiedenen Formen politischer Öffentlichkeit bis hin zu den parlamentarischen Entscheidungsebenen wenden. Die Kriterien in der ersten Tabellenspalte sollen den Überblick über die unterschiedliche Reichweite der Projekte in dieser Hinsicht erleichtern.
Der Projektteil legt das Schwergewicht auf die Darstellung von Maßnahmen mit Erwachsenen. Dies zum einen darum, weil Projekte mit jugendlichen Arbeitslosen insgesamt häufiger dokumentiert wurden als dies für den Bereich der Erwachsenenarbeitslosigkeit der Fall ist, zum andern darum, weil die Arbeitslosigkeit von Erwachsenen rein zahlenmäßig gesehen ein erhebliches Problem darstellt und durch den Umstand, daß die rund 250 000 langfristig Arbeitslosen sich vor allem aus über 45jährigen zusammensetzen, in besonders negativer Weise qualifiziert wird.

I. Tabellarischer Überblick: kirchliche Projekte im Bereich der Jugend- und Erwachsenenarbeitslosigkeit

Kategorie	Ev. Kirche	Treffpunkt Simmern: Jugendarbeitslosigkeit auf dem Lande	Ev. Industriejugend- u. Berufsschülerarbeit Augsburg: Jugendprojekt	Münchner Arbeitslosen-Zentrum: Bildungsarbeit mit Erwachsenen	Diakonisches Werk: Arbeitslosenhilfe ‚Neue Arbeit GmbH'	Kirchenkreis Gladbeck-Bottrop: Aktivierung von Kirchengemeinden und Gemeindeverbänden	Sozialamt der Ev. Kirche von Westfalen: ‚Gesprächswochen mit Frauen'
Kirchliche Anbindung	Seelsorge/ Gemeinde					x	
	Diakonie				x		
	Industrie- u. Sozialarbeit/ Betriebsseelsorge	x	x	x			x
Aktivierung von Handlungssubjekten bzw. -instanzen	Individuelle Ebene	x	x	x	x	x	x
	Institutionelle Ebene: kommunal/ kirchlich	x	x	x	x	x	x
	Politische Entscheidungsebene	x		x			x
Örtliche Anbindung	Wohnbereich	x	x	x	x	x	x
	Betrieb				x		
	Bildungsbereich	x	x	x			
Adressaten	Jugendliche Arbeitslose	x	x	x			
	Arbeitslose Frauen			x			x
	Arbeitslose Behinderte				x		
	Arbeitslosigkeit ausländischer Arbeitnehmer						
Zeit-Aspekt	Um Arbeitslosigkeit zu verhindern	x					
	Bei eingetretener Arbeitslosigkeit	x	x	x		x	x
	Um Arbeitslosen wieder Arbeit zu verschaffen		x		x	x	
Ziel-Aspekt	Bewerbungstraining	x		x			x
	Beschäftigung		x		x		
	Wiederherstellung von Handlungsfähigkeit	x	x	x		x	x

Kath. Kirche

Bistum Freiburg: Projektgruppen in Gemeinden	Bistum Freiburg: Überbrükkungshilfen für Mädchen	Mannheim: Sozialpädagogische Betreuung	Dekanat Saarbrükken-Malstatt-Burbach: ‚Wir dürfen nicht schweigen . . .'	Kath. Arbeitnehmerorganisationen: Tarifkonflikte in der Druckindustrie	Kirche – IG Metall: Betriebsschließung Siemens-Bruchsal	Kath. Arbeitnehmerbewegung Freiburg: Umschulungsmaßnahmen
x			x		x	
	x					
		x		x	x	x
x	x	x				x
x		x	x	x	x	
x				x	x	
x	x	x				
			x		x	x
x				x		
x	x	x				
	x					
x	x		x	x	x	
x	x	x				x
	x	x				x
x	x					
	x	x				x
x	x	x				

II. PROJEKTE IM BEREICH JUGENDARBEITSLOSIGKEIT

1. Treffpunkt Simmern: Jugendarbeitslosigkeit auf dem Lande

1. Region und Rahmenbedingungen

Das Projekt ›Treffpunkt Simmern‹ ist in der ländlich strukturierten, dünn besiedelten Gegend des oberen Rhein-Hunsrück-Kreises angesiedelt. Kennzeichnend für diese Region sind wenige Mittelpunktzentren mit vielen kleinen umliegenden Dörfern und großen räumlichen Entfernungen. Die Vergangenheit des Hunsrücks wurde bestimmt von landwirtschaftlichen Kleinst- und Mittelbetrieben. Erst nach dem 2. Weltkrieg kam es zu industriellen Ansiedlungen, die gravierende Veränderungen des ökonomischen und sozialen Gefüges der Region zur Folge hatten (Zentralisation, Verbesserung der Sozial- und Infrastruktur). Trotz Schaffung zahlreicher neuer Arbeitsplätze sind noch immer viele Arbeitnehmer zur Aufrechterhaltung von Nebenerwerbsbetrieben bzw. zum Pendeln in andere Arbeitsorte gezwungen. Das Ausbildungsangebot beschränkt sich auf wenige Berufszweige, die vorwiegend im Verwaltungs- und handwerklichen Bereich angesiedelt sind, so daß recht viele Ausgebildete gezwungen sind, ihren Beruf zu wechseln oder ganz ihre Heimatregion zu verlassen. Besonders im Hunsrück-Kreis ist der Anteil der Arbeitslosen überdurchschnittlich hoch. Es muß von einer relativ hohen versteckten Jugendarbeitslosigkeit ausgegangen werden, da viele Jugendliche (besonders Mädchen) erst gar nicht in Statistiken auftauchen (z. B. Beschäftigung im eigenen Betrieb) und aufgrund der schlechten Ausbildungssituation auf dem Land bzw. weiter Entfernungen besonders stark benachteiligt sind.

Simmern als Kreisstadt vereinigt alle öffentlichen Dienstleistungsbetriebe bzw. -einrichtungen. Dort befinden sich die Zentren der schulischen und beruflichen Ausbildung (Berufsschule, überbetriebliche Lehrwerkstätten), sowie die wenigen rein kommerziellen Freizeittreffpunkte für Jugendliche (Diskotheken). Jugendhäuser gibt es nicht, Angebote für Jugendliche sind im wesentlichen auf Vereine und kirchliche Jugendarbeit beschränkt, die wenigen existierenden Jugendclubs auf den Dörfern werden in keiner Weise unterstützt oder gefördert. Im oberen Hunsrück gibt es eine überdurchschnittlich hohe Quote von Drogenkriminalität, was im Zusammenhang mit der Stationierung amerikanischer Truppen gesehen werden muß. Eine Jugendinitiative, die für ein selbstverwaltetes Jugendzentrum in Simmern kämpfte, wurde durch jahrelanges Hinhalten der Verwaltung ausgelaugt.

2. *Die Zielgruppe*

Über den ›Treffpunkt‹ in Simmern sollten im wesentlichen arbeitslose Jugendliche, Lehrlinge, Jungarbeiter, sowie Haupt- und Sonderschüler angesprochen werden. Durch die Mitwirkung eines Mitarbeiters aus dem Sonderprogramm des Landes wurde dies auch noch für Jugendliche, die die Förderkurse des Arbeitsamtes in der Region besuchen, erweitert. Bei der Bestimmung der Zielgruppe wird deutlich, daß der ›Treffpunkt‹ nicht den Anspruch besitzt, ein Haus der offenen Tür oder ein Jugendzentrum zu sein, sondern vielmehr den Versuch startet, mit einer Zielgruppe längerfristig zu arbeiten, die in allen bisherigen Formen der Jugendarbeit im Hunsrück keine bzw. sehr wenig Berücksichtigung gefunden hat.

3. *Entwicklung des Projekts*

Das Angebot der Verbandsgemeinde Simmern, ein geräumiges Haus in zentraler Lage zur Verfügung zu stellen, finanzielle Unterstützung seitens der Ev. Kirche im Rheinland, des Kirchenkreises Simmern-Trarbach und des Bundesministeriums für Jugend, Familie und Gesundheit ermöglichten es, nach mehrmonatiger Vorbereitungszeit, den ›Treffpunkt‹ im November 1977 zu eröffnen. Das Projekt ist Bestandteil des Modellvorhabens ›Gesellschaftspolitische Bildung mit arbeitslosen Jugendlichen‹ der Ev. Trägergruppe für gesellschaftspolitische Jugendbildung (Bad Boll).

Der ›Treffpunkt‹ – das ist zunächst die Jugendkneipe, in der ständig einige Mitarbeiter für Gespräche und Beratung zur Verfügung stehen. Aus diesen lockeren ›Kneipenkontakten‹ können sich dann kontinuierliche Arbeitsgruppen bilden[1].

1 *Offener Bereich (›Jugendkneipe‹):* – Kontaktzentrum; – persönliches Beratungsangebot durch die Mitarbeiter; – Angebote zur Freizeitgestaltung; – Arbeitsgruppen zur Gestaltung und Mitverantwortung des offenen Bereichs; – Großveranstaltungen; – Informationsraum zu aktuellen beruflichen und schulischen Problemen; – Treffpunkt für Gruppen und Cliquen.
Gruppenarbeit: – Freizeitgruppen mit begrenzter zeitlicher Planung; – Beratungsgruppen für die Bewerbungsphase; – Projektgruppen zur eigenen Situation und zu aktuellen Problemen; – Aktionsgruppen; – Cliquenarbeit.
Öffentlichkeitsarbeit: – Öffentlichkeitsarbeit durch die pädagogischen Mitarbeiter (Umsetzung von Erfahrungen, Hinweise auf Probleme der Ziel-

Der ›Treffpunkt‹ wurde in der Anfangsphase zunächst von mittags 12.00 Uhr bis abends 18.00 Uhr während der Woche geöffnet und durch einige, vorwiegend ehrenamtliche Mitarbeiter, besetzt. Die ersten Wochen erwiesen sich als schwierig und konfliktreich und waren gekennzeichnet durch besonders hohe Besucherzahlen (viele Jugendliche hielten den Treff für ein Jugendzentrum) und stark wechselnde Besuchergruppen.

Schwierigkeiten traten auch durch die sofortige Etablierung der ›Simmener-Drogenszene‹ auf: Jugendliche im Alter von 16–25 Jahren, vorwiegend arbeits- und perspektivlos, die teilweise nicht nur Drogen zu sich nahmen, sondern auch damit handelten. Die starke Dominanz dieser Gruppe, ihre Unterdrückung der Jüngeren, sowie das bewußte Unterlaufen gemeinsam aufgestellter Regeln (kein Drogenkonsum oder -handel im Treff) führten schließlich zu massiven Spannungen zwischen der Gruppe und den Mitarbeitern; nicht nur waren die Mitarbeiter mit den Problemen dieser Gruppe restlos überfordert, sie mußten auch feststellen, daß durch diesen Konflikt letztlich alle weiteren Aktivitäten, wie z. B. Gruppenarbeit restlos blockiert waren.

Auch die ersten Wochenendseminare in der Anfangsphase verliefen sehr chaotisch. Die Durchführung war bis zum Beginn des Seminars eigentlich nie gewiß, inhaltliche Arbeit war nicht möglich. Durch eine längere Pause im Frühjahr '77, in der u. a. auch eine 10tägige Freizeitmaßnahme angeboten wurde, und dadurch, daß sich die Drogenszene allmählich aus dem ›Treffpunkt‹ zurückzog, entspannte sich die Situation, so daß schließlich die jüngeren Jugendlichen (vorwiegend Hauptschüler der Abgangsklassen, arbeitslose Jugendliche) stärker gefördert und in die inhaltlichen Angebote einbezogen werden konnten.

Bei dieser Entscheidung für die jüngere Zielgruppe spielte sicherlich neben der Ohnmacht der Mitarbeiter gegenüber der Lawine von sich multiplizierenden Problemen (Arbeitslosigkeit, Drogenabhängigkeit, Perspektivlosigkeit . . .) auch die Überlegung eine Rolle, mit der Gruppe von Hauptschülern bzw. Jugendlichen ohne Ausbildungsplatz *längerfristig perspektivisch arbeiten zu können.*

Kennzeichnend für die ersten Monate war eine intensive Öffentlichkeitsarbeit, die in dieser Phase des Projektes fast ausschließlich von den Mitarbeitern selbst geleistet werden mußte: Neben der

gruppen usw.); – Öffentlichkeitsarbeit mit Jugendlichen aus dem Treff; – Kontakte zu Institutionen und Ämtern; – exemplarische Seminare mit Schulklassen und Gruppen; – Großveranstaltungen zu Problemen der Jugendarbeitslosigkeit; – Angebot von Arbeitshilfen und Informationen.

Notwendigkeit den Jugendtreff in allen Dörfern des Hunsrücks bekannt zu machen, kam es vor allem auch darauf an, den ständigen existenziellen Bedrohungen des Ladens durch öffentliche Diffamierung (»Bums-Schuppen«, »Kiff-Bude«) entgegenzuwirken.
Nach etwa einem Jahr hatte sich nicht nur der offene Bereich des ›Treffpunkts‹ weitgehend stabilisiert: Aggressives Verhalten, Drogenprobleme spielten nur noch eine geringe Rolle; vielmehr, über kontinuierliche Gruppenarbeit, vertiefende Seminarangebote, sowie gemeinsame Aktionen (Feten, Großveranstaltungen) war es gelungen, Ansätze von kontinuierlichen Lernerfahrungen der Jugendlichen zu ermöglichen: Viele *organisatorische Aufgabenbereiche,* die zuvor ausschließlich von den Mitarbeitern wahrgenommen wurden (Kneipendienst, Reparaturen), wurden zunehmend von den Jugendlichen selbst übernommen. Vollversammlungen fanden regelmäßig statt, wichtige Entscheidungen wurden von Mitarbeitern und Jugendlichen gemeinsam abgesprochen; hinzu kam ein Zweites: Nachdem während der Aufbauphase des Projektes und der damit verbundenen Probleme die *konkrete Einzelfallhilfe* sowie die begleitende Beratung besonders der Lehrstellen suchenden und arbeitslosen Jugendlichen vernachlässigt werden mußte, wurde dies nun zu einem Schwerpunkt der Arbeit. Neben Kontakten zu Schulen und Institutionen, aber auch zu den Eltern der arbeitslosen Jugendlichen, wurde eine feste Beratungsgruppe geschaffen, in der Jugendliche sich gemeinsam bei der Lehrstellensuche halfen. Ein dritter Arbeitsschwerpunkt lag in den folgenden Monaten in dem Versuch, gemeinsam mit den Jugendlichen *Öffentlichkeitsarbeit* zu betreiben: Ausgehend von den positiven Erfahrungen der produktorientierten Gruppenarbeit (Video-Film, Zeitungen) wurden bald Aktionen geplant und durchgeführt (Trödelmarkt, Musikveranstaltungen), die nicht nur die finanzielle Situation im »Treffpunkt« verbesserten, sondern sich auch als sehr öffentlichkeitswirksam erwiesen.

4. *Erweiterung des Projektes oder: Vom ›Treffpunkt‹ zum ›Treff-Mobil‹*

Nach zwei Jahren Praxiserfahrung im ›Treffpunkt‹ zeigte sich immer deutlicher, daß diese Arbeitsform einer Ergänzung bedurfte, wollte man die ursprünglichen Ziele (Hilfen zur Bewältigung der Situation arbeitsloser Jugendlicher, Begleitung bei der Arbeitssuche, Vorbereitung auf das zukünftige Berufsleben, Stabilisierung der Jugendlichen usw.) auch für die arbeitslosen Jugendlichen in weiter entfernt liegenden Hunsrückdörfern geltend machen. Für

sie bot der ›Treffpunkt‹ bisher nur die Möglichkeit, tagsüber Pausen und Wartezeiten zu überbrücken.
Zwar sind diese Jugendlichen zunächst meist durchaus gut integriert innerhalb der Dorfjugend; sind sie jedoch längere Zeit arbeitslos, so geraten sie mehr und mehr ins Abseits. Ganz besonders schwierig stellt sich die Situation für arbeitslose Mädchen dar, die häufig in den landwirtschaftlichen Nebenerwerbsbetrieb der Eltern eingespannt werden oder in den Haushalt.
So wurde die Idee geboren, daß Mitarbeiter aus dem Treffpunkt mit zwei Kleinbussen, Wohnwagenanhängern und einer für die Arbeit zugeschnittenen Ausrüstung (technische Medien, Informationsmaterial etc.) beginnen sollten, Kontakte aufzubauen, und zwar anknüpfend an die von den Jugendlichen selbst organisierten Gruppen, die – fernab aller professionalisierten Jugendarbeit – häufig in den alten, nicht mehr benutzten Gemeinschaftsbackhäusern (»Backes«) der Dörfer ihren Treffpunkt haben. Das bedeutet konkret:
›Treff-Mobil‹ setzt bei den bestehenden Lebenszusammenhängen der Jugendlichen an und muß damit – entsprechend der ländlichen Struktur des Hunsrück – mit den bestehenden formellen und informellen Gruppen und Cliquen zusammenarbeiten.
Dabei wendet sich ›Treff-Mobil‹ gegen die Schaffung von Randgruppen, versteht sich als Multiplikator von Informationen, ist nicht nur selbst mobil, sondern verschafft auch den Jugendlichen Mobilität, erweitert die Inhalte von Jugendgruppen, macht Angebote – und zwar im Bereich der folgenden *Schwerpunkte,* die nachstehend im einzelnen erläutert werden sollen.

4.1 Pädagogische Begleitung bestehender Gruppen

›Treff-Mobil‹ berät Jugendliche bei Konflikten und vermittelt. Das geschieht auf zwei Ebenen. Auf der individuellen Ebene strebt ›Treff-Mobil‹ Lösungen zwischen einzelnen Jugendlichen und deren Eltern, Lehrern oder auch Freunden an. Auf der gemeinwesenbezogenen Ebene veranstaltet »Treff-Mobil« zusammen mit Jugendclubs Elternabende, Dorffeste, machte Elternbesuche, hält Kontakte zu den Bürgermeistern, Pfarrern usw. »Treff-Mobil« regt Arbeitsgruppen zur Verbesserung der laufenden Arbeit in den Jugendclubs an, zur Bewältigung von individuellen – und Gruppenproblemen, zur Vorbereitung von Aktivitäten, zur Diskussion aktueller Probleme. »Treff-Mobil« erhebt den Anspruch, die ländlichen Strukturen zu berücksichtigen, ohne sie zu verfremden, sie dort zu stärken, wo sie den Bedürfnissen der Jugendlichen entsprechen (keine unpersönliche Anonymität, als Person akzeptiert werden, rege Kommunikation usw.). Andererseits hat »Treff-Mobil« nicht nur die berufliche sondern auch die regionale Mobilität zu fördern.

4.2 Schaffung inhaltlicher und freizeitorientierter Angebote

»Treff-Mobil« arbeitet mehrgleisig, wobei ein Schwerpunkt die Beratung arbeitsloser und von Arbeitslosigkeit bedrohter Jugendlicher ist. Daneben versucht »Treff-Mobil« die Inhalte bestehender Clubs und Gruppen zum Beispiel durch Anregungen von Bewerbungsgruppen, verständliche Umsetzung von Informationen aus dem Arbeitsamt, Schulen usw., Veranstaltungen zum Thema wie Berufsprobleme von Mädchen, Jugendarbeitslosigkeit, Ursachen der Arbeitslosigkeit, zu bereichern und dabei konkrete Hilfestellungen anzubieten. Außerdem sollen allgemeine Fachveranstaltungen zu gesellschaftlich relevanten Themen und Problemen (z. B. Themen wie Behinderte, 3. Welt o. ä.) angeboten werden.
Ein weiterer Schwerpunkt liegt bei der Initiierung von Gruppen, in die arbeitslose Jugendliche integriert werden können. Hiermit soll die Isolierung mancher Arbeitsloser abgebaut werden.
In diesem Zusammenhang erhalten freizeitorientierte Angebote eine wichtige Funktion, zumal z. B. über mehrtägige Freizeitmaßnahmen auch Kontakte zu anderen Dörfern aufgebaut werden können.

4.3 Öffentlichkeitsarbeit

An dieser Stelle ist nochmals der Abbau von Vorurteilen gegenüber arbeitslosen Jugendlichen zu erwähnen: Öffentlichkeitsarbeit als aktive Form der Auseinandersetzung mit den Problemen des ländlichen Bereiches, der damit verbundenen Einengung, der Frage nach den Zukunftschancen der Jugendlichen; Öffentlichkeitsarbeit aber durchaus auch als Lernprozeß, um Bedürfnisse und Forderungen von Jugendlichen einzubringen und durchzusetzen, als Solidarisierungs- und Abstimmungsprozeß der verstreuten Dorfgruppen. Daneben soll der Treffpunkt in Simmern als fachliche Beratungsstelle für arbeitslose Jugendliche ins Bewußtsein der Bürger auch in den umliegenden Dörfern fest verankert werden.

4.4 Durchführung außerschulischer Jugendbildungsmaßnahmen

Die Notwendigkeit der Durchführung außerschulischer Jugendbildungsmaßnahmen ergibt sich aus den oben beschriebenen Arbeitsbereichen. »Treff-Mobil« schafft von seinem räumlichen Angebot her (VW-Busse, Wohnwagen, Zelte, oder auch nur durch Transportmöglichkeit zu preisgünstigen Häusern und Hütten) die

Chance, spontan auf Fragen und Probleme einzugehen. »Treff-Mobil« bietet mit Hilfe der Mitarbeiter die fachlichen und sachlichen Voraussetzungen, sich gemeinsam mit den Jugendlichen über Probleme auseinanderzusetzen und Defizite aufzuarbeiten. Auch die bereits erwähnten mehrtägigen Freizeitmaßnahmen können Bildungscharakter erhalten, insbesondere wenn sie zielgruppenorientiert sind (Arbeitskreise, Vertreter von Jugendclubs usw.).

4.5 Technische und organisatorische Unterstützung

Die technische Unterstützung der bestehenden Jugendclubs und Jugendgruppen geschieht durch die Bereitstellung von Medien (Fotolabor, Video, Filmvorführgeräte, Tonbandgeräte, Kassettenrecorder usw.). Weiter ermöglicht »Treff-Mobil« den Gruppen Beweglichkeit z. B. zum Besuch von Veranstaltungen oder Betriebserkundungen.

»Treff-Mobil« ist keine »Zauberkiste«, keine »Zirkusnummer«. »Treff-Mobil« schließt eine Lücke, die zwischen dem »Treffpunkt«-Simmern als festem Standort und der Backes-Arbeit (Unterstützung der offenen Arbeit in den Dörfern) noch vorhanden ist. »Treff-Mobil« ist die logische Konsequenz aus zielgruppenorientierter Arbeit und regionalen Bedingungen. »Treff-Mobil« ist die Verpflichtung, sich den zunehmenden Problemen der Arbeitslosigkeit, der Chancenungleichheit einer benachteiligten Gruppe von Jugendlichen zu stellen. »Treff-Mobil« will sich als Angebot verstehen, Erfahrungen, Fragen, Probleme und Hilfen der parteilichen Arbeit des »Treffpunkt«-Simmern über die Backes-Arbeit in die Dörfer und Regionen des ländlichen Bereiches hineinzutransportieren.

Dieter Ney, Hans Preuss, Hans Schlicht

2. Evangelische Industriejugend- und Berufsschülerarbeit Augsburg: Jugendprojekt

1. Zielgruppe

Die Evangelische Industriejugend- und Berufsschülerarbeit konnte im Laufe ihrer langjährigen Tätigkeit mit jungen Berufstätigen und in zunehmendem Maße mit arbeitslosen Jugendlichen folgende Erfahrungen machen: Zum einen wächst die Gefahr der individuellen Resignation, wo trotz intensiver Bemühungen keine Lehrstelle

gefunden wurde. Zum anderen ist zu beobachten, daß immer mehr Jugendliche gleich gar nicht die Initiative ergreifen und von vornherein aufgeben: »Anstelle von Sicherheit, Vertrauen und Stabilität macht sich Angst, Unsicherheit und persönliche Bedrohung breit. Der Griff zur Flasche oder die Versuchung Drogen zu nehmen nimmt ebenso zu, wie Kleinkriminalität und andere Formen der Selbstzerstörung« (G. Schulze).
Jugendliche mit Knasterfahrung, Drogenkarriere sowie solche mit Hauptschule ohne Abschluß oder Sonderschule sind von der Arbeitslosigkeit nochmals besonders betroffen. Besonders betroffen sind auch Mädchen. Im Arbeitsamtbezirk Augsburg sind etwa dreimal soviel Mädchen in der Altersgruppe 16 bis 19 arbeitslos wie Buben. Insgesamt sind 12 Jugendliche (6 männliche, 6 weibliche) oben skizzierter Gruppe unter Anleitung von zwei Fachkräften im Projekt beschäftigt.

2. *Ziele*

Neben einer Qualifizierung manueller Arbeit lassen sich die pädagogischen Ziele kurz folgendermaßen beschreiben:

2.1 Vermittlung von technischen und handwerklichen Fähigkeiten

Ein wichtiger Teil des Projektes ist, neben der Stabilisierung der individuellen Struktur, vor allem die Vermittlung von technischen und handwerklichen Fähigkeiten. Da die meisten der Teilnehmer keine , bzw. eine abgebrochene Ausbildung besitzen, kommt der Vermittlung gewisser Grundkenntnisse eine zentrale Bedeutung zu. Letztlich werden die Jugendlichen erst dadurch befähigt, an einem qualifizierten Arbeitsprozeß teilzunehmen und zu bestehen.
Um von vornherein falschen Ansichten und Hoffnungen entgegenzutreten: es ist nicht Aufgabe des Projektes, den Jugendlichen eine wie auch immer geartete abgeschlossene Ausbildung zu gewähren – dazu ist der Träger des Projektes nicht in der Lage und es ließe sich in dem gesteckten Rahmen auch nicht durchführen. Insofern bleiben die vermittelbaren Fähigkeiten auf diesem Gebiet beschränkt auf Informationen und kurze Lehrgänge (Qualifikationen ohne Abschluß). Letztendlich können diese Fähigkeiten und Qualifikationen Auslöser sein, sich für das Eine oder Andere näher zu interessieren (Berufsfindung). Hierbei kann und muß das Projekt eine Hilfestellung geben.

2.2 Arbeit als notwendige Grundlage des Lebensunterhaltes

Die Erfahrungen aus dem Umgang und der Arbeit mit arbeitslosen Jugendlichen zeigen, daß diese oft nicht mehr in der Lage sind, einer geregelten Arbeit nachzugehen oder gar diese als notwendige Grundlage der Ausgestaltung ihres Lebens betrachten. Die Unterstützung von staatlicher Seite (Sozialhilfe) und Zuschüsse aus der Familie reichen meist nicht aus. Daher sind diese Jugendlichen potentiell von der Kriminalität bedroht. Hier kann das Projekt einen Beitrag leisten, den Jugendlichen zu helfen von dieser Einstellung loszukommen und eine positive Einstellung gegenüber der Arbeit zu erhalten. Dazu gehört auch das Aufzeigen von betrieblicher Wirklichkeit und Möglichkeiten der Mitwirkung am Gestaltungsprozeß des Arbeitsablaufs und des Arbeitsplatzes im Rahmen der gesetzlichen Bestimmungen.

2.3 Überleitung in geeignete Arbeits-, Anlern- oder Ausbildungsverhältnisse

Da es nicht Ziel des Projektes sein kann, daß die Jugendlichen mit Ablauf der 12 Monate wieder arbeitslos sind, muß frühzeitig damit begonnen werden nach Betrieben Ausschau zu halten, die bereit und in der Lage sind, Jugendliche aus dem Projekt zu beschäftigen. Erfahrungsgemäß sollte man auf Kleinbetriebe zugehen, da diese in der Regel eher bereit sind, Jugendliche aufzunehmen. Außerdem können in diesen Betrieben die erlernten handwerklichen Fähigkeiten relativ gut angewendet werden. Nach Möglichkeit und Interesse der beteiligten Jugendlichen sollte versucht werden, für diese Lehrstellen zu finden.

3. Institutionelle Struktur

Die 12 Jugendlichen und die beiden Fachkräfte werden von der Evang. Gesamtkirchengemeinde eingestellt – ebenso der Projektleiter. Die Bezahlung erfolgt über ABM, d. h. daß die maximale Beschäftigungsdauer 1 Jahr nicht übersteigt. Lediglich der Projektleiter wird nach dem ersten Jahr übernommen und aus Sondermitteln des Bayerischen Arbeitsministeriums bezahlt. Die inhaltliche Gestaltung sowie die Vertretung des Projektes liegt bei der Industriejugend, während die verwaltungstechnische Abwicklung von der Gesamtkirchenverwaltung erledigt wird.

Die Evangelische Kirche hat auf unbürokratische Weise dem Projekt zugestimmt und auch die notwendigen Voraussetzungen geschaffen (Übernahme der Verwaltungsarbeiten, Bereitstellung einer

Werkstatt und Zusicherung finanzieller Mittel für Werkzeuge etc.).
Die Jugendlichen werden nach Rücksprache vom Arbeitsamt zugewiesen. Der Projektleiter führt ein Gespräch mit dem Jugendlichen und entscheidet über die Einstellung. Wichtigster Kooperationspartner ist das Arbeitsamt Augsburg. Die Beziehungen können als sehr gut bezeichnet werden. Regelmäßige Informationsgespräche (auch mit den Jugendlichen) haben dazu geführt, daß von insgesamt 22 Jugendlichen, die bisher im Projekt arbeiteten, 14 einen Dauerarbeitsplatz bekommen haben.
Weitere Kooperationen bestehen mit der IG-Metall, der Berufsschule, der Industrie- und Handelskammer sowie der Handwerkskammer. Diese verschiedenen Institutionen sind zusammengefaßt in einem Beirat, der zwei bis dreimal jährlich zusammentrifft und die Projektarbeit und die sich ergebenden Entwicklungen diskutiert und Vorschläge erarbeitet.

4. *Entwicklung und Erfahrungen*

Nach nunmehr fast 15monatiger Laufzeit lassen sich einige Erfahrungen und Entwicklungen festhalten. Die Arbeiten (zumeist im Bereich der Gemeinden) wie streichen, malen, tapezieren, schweißen, nähen, schreinern, zimmern etc. haben eine hohe Qualität erreicht und können sich durchaus sehen lassen. Wichtigster Bestandteil ist die 14tägige Mitarbeiterversammlung, bei der die Arbeit gemeinsam geplant und besprochen wird. Dabei zeigte sich, daß die Aufhebung der Arbeitsteilung und die Möglichkeit der Mitsprache zu einer enormen Steigerung des Selbstbewußtseins und der Kommunikationsfähigkeit führen.
Ein weiterer – unentbehrlicher – Faktor ist die Gruppenarbeit. In kleinen Gruppen werden persönliche und allgemeine Probleme besprochen und mittels Methoden moderner Gruppenpädagogik Lösungsvorschläge und Perspektiven erarbeitet. Dazu gehören auch die Seminare, welche alle 4 Monate durchgeführt werden. Ein weiterer wichtiger Punkt ist die Arbeit mit den Eltern der Projektteilnehmer, wo die oft erschreckende Gleichgültigkeit der Eltern gegenüber dem, was ihre Kinder tun, ansatzweise angegangen wird.
Da doch viele Jugendliche schon frühzeitig aus dem Projekt ausscheiden, stellte sich das Problem der Nachbetreuung. Dazu finden regelmäßige »Ehemaligentreffen« statt, wo in lockerer Atmosphäre ein Erfahrungsaustausch stattfindet und auftauchende Schwierigkeiten gemeinsam diskutiert werden.

5. *Perspektiven*

Die Konzeption und die gesteckten Ziele haben sich im Verlauf der bisherigen Praxis als richtig und praktikabel erwiesen. Wesentliches Ziel für die künftige Arbeit ist eine bessere, institutionelle Einbettung, d. h. langfristigere Finanzierung, damit die Schwierigkeit des personellen Wechsels bei den Fachkräften (ABM) überwunden wird.

F. Schwarzbäcker

3. Bistum Freiburg: Projektgruppen in Gemeinden

1. *Ausgangssituation*

Ausgangspunkt der Bemühungen der Erzdiözese Freiburg um Jugendliche, die von Arbeitslosigkeit betroffen oder bedroht sind, war der Hirtenbrief des Kapitularvikars Weihbischof Karl Gnädinger vom 16. 10. 1977, der das 150jährige Diözesanjubiläum zum Anlaß nahm, die Probleme arbeitsloser Jugendlicher den Gemeinden darzustellen und zu einer wirksamen Hilfe aufzurufen[2].
Ende 1977 wurde innerhalb des Erzbischöflichen Seelsorgeamts die Stabsstelle für Fragen der Arbeitslosigkeit eingerichtet. Sie soll die bestehenden kirchlichen Initiativen im Bereich Arbeitslosigkeit koordinieren und weitere Aktivitäten initiieren. Ein Schwerpunkt wurde auf die Unterstützung arbeitsloser Jugendlicher gelegt; Jugendliche sind zwar zahlenmäßig nicht am stärksten von der Arbeitslosigkeit betroffen, doch Arbeitslosigkeit hat auf sie besonders schwerwiegende Auswirkungen: mit dem Verlust der Arbeit entfällt für den jungen Menschen ein beachtliches Maß von personaler Bindung und die Möglichkeit einer umfassenden Identitätsbildung; Perspektiven für die Zukunft, Hoffnung und Sinn im Leben werden schon von vorneherein zunichte gemacht. In den Überlegungen, welche Hilfen die Kirche konkret betroffenen Jugendlichen anbieten kann, wurde deutlich, daß es nicht nur darum gehen kann, einige Fachleute anzustellen, die sich dann um arbeitslose Jugendliche kümmern. Vielmehr muß in den Pfarrgemeinden ein Problembewußtsein entstehen, so daß sich die Gemeinden als lebendige Gemeinden der betroffenen Jugendlichen annehmen und durch

2 Abgedruckt auf den Seiten 71–75 dieses Bandes.

ihr Engagement ein Zeichen von Hoffnung setzen. Dieser christliche Bruderdienst ist eine Grundfunktion der Gemeinde.
Sehr früh hat man erkannt, daß ehrenamtliche Mitarbeiter der Pfarrei mit einer Betreuung von Jugendlichen, die schon längere Zeit arbeitslos sind, zum großen Teil überfordert sind.
Diese Jugendlichen sind durch Arbeitslosigkeit in ihrem Lebensrhythmus und ihrer Willenskraft schon so stark beeinträchtigt, daß meist eine intensive persönliche Betreuung im Sinne einer Einzelfallhilfe notwendig ist. Eine realistische Möglichkeit des Engagements wurde eher in der Begleitung von Jugendlichen beim Übergang von der Schule zum Beruf gesehen.
Mit dem Anwachsen der allgemeinen Arbeitslosigkeit werden für diese Jugendlichen die Anforderungen beim Eintritt in den Beruf erschwert, wodurch bei der Berufswahl und der Stellensuche bei Jugendlichen neue Schwierigkeiten auftreten (Orientierungslosigkeit und Informationsdefizite, Fehleinschätzungen und Resignation). Andererseits werden aber in diesem Zeitabschnitt schon oft die Weichen für eine künftige Arbeitslosigkeit oder für die Zufriedenheit im künftigen Beruf gestellt.
Eine Reihe Jugendlicher erfährt tatkräftige Unterstützung von den Eltern oder Bekannten, manche können diese Schwierigkeiten auch selbständig überwinden, doch eine große Zahl ist in dieser Situation einfach hilflos. Meist handelt es sich dabei genau um *die* Gruppen, die nachher auch am stärksten von Arbeitslosigkeit betroffen sind: *leistungsschwache Jugendliche,* die bei der Stellensuche nur selten mit der Unterstützung oder den ›Beziehungen‹ ihrer Eltern rechnen können; *ausländische Jugendliche,* die ohnehin oft Schwierigkeiten haben, sich in unserer technisierten Gesellschaft zurechtzufinden; *Mädchen,* die ihrer herkömmlichen Rollenfestlegung wegen meist weniger Unterstützung erfahren als gleichaltrige Jungen.

2. *Ziele*

Der Ohnmacht dieser Jugendlichen entgegenzuwirken, sie zu erreichen, bevor sie von Arbeitslosigkeit betroffen sind, ist der Ausgangspunkt der sogenannten Projektgruppen Jugendarbeitslosigkeit in der Erzdiözese Freiburg. *Ziele* dieser Projektgruppen sind:

- konkrete Hilfestellungen von Gemeindemitgliedern für Jugendliche beim Übergang von der Schule zum Beruf;
- Punktuelle Erweiterung des Angebots von Ausbildungsplätzen durch Ansprechen von Industrie- und Handwerksbetrieben durch die Gemeinde;

• Schaffen von Problembewußtsein in den Gemeinden für das Problem Jugendarbeitslosigkeit.

Im Februar 1978 wurde die Konzeption dieses *vorbeugenden Hilfeansatzes* von der Stabsstelle allen Priestern, Pfarrgemeinderatsvorsitzenden und katholischen Religionslehrern vorgestellt. Bereits noch für das laufende Schuljahr wurde die Idee von einer Anzahl von Gemeinden aufgegriffen und entsprechend der örtlichen Situation in die Tat umgesetzt.

3. *Ein Arbeitsbericht*

Beispielhaft für die Arbeit solcher Projektgruppen sei hier der Bericht der Projektgruppe der Pfarrei St. Jakobus in Mannheim-Neckarau wiedergegeben:

Die Aktivitäten beginnen mit einem Telefonanruf der Stabsstelle für Fragen der Arbeitslosigkeit beim Pastoralreferenten für Mannheim-Neckarau und Mannheim-Casterfeld. Ein Gesprächstermin wird vereinbart.

In einem einstündigen Gespräch am 25. April in Mannheim erläutert ein Mitarbeiter der Stabsstelle die Konzeption der Projektgruppen Jugendarbeitslosigkeit. Der Pastoralreferent erklärt sich bereit, geeignete Personen dafür zu suchen. Vor allen Dingen muß jemand gefunden werden, der nicht schon irgendwelche anderen kirchlichen Ämter und zeitraubende Aufgaben innerhalb der Gemeinde hat, damit ein möglicherweise zeitintensives Engagement möglich ist.

Nach Rücksprache mit dem Vorsitzenden des Pfarrgemeinderatsausschusses »Berufs- und Arbeitswelt« werden verschiedene Personen, hauptsächlich Mitglieder des genannten Sachausschusses und Mitglieder der KAB, vom Pastoralreferenten persönlich angesprochen, sei es telefonisch, sei es durch Hausbesuch, sei es bei Veranstaltungen der Gemeinde. Zufällig hat ein KAB-Mitglied, ein Postbeamter, in dieser Zeit gerade den Arm gebrochen und ist deswegen krankgeschrieben. Damit steht ihm mehr Freizeit zur Verfügung als unter gewöhnlichen Umständen einem Berufstätigen zusteht. Er erklärt sich bereit, die Projektgruppe zu leiten, d. h. zunächst: Leute gewinnen und ein erstes Treffen der Projektgruppe organisieren. Dieses Treffen kommt am 9. Mai im Pfarrhaus Mannheim-Neckarau zustande. Anwesend sind: der genannte Leiter der Projektgruppe, ein Mitarbeiter der Stabsstelle, der Pastoralreferent, der Leiter des Sachausschusses »Berufs- und Arbeitswelt«, ein Kältetechniker, der Bezirksleiter der CAJ, zwei Schülerinnen und Mitglieder der CAJ. Andere Personen konnten so kurzfristig nicht gewonnen werden. Man einigte sich, noch vor der Entlassung der Hauptschulabgänger folgendes zu unternehmen:

1. In der Hauptschule jene Schulabgänger festzustellen, welche zu diesem Zeitpunkt noch keine Stelle haben. Der Pastoralreferent ist bereit, mit den Lehrern zu sprechen und alle 9. Klassen der örtlichen Hauptschulen aufzusuchen.
2. Die Betroffenen in eine neutrale (nicht kirchliche) Gaststätte einzuladen.
3. Über Kanzelverkündigung zum gleichen Termin auch interessierte Erwachsene einzuladen.
4. Weitere geeignete Erwachsene persönlich anzusprechen.

Zwei Tage nach diesem ersten Treffen führt der Pastoralreferent Gespräche mit den Klassenlehrern. Er ist diesen als Religionslehrer bekannt.

Die Kontaktaufnahme des Pastoralreferenten mit den betroffenen Schülern ist unterschiedlich: teils ruft der Lehrer die Betreffenden heraus, damit der Pastoralreferent mit ihnen getrennt von der Klasse sprechen kann, teils lassen die Lehrer den Pastoralreferenten vor der versammelten Klasse die Ziele der Projektgruppe vortragen, die Adressen notieren und zum ersten Treffen einladen. Insgesamt macht der Pastoralreferent in acht Klassen 24 Schulabgänger ausfindig, die noch keine Lehrstelle haben. Acht davon sind allerdings schon für ein Berufsfindungsjahr angemeldet. Berufswünsche sind: Autoschlosser, Kaufmann, Büro, Metzger, Chemiker, Friseur, technischer Zeichner, Maler, Elektriker, Schreiner, Drogist. Die Schulnoten der Betroffenen sind bestenfalls mittelmäßig, oft »vier« in Kernfächern. Bei 5 Jugendlichen ist kein Abschlußzeugnis zu erwarten, sechs sind Ausländer, sieben Mädchen.

Der Pastoralreferent sagt den Schülern, daß die Kirchengemeinde versuchen wolle, ihnen zu helfen. Dies sei deswegen nicht aussichtslos, weil zur Gemeinde auch einflußreiche Leute aus Handwerk, Industrie und Politik zählen. Solche Leute würden sich mit ihnen treffen wollen. Je nach Bedürfnis könnten diese Personen folgendes tun: Handwerksmeister persönlich ansprechen, in Firmen ihren eventuellen Einfluß bzw. ihr persönliches Bekanntsein geltend machen, jemand zur Vorstellung im Betrieb begleiten, ihnen bei der schriftlichen Bewerbung helfen, usw. Den Schülern wird gesagt, daß sie zu jenem Treffen auch ihre Eltern mitbringen könnten. Allgemein scheint ein solches Vorhaben Hoffnung zu wecken. Alle Angesprochenen erklären sich bereit, zu diesem Treffen zu kommen.

Beim folgenden Sonntagsgottesdienst wird das Projekt den Gottesdienstbesuchern erläutert, sowie die Zahl der Betroffenen und deren Berufswünsche genannt. Gemeindemitglieder, die diesbezüglich Rat wüßten bzw. helfen könnten, werden aufgefordert, zu jenem Treffen zu kommen. Wer um eine offene Lehrstelle weiß, wird gebeten, dies dem Pfarramt mitzuteilen.

Das Treffen findet am 17. Mai um 18 Uhr im Nebenzimmer einer

Gaststätte statt. Die Getränke der Schüler bezahlt der Pfarrer, der noch am gleichen Abend dafür von einem zufälligen Gaststättenbesucher, der von dem Projekt erfährt, eine Spende erhält. Von den betroffenen 24 Schülern sind 12 anwesend, jedoch keine Eltern. (Die übrigen 12 hatten, wie bei persönlicher Ansprache später zu erfahren war, kein Interesse bzw. keine Hoffnung auf das Unternehmen.) Außer den Schülern und den bisherigen Mitarbeitern der Projektgruppe sind anwesend: der Pfarrer, ein Beamter des Gewerbeaufsichtsamtes (als Gemeindemitglied), ein Lehrlingsberater der Industrie- und Handelskammer (kein Gemeindemitglied – vermittelt durch den Pfarrgemeinderatsvorsitzenden). Diese unterhalten sich ca. 2 Stunden lang in Kleingruppen mit den Schülern und halten dabei folgende erfragte Daten auf einen für jeden Schüler eigens angelegten Zettel fest: Adresse, Berufswunsch, Schulnoten, Hobby. Bei schwer realisierbaren Berufswünschen, wie z. B. Autoschlosser wird versucht, noch andere Interessengebiete zu finden. Ein offizielle, allgemeine Ansprache, Begrüßung oder ähnliches wird bewußt vermieden.
Die Projektgruppe berät anschließend die Situation und überlegt folgende Maßnahmen: mit Innungen telefonieren, mit den Mitgliedern der Gruppe persönlich bekannte Betriebe aufsuchen, die Eltern der Schüler besuchen, Kontakte mit der Berufsberatung des Arbeitsamts herstellen.
Am 21. Juni erscheint ein Bericht in der Lokalzeitung. Dieser Bericht hat zwei Anrufe von Firmen mit freien Stellen zur Folge sowie die Anfrage eines stellenlosen Mädchens, das zu den bisherigen Treffen nicht erschienen war.
Am 15. August zieht die Projektgruppe Bilanz: 5 Jugendliche stehen durch intensive Mithilfe einzelner Mitglieder in einem Lehrverhältnis (Verkäufer, Dreher, Friseuse, Apothekenhelferin und Schlosser). Mit dem Mädchen, das Apothekenhelferin lernt, war ein Mitglied der Projektgruppe bei 6 Vorstellungsgesprächen, wobei jeweils für die Absagen ausschlaggebend war, daß das Mädchen jugoslawischer Nationalität ist. Um so größer war die Freude des Mädchens als auch ihrer Eltern, als der Lehrvertrag unter Dach und Fach war. Eine Mutter hat sich gemeldet und schildert ein völlig verändertes Verhalten ihrer Tochter: »Seit meine Tochter mit Ihnen (der Projektgruppe) in Verbindung steht, ist sie nicht wiederzuerkennen. Sie schreibt Bewerbungen, geht in Betriebe, stellt sich vor und hat vor vier Tagen einen Lehrvertrag unterschrieben.« Verschiedene Betriebe waren nach Vorsprache von Mitgliedern der Projektgruppe bereit, zusätzliche Ausbildungsplätze zur Verfügung zu stellen.
Vier jugendlichen Türken konnte leider nicht geholfen werden, da sie aus juristischen Gründen keine Arbeitserlaubnis erhielten. Zum Teil sind sie nicht lange genug in Deutschland, bzw. in einem Fall sind die Eltern, die 14 Jahre bei uns arbeiteten und wohnten, in die

Türkei zurückgegangen. Der Junge, der deutsch spricht wie ein echter Neckarauer, hat leider keine Chance. Die Stabsstelle in Freiburg soll aufgefordert werden, im politischen Raum aktiv zu werden, damit solche Jugendlichen nicht auf der Strecke bleiben.

Dr. Heinz Ulbricht

4. *Struktur und Funktion des Projektes*

Im Aufbau ist sich die Arbeit aller Projektgruppen ähnlich, wenn auch je nach örtlicher Situation in verschiedenen Arbeitsphasen anders vorgegangen wurde:

Arbeitsphase	Methodisches Vorgehen
1. *Erfassen der Betroffenen*	– Fragebogen in den Entlaßklassen – Informationen der Klassenlehrer bzw. der Religionslehrer
2. *Kontaktaufnahme*	– durch Hausbesuche – durch persönliche Ansprache in der Schule – durch Treffen der Jugendlichen mit Mitgliedern der Projektgruppe – über Schulendtage – über Hinweise von Bekannten, Gemeindemitgliedern, schriftliche Einladungen, Presseartikel – über Jugendliche, die schon von der Projektgruppe betreut werden
3. *persönliche Hilfestellung*	– Informationen über Arbeitsmarktsituation, Möglichkeiten beruflicher Bildung, schulische Möglichkeiten, etc. – Herstellen von Kontakten zu Fachinstitutionen (Arbeitsamt, Kammern, etc.) – Anregungen zur Klärung des Berufswunsches – Unterstützung bei der Stellensuche ggf. beim Gang zum Arbeitsamt – Hilfe bei der Bewerbung – Vorbereitung auf Vorstellungsgespräche bzw. Tests – Gespräche mit Eltern – Motivation, Aufarbeitung von Enttäuschungen – ggf. Begleitung zu Vorstellungen

Arbeitsphase	Methodisches Vorgehen
4. *Ansprechen von Betrieben*	– persönliches Vorsprechen bei Inhabern, Personalleitern, Lehrlingsausbildern, Betriebsrat etc. – Zusammenarbeit mit Kammern bzw. Innungen – öffentliche Aufrufe der Pfarrgemeinde – Hinwirken auf verantwortliche Politiker

Die verschiedenen methodischen Elemente verstehen sich nicht ausschließlich, im Gegenteil: die Projektgruppen, die versuchten, auf möglichst vielen Wegen Jugendliche anzusprechen und sie zu unterstützen, arbeiteten sehr erfolgreich. Dabei hat es sich jedoch immer als sehr wichtig erwiesen, daß der Jugendliche jeweils einen konkreten Ansprechpartner aus der Projektgruppe hat, auf den er bei Schwierigkeiten zugehen kann und – was oft weit notwendiger ist – der auch immer wieder von sich aus auf den Jugendlichen zugeht. Diese Kontakte zwischen den Mitgliedern der Projektgruppe und den Jugendlichen bestehen z. T. über die eigentliche Stellensuche hinaus, so daß diese Erwachsenen weiterhin Ansprechpartner für etwaige Schwierigkeiten in der Lehre, Probleme in der Berufsschule, etc. bleiben.

Die Projektgruppen arbeiteten meist auf der Ebene der Pfarrgemeinde. In manchen Städten ließ es jedoch der gemeindeübergreifende Einzugsbereich der Hauptschulen als sinnvoll erscheinen, eine Projektgruppe auf Stadtebene einzurichten. Getragen werden die Projektgruppen von verschiedenen Personengruppen. In manchen Gemeinden haben sich Verbände wie die Katholische Arbeitnehmerbewegung (KAB), Kolping, Caritas, der Bund der Deutschen Katholischen Jugend (BDKJ), bzw. einzelne Mitgliedsverbände wie die Christliche Arbeiterjugend (CAJ), die Katholische Junge Gemeinde (KJG) dieses Anliegen zu eigen gemacht. In anderen Gemeinden engagierten sich hier besonders Religionslehrer oder der Pfarrgemeinderatsausschuß »Berufs- und Arbeitswelt«. Meist waren jedoch in den Projektgruppen Personen aus verschiedenen Gruppen vertreten. In einzelnen Gemeinden arbeiten die Projektgruppen auch auf ökumenischer Basis.

Die ganze Arbeit der Projektgruppen wurde von ehrenamtlichen Mitarbeitern getragen, lediglich die zentrale Stelle in Freiburg ist mit zwei hauptamtlichen Mitarbeitern besetzt. Technische Voraussetzungen wie Abzugsmöglichkeiten für Fragebögen und Flugblätter, Räumlichkeiten etc. wurden meist von den Pfarreien zur

Verfügung gestellt; zusätzliche Aufwendungen wie Fahrten, Telefonate etc. wurden z. T. von den Mitarbeitern der Projektgruppen aus eigener Tasche bestritten.

5. *Reaktionen und Perspektiven*

Obwohl der Aufruf für das Schuljahr 1978 zu einem relativ späten Zeitpunkt die Gemeinden erreichte, wurden in ca. 20 Gemeinden in allen Teilen der Erzdiözese Projektgruppen ins Leben gerufen. In den meisten Pfarrgemeinderäten wurde die Thematik Jugendarbeitslosigkeit problematisiert. Gleichzeitig wurde auch eine Vielzahl von Einzelpersonen aktiv, die das Problem in ihrem Bereich (Lehrer in der Schule; Hausfrauen in der Nachbarschaft) im Rahmen ihrer Möglichkeiten anzugehen versuchten.
Durch die Arbeit der Projektgruppen schienen viele Jugendliche nach langer Zeit überhaupt wieder zum ersten Mal mit Gemeinde in Kontakt zu kommen. Vorbehalte von einzelnen Jugendlichen gegenüber kirchlichen Hilfeangeboten waren z. T. vorhanden, reduzierten sich aber in dem Maße, in dem die Jugendlichen spürten, unbürokratisch Hilfe ohne Vorbedingungen zu erhalten.
Die Stabsstelle für Fragen der Arbeitslosigkeit, die die meisten Gemeinden beim Aufbau der Projektgruppen beraten hatte, sammelt die Erfahrungen der Projektgruppen, um sie auszuwerten und den anderen Gemeinden zugänglich zu machen. In einer ersten Auswertung kristallisierten sich zwei Problemgruppen heraus, bei deren Unterstützung auch die ehrenamtlichen Mitarbeiter ihre Grenzen sahen: die ausländischen Jugendlichen und die Mädchen. Für diese Gruppen wurden unterstützende Maßnahmen innerhalb der Erzdiözese Freiburg eingerichtet. Für leistungsschwache Mädchen wurde das Modell der Freiwilligen Hauswirtschafts- und Familienhilfe erstellt[3], für ausländische Jugendliche wurden in Freiburg und Konstanz einjährige berufsorientierte Sprachkurse eingerichtet.
Ebenfalls aufgrund der Erfahrungen der Projektgruppen wurde für das von der Arbeitslosigkeit am stärksten betroffene Gebiet der Erzdiözese in Mannheim eine Beratungsstelle für arbeitslose Jugendliche konzipiert[4].
Zum Jahresbeginn 1979 wurde zu einer neuen diözesanweiten Aktion aufgerufen, deren Ziel es ist, in möglichst vielen Gemeinden

3 Vgl. dazu die S. 106–110 dieses Bandes abgedruckte Projektbeschreibung.
4 Vgl. in diesem Band S. 111–116.

der Erzdiözese neue Projektgruppen entstehen zu lassen. Dazu wurde eine umfangreiche Werkmappe als Anleitung erstellt, die im Januar allen Pfarrgemeinden zugegangen ist. Aus den bisherigen Rückmeldungen ist ersichtlich, daß in einer Vielzahl von Gemeinden Projektgruppen inzwischen bereits arbeiten, die Arbeit aufnehmen oder Personen vorhanden sind, die am Aufbau einer Projektgruppe interessiert sind.

Die Mitarbeiter der Stabsstelle bereisen seit Jahresanfang 1979 Schwerpunktgebiete der Arbeitslosigkeit innerhalb der Erzdiözese Freiburg, um bestehende Projektgruppen zu beraten oder neue Projektgruppen mitzuinitiieren. Überlegungen sind vorhanden, die Projektgruppenarbeit auch über den Kreis von Entlaßschülern der Haupt- und Realschule auf die Abgangsschüler von Sonderschulen und auf die Jugendlichen, die vorübergehend in Förderkursen untergekommen sind, systematisch auszudehnen.

Franz Pfeifer / Eugen Rockenstein

4. Bistum Freiburg: Überbrückungs- und Motivationshilfen für Mädchen

1. *Ausgangssituation*

Im November 1977 rief der Kapitularvikar der Erzdiözese Freiburg zu einem ›Tag der Solidarität‹ mit arbeitslosen Jugendlichen auf. Gleichzeitig richtete er an alle Katholiken die Bitte, im Rahmen einer Sonderkollekte, die von der Erzdiözese geplanten Hilfsmaßnahmen finanziell zu unterstützen. Die Freiwillige Hauswirtschafts- und Familienhilfe ist ein Ergebnis der Bemühungen der Freiburger Erzdiözese, den von Arbeitslosigkeit betroffenen Jugendlichen – und hier besonders den Mädchen – zu helfen. Sie wird seit dem 1. 8. 1978 als Modell vom Erzbischöflichen Jugendamt Freiburg in Zusammenhang mit dem Verband Katholischer Mädchensozialarbeit in der Region Breisgau/Hochschwarzwald sowie in Mannheim, Karlsruhe, Baden-Baden, Offenburg, Freiburg und Konstanz durchgeführt und vom Land Baden-Württemberg aus Mitteln des Sonderprogrammes zur Bekämpfung der Arbeitslosigkeit bei jugendlichen Arbeitnehmern und Auszubildenden gefördert.

2. *Ziele*

Mädchen gehören in unserer Gesellschaft zu den Gruppen, die überproportional von Arbeitslosigkeit betroffen sind und dies um so mehr, wenn sie keinen entsprechenden Schulabschluß vorweisen können. Sie stehen vor mehrfachen Barrieren. Einmal ist die Einsicht, daß eine Berufsausbildung notwendig ist, als Voraussetzung für später gewünschte oder auch notwendige Berufstätigkeit, aufgrund geschlechtsspezifischer Sozialisationsprozesse, bei Mädchen nicht so verwurzelt wie bei Jungen. Zum anderen sind die Bemühungen der Eltern um einen Ausbildungsplatz für ihre Tochter meist weniger intensiv. In der Konkurrenzsituation mit den Jungen sind Mädchen eher die Verlierer; vor allem in gewerblich-technischen Ausbildungsberufen bestehen bei den Betrieben weithin Vorurteile gegen weibliche Lehrlinge.

Viele Mädchen beantworten die Situation der Arbeitslosigkeit mit dem Rückzug in den elterlichen Haushalt, wo sie zur Mithilfe herangezogen werden. Abhängig von den Eltern und in der Gefahr der sozialen Isoliertheit sitzen sie »im Wartezimmer ihrer eigenen Ehe«. Da ihnen der Weg in die Selbständigkeit über eine berufliche Tätigkeit versperrt ist, suchen sie oft genug eine Lösung ihrer Probleme in einer möglichst schnellen Heirat.

In dieser Situation will die nachfolgend beschriebene Modellmaßnahme einsetzen. Sie wendet sich vor allem an Schulabgängerinnen der Haupt-, Real- oder Sonderschulen im Alter von 15–17 Jahren, die noch keinen Ausbildungsplatz gefunden haben oder in ihrer Berufswahl noch unsicher sind bzw. erst motiviert werden müssen, damit sie eine Ausbildung anstreben. Anstatt einfach zu Hause zu bleiben, haben interessierte Mädchen die Möglichkeit, ein Jahr lang in einer fremden Familie – die im allgemeinen ein besseres Lernfeld bietet als die eigene – bei allen anfallenden hauswirtschaftlichen Tätigkeiten sowie der Betreuung der Kinder mitzuhelfen.

Als Einsatzstellen werden Familien mit Kindern bevorzugt, in denen außerdem eine kontinuierliche fachliche Anleitung sowie menschliche Begleitung der Mädchen durch die Hausfrau und Mutter gewährleistet sind. Die Einsatzfamilie soll täglich erreichbar sein, da die Mädchen in der Regel in der eigenen Familie wohnen bleiben.

Ziele der Maßnahmen sind: Förderung der persönlichen Entwicklung; schrittweise Hinführung in eine berufliche Tätigkeit; Förderung der Berufsmotivation und Berufsfindung; Klärung eigener Erwartungen und Möglichkeiten; Erlernen praktischer Fähigkeiten; Überbrückung von Wartezeiten auf einen Ausbildungsplatz.

Eine sozialpädagogische Fachkraft berät und begleitet die Mädchen sowie die Einsatzfamilien. Für die Mädchen finden regelmäßige meist eintägige Treffen statt. Die genannten ›Ziele‹ des Projekts lassen sich näherhin wie folgt spezifizieren:

- sich selbst und andere akzeptieren lernen;
- Verbesserung der Fähigkeit die eigenen Bedürfnisse und Interessen zu artikulieren;
- Hilfestellung zur Konfliktbearbeitung;
- Möglichkeit positiver Sozialerfahrung innerhalb des Gruppengeschehens;
- Kooperation- und Kommunikationsfähigkeit in der Gruppe;
- Aufarbeitung der am Arbeitsplatz gemachten Erfahrungen;
- Entdecken eigener Fähigkeiten im musisch-kreativen Tun;
- Stärkung der Motivation zum Lernen und Hilfe bei der Berufsfindung.

Das Erzbischöfliche Jugendamt zahlt den Mädchen ein monatliches Taschengeld von DM 200,– und übernimmt die Beiträge der gesetzlichen Sozial- und Berufsunfallversicherung. Die Einsatzfamilie beteiligt sich am Taschengeld mit DM 50,– und übernimmt die Verpflegung während der Arbeitszeit sowie anfallende Fahrtkosten vom und zum Arbeitsplatz.

3. *Bisherige Ergebnisse*

Bis heute wurden 39 Mädchen zwischen 15 und 21 Jahren (Durchschnittsalter 18 Jahre) über die Freiwillige Hauswirtschafts- und Familienhilfe in eine Familie vermittelt.

Schulbildung der Mädchen

Hauptschule mit Abschluß	18 Mädchen
Hauptschule ohne Abschluß	4 Mädchen
Sonderschule	12 Mädchen
Realschulabschluß	4 Mädchen
Gymnasium (fachgeb. Hochschulreife)	1 Mädchen

Einige Mädchen haben die hauswirtschaftliche Berufsfachschule oder eine Sonderberufsfachschule besucht, andere ein Berufsgrundbildungsjahr oder einen Berufsförderungslehrgang mitgemacht und Einzelne haben ein Ausbildungs- oder Arbeitsverhältnis abgebrochen. Innerhalb der Freiwilligen Hauswirtschafts- und Familienhilfe gibt es Mädchen, die ihre jetzige Tätigkeit als gezielte Vorbereitung auf eine anschließende Berufsausbildung im hauswirtschaftlichen oder sozial-pflegerischen Bereich ansehen. Die meisten Mädchen jedoch kamen zu uns, weil sie einen angestrebten Ausbildungsplatz nicht bekommen haben oder unsicher sind, welchen

Beruf sie ergreifen möchten und überhaupt können, gerade im Hinblick auf ihre meist schlechten Zeugnisse oder fehlenden Schulabschlüsse. Vielen fehlt einfach die Motivation, ihre negativ erlebte Schullaufbahn zu verlängern um beispielsweise den Hauptschulabschluß nachzuholen oder eine qualifizierte Ausbildung anzustreben.

Zu Beginn der Freiwilligen Hauswirtschafts- und Familienhilfe standen wir einer großen Anzahl Anfragen von Familien gegenüber, die um die Vermittlung eines Mädchens in ihren Haushalt baten. Wir hatten so die Möglichkeit, Familien, die uns geeignet erschienen, auszuwählen. Manchen Familien, wie übrigens auch mancher Behörde, mußten wir deutlich machen, daß die Freiwillige Hauswirtschafts- und Familienhilfe keine billigen Hausmädchen vermittelt, sondern daß von der Hausfrau Zeit und Engagement für das Mädchen gefordert wird; dies ist auch der Grund, warum wir Mädchen nicht in eine Familie vermitteln, in der die Hausfrau berufstätig ist.

Nach den bisherigen allerdings sehr kurzen Erfahrungen setzen sich unsere Familien fast durchweg intensiv für ihre Mädchen ein, betrachten sie als »große Tochter«, versuchen ihnen Verständnis entgegenzubringen und sie mit ihren positiven wie auch negativen Seiten zu akzeptieren. Auch für Problemmädchen mit Verhaltens- und Lerndefiziten konnten wir bis jetzt immer eine Familie finden. In einigen Fällen waren die Familien eindeutig überfordert und die Vermittlungen mußten aufgelöst werden.

Über Presse- und Rundfunkmitteilungen sowie über die Pfarreien konnten zu Beginn der Freiwilligen Hauswirtschafts- und Familienhilfe vor allem die Familien erreicht werden, nicht aber die betroffenen Mädchen. In einem Brief an die Direktoren der hauswirtschaftlichen Berufsschulen berichteten wir über die Modellmaßnahme und baten darum, sie persönlich vorstellen zu dürfen. Auf diesem Wege konnten die ersten Mädchen erreicht werden; diese wiederum gaben ihre Information im Bekannten- und Freundeskreis weiter.

Die öffentlichen Reaktionen waren sehr unterschiedlich. Manche Stellen witterten ein »neues Pflichtjahr« für Mädchen, andere eine Konkurrenz zu schon bestehenden Maßnahmen. Es gab Familien, die glaubten, auf diese Weise eine billige Arbeitskraft zu bekommen und die dann sehr erstaunt waren, wenn ihnen kein Mädchen vermittelt wurde. Auch heute betonen wir in Gesprächen mit interessierten Familien immer wieder den Anspruch und die Forderungen, die an sie gestellt werden.

Die Lehrkräfte der hauswirtschaftlichen Berufsschule reagierten überwiegend positiv. Sie begrüßten die Maßnahme und wiederum besonders deren pädagogische Begleitung als gute Möglichkeit, arbeitslosen Mädchen in ihrer Situation ein Stück weiter zu helfen. Mit einzelnen Angestellten des Arbeitsamtes, das anfangs als Institution der Maßnahme eher skeptisch gegenüber stand, hat sich im Laufe der Monate eine gute Zusammenarbeit entwickelt. In vielen Einzelgesprächen kam zum Ausdruck, für wie wichtig das Engagement der Kirche auf dem Gebiet der Jugendarbeitslosigkeit gehalten wird.

4. Perspektiven

Die Freiwillige Hauswirtschafts- und Familienhilfe gibt es seit 6 Monaten, der Erfahrungszeitraum ist also sehr kurz. Sicher wird die Maßnahme auch daran gemessen werden, ob die Mädchen nach Ablauf des Jahres eine Berufsausbildung beginnen wollen und können oder aber einen Arbeitsplatz finden werden. Gerade in dieser Hinsicht versuchen die sozialpädagogischen Fachkräfte zusammen mit den Einsatzfamilien, den Mädchen zu helfen, wobei der Familie eine größere Aufgabe einfach deshalb zufällt, weil sie täglich mit ihrem Mädchen zusammen ist.
Überhaupt steht und fällt die Freiwillige Hauswirtschafts- und Familienhilfe mit der Qualität der Einsatzfamilien, mit deren Bereitschaft sich zu engagieren, ihre Mädchen nicht nur fachlich anzuleiten, sondern persönlich ein Stück auf ihrem Weg zu begleiten.
Die Freiwillige Hauswirtschafts- und Familienhilfe will, auch wenn sie den Mädchen ein hauswirtschaftliches Tätigkeitsfeld anbietet, sie nicht auf diesen Bereich festlegen, obschon sie eine gute Vorbereitung auf ein solches Berufsfeld sein kann. Wir betonen auch aus diesem Grunde in unseren Gesprächen mit den Einsatzfamilien, den Vorrang der beruflichen Ausbildung, d. h., daß die Mädchen bei Erhalt einer Lehrstelle oder eines Ausbildungs-/Arbeitsplatzes auch kurzfristig aus ihrer Vereinbarung entlassen werden müssen.

Ursula Nesselhauf

5. Mannheim: Sozialpädagogische Betreuung

1. Ausgangssituation

Mannheim als zweitgrößtes Industriezentrum Baden-Württembergs liegt an der Spitze in der Arbeitslosenstatistik des Landes. Dies trifft insbesondere auch für Jugendliche zu. Dieser Umstand und die Erfahrungen, die von verschiedenen kirchlichen Institutionen sowie von Einzelpersonen auf Gemeinde- bzw. Stadtebene gemacht wurden[5], markieren den Ausgangspunkt für das im folgenden beschriebene Projekt. Die Dekanatsstelle des BDKJ in Mannheim, die dort in der Innenstadt ein offenes »Haus der Jugend« unterhält, war schon seit längerer Zeit mit Problemen betroffener Jugendlicher konfrontiert und beschloß, im Dezember 1978 in Zusammenarbeit mit der Stabsstelle für Fragen der Arbeitslosigkeit in Freiburg mit dieser Maßnahme zu beginnen. Der BDKJ-Haus der Jugend ist Träger dieser Maßnahme. An der Finanzierung beteiligen sich: Land Baden Württemberg, Stadt Mannheim, katholische Kirche, BDKJ-Haus der Jugend, PAG (Priesterarbeitsgemeinschaft) Mannheim; nicht zuletzt kann auch auf Spenden zurückgegriffen werden.
Eine *vorläufige Konzeption* war wie folgt in Kurzfassung beschrieben:

- *Zielgruppe:* arbeitslose Jugendliche im Mannheimer Stadtkern, die aufgrund ihrer spezifischen Situation und den sich daraus ergebenden Schwierigkeiten nicht in der Lage sind, einer geregelten Arbeit nachzugehen oder eine Ausbildung abzuschließen.
- *Zielsetzung:* bestehende Motivationsmängel sollten durch Erfolgserlebnisse (z. B. im handwerklich-kreativen Bereich) ausgeglichen, Gruppenverhalten, Mitbestimmung und Mitverantwortung eingeübt werden. Beides soll die Jugendlichen befähigen, ihre berufliche Zukunft selbst in die Hand zu nehmen.
- *Methoden:* a) Kontaktaufnahme: durch »Streetwork«.
  b) Freizeitangebot: in den verschiedenen handwerklichen Bereichen sollen berufsbezogene Tätigkeiten nahegebracht werden. Im Vordergrund steht dabei nicht nur handwerkliches Können, sondern auch Spaß am Material und an der Verarbeitung. Weiterhin sollen Gruppenaktivitäten stattfinden. Längere Freizeiten sind vorgesehen.
  c) Beratung: In Einzelgesprächen soll Beratung in bezug auf

5 Vgl. dazu die Projektbeschreibung S. 98–106 dieses Bandes.

Arbeitslosengeld, Sozialhilfe, Berufsausbildung etc. sowie bei individuellen Problemen der Jugendlichen stattfinden.

2. *Projektverlauf*

Nach einer anfänglichen Orientierungsphase, die insbesondere der Analyse der örtlichen Situation (Wohnstatistik, Sozialstruktur, Arbeitslosenquote, etc.) sowie der Kontaktaufnahme zu ähnlichen Projekten, zu Schulen und Fortbildungseinrichtungen diente, gliederte sich unsere Arbeit[6] in *vier größere Bereiche*, die sich wie nachfolgend dargestellt entwickelten.

2.1 Kontaktaufnahme

Wie bereits erwähnt, sollten Kontakte vorwiegend durch ›Streetwork‹ aufgenommen werden. Wir versuchten also, die Jugendlichen in ihrem sozialen Umfeld aufzusuchen und partnerschaftliche Kontakte zu schließen. Unser anfänglicher Optimismus wurde gedämpft, als wir sahen, daß öffentliche Plätze etc. im Winter nicht besucht werden und in Kneipen fast ausschließlich arbeitende Jugendliche verkehren. Größere Chancen sahen wir in den vorhandenen Jugendhäusern. Gute Beziehungen zum dort arbeitenden Personal erwiesen sich als vorteilhaft. Inzwischen läuft die Kontaktaufnahme teilweise über diese Mittler und über mehrsprachige Flugblätter, die wir in einigen Freizeitheimen auslegten. Nach wie vor versuchen wir, dort persönlich zu erscheinen und den Jugendlichen vertraut zu werden.

Zu zehn der 29 Jugendlichen, die wir bisher betreuten, bekamen wir direkt im Haus der Jugend Kontakt, zu sieben Jugendlichen durch Beziehungen zu bereits betreuten Jugendlichen, je ein Jugendlicher kam auf Tips der Bewährungshilfe, der Bahnhofsmission, der Caritas, eines Pfarramts, der Jugendgerichtshilfe und der Eltern, zwei Jugendliche konnten durch ein Flugblatt angesprochen werden. Drei Jugendliche besuchten wir im CVJM-Wohnheim, nachdem wir vom Hausmeister erfahren hatten, daß dort arbeitslose Jugendliche wohnen würden. Lediglich einen trafen wir in einer Kneipe an. Zu vier Jugendlichen ist der Kontakt zur Zeit abgebrochen.

Insgesamt halten wir die Kontaktaufnahme nach einer gewissen Anlaufzeit für unproblematisch. Dies gilt jedoch nicht für Mädchen. Denn obgleich Mädchen weit mehr als doppelt so stark betroffen sind wie Jungen, finden sich in unserer Gruppe nur zwei Mädchen, die nicht arbeitslos sind. Dieses Phänomen ist für uns

6 Die folgende Darstellung ist einem ersten Erfahrungsbericht (März 1979) der an diesem Projekt beteiligten Mitarbeiter entnommen (*Beteiligte:* Iris Hug, Sozialarbeiterin; Frank Astor, ZDL; Bernhard Mauser, Praktikant; Franz Schwörer, Jugendpfarrer).

noch nicht abschließend erklärbar. Eine besondere Gruppe stellen die sieben ausländischen Jugendlichen in der Gesamtgruppe dar.

2.2 Beratung

Die Beratung in Fragen der Arbeitslosenmeldung, Arbeitssuche, Krankmeldung und in persönlichen Schwierigkeiten nimmt einen Hauptteil unserer Arbeit ein. Da die Einzelbetreuung ziemlich wichtig und zeitintensiv ist, haben wir unser Büro durchschnittlich 8–10 Stunden täglich besetzt.
Finanzielle Schwierigkeiten nehmen zu Anfang der Einzelbetreuung meist einen beträchtlichen Zeitaufwand in Anspruch. Hier werden Informationen und Hilfestellungen gegeben, die finanzielle Situation zu verbessern, sei es durch Antrag auf Arbeitslosengeld, Arbeitslosenhilfe oder Sozialhilfe, durch Gelegenheitsarbeiten oder durch kurzfristige Vermittlung in Jobs. Wir helfen den Ratsuchenden konkret beim Ausfüllen von Anträgen und begleiten sie gegebenenfalls bei Behördengängen. Das ist besonders dann notwendig, wenn die Angst vor Behörden und Papierkrieg die Jugendlichen hindert, ihre Rechte in Anspruch zu nehmen. (Sieben Jugendliche waren nicht arbeitslos gemeldet, wobei zwei bereits seit längerer Zeit Sozialhilfe erhalten und nach ärztlichem Attest vorübergehend nicht arbeitsfähig sind.)
Unsere Bemühungen gehen dahin, den Jugendlichen Möglichkeiten zu bieten, Selbstvertrauen zu gewinnen und zu festigen und durch klärende Gespräche den Versagerkomplex zu beseitigen. Für die Mehrzahl der Jugendlichen ist das ›Haus der Jugend‹ inzwischen ein bißchen so etwas wie Familienersatz. Sie pflegen in unterschiedlicher Weise Kontakt zu anderen Mitarbeitern im Haus. Sie erfahren persönliches Angenommensein und erhalten oft auch Ermutigung dadurch, daß sie ernstgenommen werden.
Schwierig erweist sich die Zusammenarbeit mit ausländischen Jugendlichen wegen ihrer geringen Deutschkenntnisse. Das gleiche gilt auch für 3 Jugendliche, die in ärztlicher Behandlung sind. Beide Gruppen nehmen einen sehr großen Teil unserer Zeit während der Beratungsgespräche in Anspruch und bilden auch hinsichtlich der Vermittlung beim Arbeitsamt Problemgruppen. Unter den betroffenen Jugendlichen waren 17 ohne abgeschlossene Berufsausbildung. Inzwischen konnten 3 Jugendliche durch Arbeitsbeschaffungsmaßnahmen eine Tätigkeit finden, ein Vierter konnte durch eigenes Engagement in diesen Tagen mit der Arbeit als Fensterputzer beginnen. Sie kommen aber weiterhin noch am Abend zu uns. Eine geringe Anzahl suchen sich hin und wieder Gelegenheitsjobs.

2.3 Freizeitangebot

Nicht minder wichtig als die Beratung ist das Freizeitangebot. Von Anfang an wollten wir kein Konsumangebot machen, sondern mit den Jugendlichen gemeinsam Freizeit planen und gestalten. Zunächst richteten wir mittwochs einen *Jugendtreff* ein, zu dem wir alle Jugendlichen, die wir beraten, einladen. Hier haben wir die Möglichkeit, Spielabende, Tischtennis- und Tischfußballturniere durchzuführen, Abendessen zu kochen und weitere Aktivitäten zu planen. Die Teilnehmerzahl wuchs zunächst beständig von sechs auf ca. 13 Jugendliche und hat sich hier inzwischen eingependelt. Für eine gemeinsame Programmplanung ist diese Zahl schon fast zu hoch.

Neben diesem Treffpunkt haben wir, entsprechend den unterschiedlichen Wünschen, *Kleingruppen* eingerichtet; (Sportgruppe; Schwimmen); sie eignen sich von der Größe her besser zur Einübung sozialen Verhaltens und ermöglichen uns das Eingehen auf jeden einzelnen. Die Teilnehmerzahlen schwanken sehr stark; insgesamt jedoch ist die Beteiligung zunehmend. Die Schwierigkeiten, die sich ergeben, entsprechen in etwa denen bei der Beratung. Oft brauchen die Jugendlichen mehrere Anstöße. Auch hier bilden die Ausländer und die Jugendlichen, die in ärztlicher Behandlung sind, schwer zu integrierende Randgruppen.

Im Mittelpunkt unserer Überlegung stand die Freizeit vom 2.–9. März im Südschwarzwald. Obgleich wir 21 Anmeldungen hatten, konnten nur 13 Jugendliche teilnehmen.

Die gesamte Freizeit war sehr stark von gruppendynamischen Prozessen geprägt. Dies äußerte sich dadurch, daß immer wieder Konflikte auftraten, die Anlaß waren, viele Probleme im persönlichen Bereich darstellen zu können. Zum Teil gab es so harte Auseinandersetzungen zwischen der Gruppe und Einzelnen, daß, wenn dies in Mannheim in dieser Schärfe geschehen wäre, ein Ausschluß durch die Gruppe erfolgt wäre. Dennoch wuchs das Verständnis und das Akzeptiert-Sein untereinander. Wenn z. B. ein Jugendlicher von seiner »beschissenen« Zeit im Heim erzählte, kam heraus, daß der eine oder andere ähnliche Erlebnisse hatte. Wenn, wie einmal geschehen, die familiäre Situation dargestellt wurde, wo der Vater (Trinker) sehr oft die Mutter schlug, so brach bei vielen auf, daß auch sie keine intakten Familienverhältnisse erleben durften. Sehr, sehr viele Einzelgespräche wurden während dieser Freizeit geführt, wobei das Thema Arbeitslosigkeit eigentlich gar kein Thema für die Jugendlichen war. Interessant war, daß die Selbstversorgung, für die abwechselnd jeweils drei Jugendliche verantwortlich waren, reibungslos geklappt hat.

Für uns müssen auch in Zukunft solche Möglichkeiten (mehrtägige Aufenthalte außerhalb Mannheims) integraler Bestandteil unserer Arbeit bleiben. Es zeigt sich inzwischen in Mannheim, daß aufgrund dieser Freizeit ein ganz anderes Miteinanderumgehen möglich ist. Solidarisches Handeln war für die meisten bislang unbekannt.

2.4 Berufsorientiertes Arbeiten

Als vierter Schwerpunkt stellten sich gemeinsame »Arbeitseinsätze« heraus. Anfänglich hatten unsere Bemühungen, Jugendliche für diese praktische Tätigkeiten zu gewinnen, wenig Erfolg. Nach einer Anlaufzeit von ca. vier Wochen wuchs die Renovierungsgruppe von 1–3 Jugendlichen auf 11 Jugendliche an, die dafür ein Taschengeld bekommen. Wir konnten bzw. mußten sie daher in zwei kleinere Gruppen teilen. Sowohl in handwerklicher als auch in pädagogischer Sicht ist unsere Mitarbeit in beiden Gruppen notwendig. Während die Jugendlichen anfangs sehr unregelmäßig erschienen, haben sie sich inzwischen an relativ gleichmäßige Arbeitszeiten, die sie nach wie vor selbst bestimmen, gewöhnt.
Wir legen großen Wert darauf, daß diese Arbeit keine eintönige Akkordarbeit wird und daß sowohl Gespräche während der Arbeit als auch Pausen und Arbeitsbesprechungen möglich sind. Wir sehen das gemeinsame Arbeiten von Ausländern und Deutschen auch als Integrationsprozeß.
Nach dieser ersten Phase praktischer Betätigung wurden im Haus eine komplette Schreinerwerkstätte, Schweißkabinen und Brennofen eingerichtet. Ein Photolabor, das inzwischen erweitert wurde, und eine Küche waren schon vorhanden. In der Werkstätte soll jeder Jugendliche, der hier mitarbeiten will, seinen eigenen Arbeitsplatz (Werkbank) erhalten. Für jeden ist eine Grundausstattung von Werkzeugen vorbereitet, wofür jeder selbst verantwortlich ist. Die Anleitung geschieht durch Fachleute, die auf Honorarbasis mitarbeiten.
Wir streben insbesondere an, daß die Jugendlichen sich auch gegenseitig unterstützen und bei Arbeiten in der eigenen Wohnung oder im »Haus der Jugend« ihre Kenntnisse anwenden und austauschen.

3. Zusammenfassung

Wir möchten mit einer kurzen sicherlich nicht repräsentativen Darstellung der Situation eines Jugendlichen schließen: Der junge Mann ist 20 Jahre alt und bezieht seit drei Jahren Sozialhilfe, das bedeutet auch drei Jahre Arbeitslosigkeit. Als er zu uns stieß, war er einer von denen, die sich an keine Absprachen halten konnten. Hinzu kam, daß er unter Schlafstörungen litt, weswegen er mehrfach in ärztlicher Behandlung war. Konkret äußerte sich dies dadurch, daß er tagsüber schlief bzw. im Bett liegen blieb. Wie er selbst sagte, ist er erst abends wieder ›fit‹. Es stellte sich nun heraus, daß er durch seine Mitarbeit bei den Malerarbeiten zusehends zu interessieren war. Kleine, ihm übertragene Aufgaben erfüllte er mehr und mehr zuverlässig. Wir haben ihm dann einen Hausmeisterjob im Jugendwohnheim, das dem ›Haus der Jugend‹ angeschlossen ist, angeboten – das Ergebnis: Er ist spätestens ab 10.00 Uhr täglich anwesend und hilft teilweise noch zusätzlich bei praktischen Arbeiten in der Gruppe mit. Seinen Lebensrhythmus hat er von sich aus umgestellt. Wie er sagt, geht er früh zu Bett und kann auch früher aufstehen. Er hat das Gefühl, gebraucht zu werden, er fühlt sich für ›seine‹ Arbeit verantwortlich.

Franz Pfeifer

III. PROJEKTE IM BEREICH ERWACHSENENARBEITSLOSIGKEIT

1. MÜNCHNER ARBEITSLOSEN-ZENTRUM: BILDUNGSARBEIT MIT ERWACHSENEN

Die Kirchlichen Dienste in der Arbeitswelt (in Bayern: Amt für Industrie- und Sozialarbeit) sind die Zweige kirchlicher Arbeit, die sozial- und gesellschaftspolitisch in industriellen Bereichen engagiert sind. Ihre flexible Konstruktion ermöglicht auf aktuelle Entwicklungen einzugehen und neu entstehende Problematiken der Arbeitnehmer aufzunehmen. So war die evang. Kirche durch ihre Dienste in der Arbeitswelt die erste gesellschaftliche Großgruppe, die sich auf die entstehende Arbeitslosigkeit einließ, ihre Auswirkungen erfahrbar zu machen suchte, mit Betroffenen zu arbeiten begann und auch vor kritischer Meinung zu wirtschafts- und betriebspolitischen Ursachen nicht zurückschreckte. Daraus läßt sich erklären, warum die Kirche in den letzten Jahren eine große Öffentlichkeit in allen Medien bekam.

1. Entstehungsgeschichte

In unserer Industriearbeit stießen wir schon vor Jahren auf Probleme, die ein Arbeitsplatzverlust mit sich bringt. Im Januar 1975 machten wir zum Thema »Humanisierung der Arbeitswelt am Beispiel Arbeitslosigkeit« ein Seminar. Damals war erstmalig eine kleine Gruppe Arbeitsloser dabei. Wir beschlossen ein Denkpapier als Resolution an Kirche und Staat zu schreiben. Dies geschah mit der nachträglichen Zustimmung der 100 Teilnehmer. Im Dekanat München sammelte sich zwischendurch eine Arbeitsgruppe, die sich mit Maßnahmen befaßte, es tauchte das Stichwort ABM (Arbeitsbeschaffungsmaßnahmen) auf. Im April 75 »nahm« die Synode der Evang.-Luth. Kirche in Bayern unser Papier zu »Auswirkungen, Ursachen, Hintergründen der Arbeitslosigkeit und Möglichkeiten kirchlichen Handelns« nahezu einstimmig entgegen. Für uns blieb jedoch beständig die Frage, wie man aus Worten Taten machen könne. Wir brauchten Mitarbeiter, die sich ausschließlich um das für alle neue Problemfeld bemühen konnten. Wir brauchten Stellen, die jedoch niemand bereit war einzurichten. Die Erfahrung mit dem Scheitern eines Münchener Arbeitslosenvereins zeigte uns, wie gefährdet von innen und außen diese Arbeit

sein würde. Die AB-Maßnahmen erweckten schließlich unsere Hoffnung. Mit der Idee: »Gebt uns über ABM die Möglichkeit, eine Arbeit ›Arbeitslose für Arbeitslose‹ zu beginnen«, beschäftigten wir das Münchener Arbeitsamt. Die Idee war damals noch so ungewöhnlich, daß sie in kein Schema und in keine Richtlinien paßte.
So dauerte es bis zum April 77, bis wir grünes Licht bekamen und die ersten zwei Mitarbeiter, die selbst vorher arbeitslos waren, anstellen konnten.

2. *Der Arbeitslosen-Treff*

Wir zwei ABM-Mitarbeiter waren selbst recht lange arbeitslos gewesen, ein Jahr bzw. acht Monate, und kannten daher die Situation des Arbeitslosen recht hautnah: die unkonturiert dahinfließende Zeit, die objektive Unmöglichkeit zu planen, das Reduzieren der Kontakte, ein dumpfes Gefühl, nicht dazuzugehören, das Vernebeln der eigenen Situation: »ich arbeite lieber an meiner Dissertation« oder »im Grunde will ich ja doch etwas anderes machen«. Die Abhängigkeit vom Arbeitsamt, das Gefühl von Unsicherheit, Ohnmacht, die Impulse dagegen aufzubegehren oder sich in die Passivität fallen zu lassen – diese Erfahrung und unsere sozialpolitische Grundeinstellung brachten uns dazu, ein offenes Konzept der Hilfe zur Selbsthilfe zu entwickeln.
Praktisch ging das so vor sich, daß wir in dem Hinterraum einer Gaststätte in der Innenstadt einen wöchentlichen Arbeitslosen-Treff einrichteten und dazu mit Zeitungsannoncen unter den Stellenangeboten einluden. Ein Ansturm blieb aus, aber es kamen vier, sechs, zwölf zumeist sehr lange arbeitslose Mitbürger. Es entstand sofort ein sehr lebhafter Austausch über die Erfahrungen bei der Stellensuche, mit dem Arbeitsamt, über versteckte negative Beurteilungen in Zeugnissen, über Sperrzeiten und Widerspruch, Eingliederungsbeihilfen, Bewerbungskosten, Probleme mit der Krankenkasse, Geldmangel u. v. m. Mehrere waren sehr stark gezeichnet durch den langen Ausschluß aus dem Erwerbsleben und sprachen sehr offen von ihren Depressionen, von häuslichen Zerwürfnissen, vom zunehmendem Trinken, davon, daß sie sich der Berufsarbeit nicht mehr gewachsen fühlten. Fast alle litten unter der öffentlichen Meinung, die sie ganz überwiegend als arbeitsscheu diffamierte, an Isolation (sehr viele waren ledig) und diffusen psychosomatischen Beeinträchtigungen.
Sehr schnell richteten die meisten ihre Hoffnungen auf die Gruppe, die für sie ein Raum ohne Diffamierung war, wo drückende

Erfahrungen ausgetauscht werden konnten und es die Möglichkeit gab, gemeinsame Unternehmungen anzugehen. Die Gruppe übernahm die Werbung, entwarf Flugzettel, die vor dem Arbeitsamt verteilt wurden, bildete einen Arbeitskreis, der sich mit den ökonomischen Ursachen der Arbeitslosigkeit befaßte, einen anderen, der ein Modell des Arbeitsplatztausches erarbeitete u. v. m. Daneben wurde gemeinsames Wandern, Schwimmen usw. organisiert.
Aber schon sehr bald traten sehr große Spannungen und Verständigungsschwierigkeiten auf, die die sachliche Arbeit weitgehend lahmlegten. Es gab extremes Rivalisieren, Aufherrschen, Dauerreden, chaotische Gruppenprozesse, wie sie sonst wohl nur selten auftreten. Das wird z. T. schon daraus verständlich, daß hier sehr unterschiedliche Leute zusammengekommen waren, zwischen 25 und 56 Jahren, vom Angelernten bis zum Ingenieur. Darüber hinaus wuchs die Einsicht, daß die Verständigungsfähigkeit in der Zeit der Arbeitslosigkeit stark gelitten hatte, und die meisten Teilnehmer nahmen schließlich unser Angebot an, auf externen Seminaren an diesen Problemen mit uns und unseren gruppendynamisch erfahrenen hauptamtlichen Kollegen zu arbeiten.

3. *Seminar- und Gruppenarbeit als Lernfeld für die Problematik langfristig Arbeitsloser*

Diese in den Gruppenprozessen drastisch zutagetretenden Verhaltensprobleme waren der Lerninhalt der Gruppen- und Seminararbeit.
Die inhaltliche Konzeption solcher Seminare ist mit dem Stichwort »Soziales Lernen« zu beschreiben, welche u. a. sowohl Selbsterfahrungsübungen, Übungen zur Fremdwahrnehmung, zur Kommunikation und Kooperation und Entscheidungsbefähigung enthält.
In den auswertenden, kognitiven Gesprächsrunden erfolgte die Prüfung zur Person- und Praxisnähe, und über Planspiele wurden Realsituationen simuliert, um den Teilnehmer modellhaft in der von ihm so sehr vermißten Realität »Arbeitswelt« wach und flexibel zu erhalten.
Der direkte verbale Umgang mit persönlicher Problematik fordert von dieser Personengruppe ein beachtliches Mehr, da die Stigmatisierung durch die Gesellschaft: ». . . Seid draußen!« hohe Unsicherheitsgefühle im Selbstwert zur Folge hat.
Abschließend sei festgestellt, daß die Qualität einer Sozialperson erst sichtbar wird in Ausnahmesituationen des Lebens. Dort, wo verschärfte Lebensproblematik andere legitimiert, über Problemträger zu befinden, ist darauf zu verweisen, daß normale und

abgesicherte Lebensrhythmen dafür keinerlei Voraussetzungen sind.

4. *Das Münchner Arbeitslosen-Zentrum*

4.1 Die Münchner Arbeitslosen-Initiative

Nach einem Jahr Arbeitslosen-Treffs und Seminaren zum Sozialen Lernen war nach allerhand Fluktuation durch schließlich erreichte Anstellung eine recht arbeitsfähige Gruppe von zunächst ca. 30 ständigen Teilnehmern entstanden. Ein mittlerweile kräftig entwikkeltes Selbstbewußtsein und ein überaus sensibles Mißtrauen gegenüber möglichen institutionellen (auch kirchlichen) Einflüssen führte zu dem Wunsch nach institutioneller und finanzieller Unabhängigkeit. In einem »Abnabelungs-Seminar« schuf die Gruppe ihre Organe und Arbeitskreise und stellte ein geregeltes gleichgewichtiges Verhältnis zu uns kirchlichen Mitarbeitern her. Neben dem menschlichen Kontakt und dem Versuch, die Betroffenensituation unmittelbar solidarisch zu bewältigen, wurde die Öffentlichkeitsarbeit und sozialpolitische Arbeit zum zentralen Betätigungsfeld der Gruppe, die sich nun »Münchner Arbeitslosen-Initiative« nannte. Aus ihrer Arbeit resultierte eine Reihe von Fernseh- und Radiosendungen, Zeitungsbeiträge zur psychosozialen, rechtlichen, finanziellen Lage von Arbeitslosen und insbesondere zur Problematik der Zumutbarkeit (AFG § 103 und Runderlaß 230/78). Zur 5. Novellierung des AFG wurde ein beachtliches Papier erarbeitet und eine bundesweite Tagung von Arbeitslosen-Initiativen durchgeführt. Ferner wurden zwei Nummern einer eigenen Arbeitslosen-Zeitung »MALZ« herausgebracht[1].

4.2 Das Spektrum der Aktivitäten im Arbeitslosen-Zentrum

Zur gleichen Zeit, zu der sich die Initiative selbständig machte, bekamen wir eigene Räume von der Evangelischen Landeskirche, die wir alle gemeinsam renovierten. Hier konnten wir nun ein differenziertes Spektrum von Angeboten machen, die die Arbeit der Initiative in unseren Räumen ergänzte und z. T. entlastete. Wir versuchten eine psychologische und sozialrechtliche *Schulung* für arbeitslose Kollegen durchzuführen, um sie zu (»Laien-«)Beratern auszubilden und das Selbsthilfepotential zu stärken. Neben positi-

1 Die Schilderung der Münchner Arbeitslosen-Initiative bleibt hier knapp. Sie wäre einer sehr ausführlichen Berichterstattung wert, möglichst durch die Mitglieder selbst.

ven Nebenfolgen war allerdings die Fluktuation zu groß, als daß wir unser Ziel erreicht hätten.
Eine größere Anzahl der Benutzer unseres Zentrums war an einer selbständigen kontinuierlichen Arbeit dort nicht interessiert oder aus verschiedenen Gründen dazu nicht in der Lage. Deswegen begannen wir eine wöchentliche Veranstaltungsreihe, die weniger Ansprüche an Eigenaktivität und Verbindlichkeit stellte, und versuchten Engagiertere zur Mitarbeit in der Initiative zu gewinnen.
In dieser Veranstaltungsreihe werden *»Informationen* aus *erster* Hand« von Referenten gegeben, wie z. B. von Politikern, Vertretern der Leitung des Arbeitsamtes, Arbeitsvermittlern, Personalchefs, Sozialrechtssekretären des DGB u. v. m. Ferner ein Veranstaltungsstrang *»Kreativität und psychische Gesundheit«* mit Besuchen im Gesundheitspark, gruppendynamischen Übungen etc. Hier versuchen wir, das Instrumentarium des Sozialen Lernens auch außerhalb von Seminaren kontinuierlich nutzbar zu machen.
Schließlich werden in gewissen Abständen Diskussionen mit Mandatsträgern aus dem politischen Raum organisiert, die in der Regel bereitwillig zustimmen. Auf der einen Seite wurde in diesem Strang *»Sozialpolitische Bildungsarbeit«* ein Meinungsaustausch über die politischen Versuche zur Verringerung der Arbeitslosigkeit durchgeführt, auf der anderen Seite – und das was wohl wichtiger – wurden die Politiker authentisch mit der Lage der Betroffenen (finanziell, psychosozial, rechtlich) konfrontiert, was manchmal auch bei ihnen Betroffenheit auslöste.

5. *Über die Beratung langfristig arbeitsloser Erwachsener*

Die besondere Problemlage langfristig arbeitsloser Mitbürger erfordert eine umfassende Form der beratenden Hilfeleistung, wie sie weder von den bereits bestehenden Angeboten *psychosozialer Beratung*, noch von den *Vermittlungsabteilungen der Arbeitsamtsbehörden* in ausreichendem Umfang geleistet werden kann. Gerade die Sachbearbeiter des Arbeitsamtes wären durch eine in unserem Sinne verstandene ganzheitliche Beratung nicht nur zeitlich, sondern auch qualifikationsmäßig überfordert. Auch würde die dort praktizierte Verquickung von Beratungs- und Sanktionierungsfunktion den Ablauf solcher Gespräche in ungünstiger Weise beeinflussen. Herkömmliche psychosoziale Beratungsstellen würden dagegen vermutlich dem Informationsbedürfnis von arbeitslosen Klienten nach Klärung arbeits- und sozialrechtlicher Fragen sowie nach arbeitsmarktpolitischen Zusammenhängen nicht in dem gewünschten Ausmaß gerecht werden können.

5.1 Psychische Reaktionen auf die Erfahrung langfristiger Arbeitslosigkeit

Wie von berufssoziologischer Seite immer wieder betont wird[2], unterschätzt man leicht die Ausübung des erlernten, meist hochspezialisierten Berufes in seiner Bedeutung für das Identitätsgefühl des einzelnen. Die Arbeit stellt auch im Zeitalter des technologischen Fortschritts noch einen zentralen Identitätsbezug dar. Geht nun mit dem Verlust des Arbeitsplatzes die Möglichkeit verloren, mühsam erworbene berufliche Kenntnisse und Fertigkeiten in praktisches Tun umzusetzen und bestehen darüber hinaus keine alternativen Handlungsfelder für gesellschaftlich nützliches Tun, wird das Gefühl der persönlichen Individualität und damit partiellen Unersetzbarkeit empfindlich tangiert.

Durch den Wegfall der stabilisierenden Momente der Berufstätigkeit kommt es zunächst zu einer mehr oder minder starken Verunsicherung der betroffenen Personen. Sie schweben nunmehr sozusagen »im luftleeren Raum«. Die Effekte eines derartigen Mangels an normativen Bezugspunkten lassen sich an der Einschätzung der eigenen Leistungsfähigkeit gut veranschaulichen: wir beobachten an unseren Klienten sowohl das Phänomen unrealistischer Überschätzung der eigenen Leistungsfähigkeit als auch – nicht minder häufig – eine ebenso wenig realitätsgerechte Unterschätzung derselben, verbunden mit erheblichen Selbstwertzweifeln.

Auch das Aktivitätsniveau ist im Verlauf einer länger andauernden Periode von Arbeitslosigkeit extremen Veränderungen ausgesetzt: viele Arbeitslose reagieren mit einer Lähmung jeglicher Eigenaktivität, andere werden von zielloser Unrast getrieben. Die Verarbeitung der Situation auf der Gefühlsebene führt in den meisten Fällen zu den in der Literatur[3] beschriebenen depressiven Stimmungsveränderungen, die mit Apathie, Resignation und Rückzug aus den Sozialkontakten einhergehen. Nicht selten wird jedoch die Schuldzuschreibung für das persönliche Schicksal einseitig nach außen verlagert, die Gesellschaft als Ganzes zum Feind gemacht. Daraus resultiert ein hoher Aggressionspegel, der gelegentlich in querulatorischen Entwicklungen ein Ventil findet.

2 Vgl. M. Brater, Gutachtl. Stellungnahme zur Entwicklung und Anwendung der AB-Maßnahme 87/0 (»Jugendlichen- u. Erwachsenenbildung mit Personen, die von langfristiger Arbeitslosigkeit betroffen sind«), München 1978, 17 f.

3 Vgl. dazu die in Teil D/I,2 angegebene Literatur.

Ganz generell kann man beobachten, daß durch die Streßsituation »Arbeitslosigkeit« pathologische Reaktionsmuster produziert werden, die je nach Struktur der Primärpersönlichkeit unterschiedliche Färbung annehmen; die Person kehrt im Sinne einer Regression unter dem Druck der Probleme zu situations-inadäquaten Reaktionsweisen zurück. Diese Regressionsneigung wird durch die fast frühkindlich anmutende Abhängigkeitshaltung des Arbeitslosen von der ihn versorgenden Behörde noch verstärkt. Der Erwerbslose verharrt in Warteposition, seine Eigenaktivität wird gelähmt. Er hat ständig Sanktionen zu befürchten, durch welche ihm seine finanzielle Existenzgrundlage entzogen werden kann.
Von daher wird verständlich, daß die meisten unserer Klienten von starken Ängsten geplagt werden. Gegenstand ihrer Angst kann sein: das Arbeitsamt, der jeweilige Vermittler, der Wiedereintritt ins Berufsleben, die Zukunft, das Leben generell. Auch wenn diese Ängste nicht in jedem Fall verbalisiert werden, so sind sie doch fast immer deutlich spürbar.
Nicht selten bestehen auch Tendenzen, sich der belastenden Realität zu entziehen, in dem man zur Flasche oder zu Tabletten greift, oder sich in eine Phantasiewelt zurückzieht.

5.2 Zur Praxis der Beratung

Für den Arbeitslosen erweist es sich als günstig, im Beratungsraum auf eine Person zu treffen, die seine Situation aus eigener Erfahrung nachfühlen kann, ihm vorurteilsfrei begegnet und ihm neben psychologischem Verständnis auch mit rechtlicher Information zur Seite stehen kann. Gerade im Erstkontakt steht die Unterstützung bei Problemen mit Leistungsbezug oder Arbeitsvermittlung im Vordergrund. Sind diese Schwierigkeiten durchbesprochen, kommen oft psychische Konflikte ins Blickfeld des Beraters.
Wichtig ist der Hinweis auf die enge Verflechtung von objektiver Belastungssituation mit psychischen Folgereaktionen. Oft erweist es sich als günstig, die objektiven Verursachungsfaktoren der hohen Arbeitslosenzahlen explizit anzusprechen, nämlich immer dann, wenn der Klient dazu neigt, den Arbeitsplatzverlust als Beweis für seine generelle Lebensuntauglichkeit und Wertlosigkeit zu betrachten. Im Zentrum der Beratungsarbeit sollte grundsätzlich das Hauptproblem des Ratsuchenden stehen. Dies impliziert, daß nicht immer die Arbeitslosigkeit als Hauptübel betrachtet werden kann. Gelegentlich besteht das Generalproblem eines Klienten auch in einer manifesten Alkohol- und Tablettenabhängigkeit, die vorrangig therapeutisch anzugehen ist. Die Funktion des Beraters erschöpft sich in derartigen Fällen in der Überweisung

an geeignete Institutionen und im Angebot kontinierlicher Gesprächskontakte.

Obwohl wir im allgemeinen bestrebt sind, den arbeitslosen Mitbürger aus seiner situationsbedingten passiv-resignativen Position herauszureißen, mag es in Einzelfällen sinnvoller sein, nicht auf eine baldige Arbeitsaufnahme hinzuarbeiten. Mancher Arbeitslose wird nämlich durch die veränderte Situation dazu angeregt, seine Berufswahl und Lebensperspektive jetzt neu zu überdenken, Alternativen ins Auge zu fassen. Diese Überlegungen müssen langsam reifen können und bedürfen der Unterstützung sowohl des psychologischen Beraters als auch der fachkompetenten Hilfe des Arbeitsberaters.

Sind jedoch deutliche Widerstände und Ängste gegenüber jeglicher Arbeitsaufnahme erkennbar, so sollten diese Gegenstand einer gemeinsamen Analyse und Bearbeitung sein. Der Förderung der Arbeitsmotivation kann gleichzeitig ein Engagement des Arbeitslosen in den verschiedenen aktivitätsstimulierenden Angeboten des Zentrums (z. B. Herstellung der Münchner Arbeitslosen-Zeitung, Teilnahme an Arbeitskreisen) dienen. Durch Teilnahme an solchen Aktivitäten lernt der Klient langsam, seine Lethargie zu überwinden. Ist dieser Schritt gelungen, kommt es meist infolge von Generalisierungsprozessen auch zu einer Zunahme der Bemühungen bezüglich Stellensuche.

Da eine Arbeitsaufnahme nach einer Pause länger anhaltender Arbeitslosigkeit oder -entwöhnung für die betreffenden Klienten erfahrungsgemäß erneut eine Belastungssituation darstellt, ist eine stützende Begleitung des Arbeitslosen über den Zeitpunkt der Arbeitsaufnahme hinaus von eminenter Bedeutung.

Zusammenfassend kann man sagen, daß wir als Berater unser Ziel darin sehen, dem Arbeitslosen ein Gefühl persönlicher Wertschätzung unabhängig von der Ausübung seines erlernten Berufes entgegenzubringen, ihn aber gleichwohl auf die stabilisierende Funktion der Arbeit hinzuweisen und damit zur Arbeitsaufnahme zu motivieren. Als prophylaktische Maßnahme für Zeiten künftiger Erwerbslosigkeit versuchen wir, außerberufliche Interessen des Klienten zu fördern, ihn in überdauernde, vom Arbeitsplatz weitgehend unabhängige soziale Beziehungen zu integrieren, um somit eine überstarke Fixierung auf den Beruf zu verhindern und die Folgen künftiger Arbeitslosigkeit (ein hoher Prozentsatz unserer Klienten wird auf Grund objektiver Handicaps wie gesundheitlicher Einschränkungen, geringer Belastbarkeit usw. leichter wieder arbeitslos als stabilere Personen) möglichst gering zu halten.

Einleitung und Abschnitt 1: *Johannes Riedel*, 2. und 4. Abschnitt: *H.-J. Wilkening*, 3. Abschnitt: *Hedwig Ißlinger*, 5. Abschnitt: *Erika Baumann*

2. Diakonisches Werk: Arbeitslosenhilfe ›Neue Arbeit GmbH‹

1. ›Schwervermittelbare‹ Arbeitslose

Die Gruppe der sogenannten *›Schwervermittelbaren‹* steigt ständig; gegenwärtig sind rund 25 Prozent aller Arbeitslosen länger als ein Jahr ohne Arbeit. Fast ausschließlich handelt es sich um über 45jährige Frauen und Männer, die durch ihr Alter, durch gesundheitliche und damit auch leistungsmäßige Beeinträchtigungen oder eingeschränkte zeitliche Einsatzfähigkeit außerhalb der gängigen Normen heutiger Leistungsansprüche und -erwartungen stehen. Solche Menschen sind in der Regel die ersten, von denen Unternehmen sich trennen, wenn es darum geht, Personalkosten einzusparen: Die frühere Position in der betrieblichen Hierarchie, aber auch der familiäre und persönliche Hintergrund, die Angst, die Not, die Existenzkrisen und die Hoffnungslosigkeit der Betroffenen scheinen kaum eine Rolle zu spielen. Der 55jährige Prokurist, der nach langem Krankenhausaufenthalt und anschließender Dauerbeeinträchtigung seinem Unternehmen einfach zu teuer wurde, ist ebenso schwer zu vermitteln, wie die gleichaltrige Bürohilfskraft, deren Arbeitsplatz der Elektronik zum Opfer fiel und die vielleicht nur noch wenige Jahre arbeiten müßte, um ihre Rentenansprüche zu erfüllen.

All diesen Menschen bleibt in aller Regel nach dem Scheitern der Vermittlungsbemühungen der Arbeitsämter der Weg in die Isolierung und in den sozialen Abstieg: Die finanziellen Leistungen der Arbeitslosenhilfe machen oft nur einen Bruchteil dessen aus, was zuvor verdient wurde und liegen gelegentlich sogar unter den heute üblichen Sozialhilfesätzen.

Einerseits gibt es zwischen 250 000 und 300 000 Menschen in unserem Land, die um eine Aufrechterhaltung ihrer materiellen und psychischen Existenz willen darauf angewiesen wären zu arbeiten, aber kaum Aussicht auf Wiedereingliederung in den Arbeitsprozeß haben. Und *andererseits* – dies zeigt das Dilemma unserer Gesellschaft – gibt es eine Fülle gesellschaftlicher Aufgaben, die entweder gar nicht oder nur unvollständig oder vorüberge-

hend in Angriff genommen werden. Die Klagen über zu wenig Personal in Krankenhäusern, über mangelnde Hilfen und Zuwendung für die Alten, für ausländische Arbeitnehmer und ihre Kinder, für physisch und psychisch Behinderte, für suchtgefährdete Jugendliche und Erwachsene sind seit Jahren in unserer Wohlstandsgesellschaft an der Tagesordnung. Doch hat der Wohlstand bisher offenbar nicht ausgereicht, um diese aus menschlichen Gründen unabweisbaren Aufgaben in Angriff zu nehmen. Aber nicht nur im Bereich der sozialen Dienst, auch anderswo liegt noch vieles brach: Im Naturschutz, in der Energieversorgung, in der Umwandlung von Abfällen in wieder verwertbare Ausgangsstoffe, bei der Planung und Realisierung von Infrastruktur für eine humane Gesellschaft zum Beispiel im Bildungs- und Wohnungswesen oder im Sport oder auch sonst, wo unmittelbare wirtschaftspolitische Prioritäten bislang nicht gesetzt wurden.
Möglicher gesellschaftlicher Nutzen bleibt vielfach auf der Strecke, meist weil es an wirtschaftspolitischen und damit an finanziellen Prioritäten fehlt. Andererseits fließen erhebliche Beiträge aus dem Sozialbudget unseres Staates in Form von Arbeitslosengeld und Arbeitslosenhilfe an Menschen, die eigentliche sinnvolle Arbeit leisten könnten, aufgrund der herrschenden Praxis aber zum Nichtstun verdammt sind und daran zerbrechen.

2. *Aktivitäten*

Wir machten uns im Diakonischen Werk Gedanken darüber, ob es nicht viel besser wäre, Zuschüsse zu einer Arbeit zu zahlen, die dem Gemeinwohl dient, und in der Arbeitslose Beschäftigung finden, statt langfristig Arbeitslosenhilfe an Dauerarbeitslose zu entrichten.

In Stuttgart wurde damit begonnen, eine kleine gemeinnützige GmbH aufzubauen, die das Ziel hat, schwervermittelbaren Arbeitslosen wieder zu einer Anstellung zu verhelfen. Die Geschäftsabwicklung der Arbeitslosenhilfe »Neue Arbeit« wird von einem ehemaligen Prokuristen wahrgenommen, der selbst arbeitslos war und mit Förderung durch Eingliederungsbeihilfe angestellt wurde. Seine Hauptaufgabe liegt zunächst im intensiven Suchen nach Arbeitsmöglichkeiten in der Wirtschaft und im öffentlichen Dienst. Er sucht vor allem nach Arbeiten, die z. B. zunächst nur befristet konzipiert sind, nach Aushilfs- und Gelegenheitsarbeiten. Es zeigte sich, daß es nicht schwer ist, Arbeiten zu finden, sofern die Arbeitgeber die Arbeitssuchenden nicht sofort fest anstellen müssen.

Die schwervermittelbaren Arbeitslosen lernen wir bei unseren *Kontakten mit Arbeitsämtern* kennen. Meist sind es ältere oder auch gesundheitlich beeinträchtigte Leute aus ganz unterschiedlichen Berufen. Zunächst richten sich die Bemühungen darauf, alle Möglichkeiten auszuschöpfen, um doch noch eine Dauerstelle zu finden. Arbeitsämter suchen beispielsweise in der Regel nur nach Arbeitsplätzen, die der unmittelbar vor der Arbeitslosigkeit ausgeübten Tätigkeit entsprechen. Wir bemühten uns dagegen auch um solche Arbeitsplätze, die der Bewerber aufgrund einer früher ausgeübten, aber dann inzwischen aufgegebenen Tätigkeit übernehmen kann – die Fähigkeiten eines Kunsttischlers, der später 20 Jahre lang als Bürokaufmann tätig war, können da plötzlich sehr wertvoll werden, sowohl für den übernehmenden Betrieb wie für den Stellensuchenden selbst.

Wenn trotz dieser Bemühungen abseits der ausgetretenen Pfade nichts zu finden ist, so bietet die ›Neue Arbeit‹ die Möglichkeit einer *festen Anstellung*. Dazu gibt es in der Regel Eingliederungsbeihilfen vom Arbeitsamt (z. B. 50–80 Prozent des Gehalts für 1 bis 2 Jahre). Im Projekt in Stuttgart haben wir in erster Linie nach Arbeiten im Verwaltungsbereich gesucht, da besonders viele ältere Menschen in diesem Bereich arbeitslos sind. Nach Anstellung bei ›Neue Arbeit‹ werden die ehemals Arbeitslosen im Rahmen der nichtgewerbsmäßigen Arbeitnehmerüberlassung in den angebotenen Arbeitsstellen eingesetzt.

Die meisten der durch die ›Neue Arbeit GmbH‹ wieder in Arbeit gebrachten Arbeitslosen waren schon zwei oder mehr Jahre arbeitslos und hätten ohne unsere Hilfe kaum Aussicht, wieder einen Arbeitsplatz zu finden. Der Zustand der Arbeitslosigkeit hatte bei ihnen oft weitere *Folgeprobleme* ausgelöst:

> Die einen sind zu Alkoholikern geworden, andere sind mit ihren Familien und ihrer Umgebung in Konflikte geraten, ein großer Anteil der hilfesuchenden Personen ist geschieden. Es kommen auch Menschen, die straffällig gewesen sind und aus diesem Grunde den Wiedereinstieg in die Arbeit schwer haben. Es handelt sich fast ausnahmslos um schwierige menschliche Schicksale, die zur Arbeitslosigkeit geführt haben. Sehr häufig ist jedoch auch nur das fortgeschrittene Alter die Ursache für die Probleme bei der Suche nach einem neuen Arbeitsplatz.

Viele Firmen und Behörden sehen es heute als Risiko an, problembeladene oder auch nur ältere Menschen einzustellen. Diese Ansicht kann wohl überhaupt nur dadurch korrigiert werden, daß ihnen dies (vermeintliche) Risiko zunächst von anderen abgenommen und zugleich dadurch die Leistungsfähigkeit älterer Menschen unter Beweis gestellt wird. Wer bei der ›Neuen Arbeit GmbH‹ arbeitet, wird nach den Tätigkeitsmerkmalen eingestuft und nach Tarif bezahlt. Die Firmen oder Behörden zahlen für die geleistete Arbeit entweder eine Stundenpauschale oder fest vereinbarte Monatssätze. Die Einnahmen aus derartigen Vergütungen und den Fördermitteln der Arbeitsämter waren bisher höher als die Kosten und sonstigen Ausgaben der ›Neuen Arbeit‹. Die Überschüsse sollen dazu verwendet werden, um künftige Risiken dieser Hilfsmaßnahme abzudecken.

Die Vermutung, durch den täglich erbrachten Nachweis vorhandener Leistungsfähigkeit Vorurteile bei potentiellen Arbeitgebern abzubauen, hat sich als richtig erwiesen: Vielfach ergab es sich in der Praxis, daß ›ausgeliehene‹ Arbeitnehmer in Dauerarbeitsverhältnisse der jeweiligen Betriebe übernommen wurden.

3. *Ansätze und Ziele*

Die ›Neue Arbeit‹ in Stuttgart wird als *Modellmaßnahme* betrieben. Sie diente und dient bis heute in erster Linie dazu, die Probleme kennenzulernen, die bei Organisation und Abwicklung wirkungsvoller Hilfsmaßnahmen für schwervermittelbare Arbeitslose auftreten. Wir wollen unsere Erfahrungen weitergeben und empfehlen eine Nachahmung überall, wo Arbeitslosigkeit zu den angedeuteten existentiellen Problemen älterer Menschen führt. Aus dem bereits Gesagten wird deutlich, daß es sich dabei in der Hauptsache um *drei Ziele* handelt:

- *Wir wollen Existenzprobleme lösen helfen, indem wir Arbeiten anbieten, die dem persönlichen Arbeitsvermögen und der persönlichen Problemsituation der betroffenen Menschen angepaßt sind*
- *Wir streben grundsätzlich die Übernahme der Mitarbeiter von ›Neue Arbeit‹ in unbefristete Arbeitsverhältnisse bei Wirtschaft und Behörden an und betrachten die von uns angewandte Form der ›Leiharbeit‹ als einen Weg dazu, der besonders gut geeignet ist, bestehende Vorurteile auszuräumen*
- *Neben diesen beiden Basiszielen wollen wir Hilfen zur Bewältigung von Lebenskrisen, persönlichen Schwierigkeiten und Problemen im familiären Bereich anbieten – z. B. in Form von Beratung durch Therapeuten.*

Es liefe dem Arbeitsansatz der ›Neuen Arbeit‹ entgegen, wollte man sich darunter eine Art *›Schonraum‹* für Leistungsschwache vorstellen. Um derartigen Befürchtungen vorzubeugen, sind von Anfang an die Handwerks- und Industrie- und Handelskammern wie auch die Gewerkschaften in alle Überlegungen einbezogen worden. Dies gilt auch für die Bundesanstalt für Arbeit, die sich angesichts der sozialen und arbeitsmarktpolitischen Ziele der ›Neuen Arbeit‹ sehr positiv über die Durchführung der einzelnen Maßnahmen geäußert hat.

Allerdings muß gewährleistet sein, daß die Arbeitnehmerüberlassung nicht gewerbsmäßig betrieben wird, und daß auch in beschäftigungslosen Zeiten Löhne und Gehälter an die (unbefristet angestellten) Mitarbeiter von ›Neue Arbeit‹ bezahlt werden.

4. *Perspektiven*

Angesichts des eingangs gekennzeichneten Dilemmas, daß eine Menge notwendiger Arbeit aus kapitalökonomischen Gründen nicht getan wird, während Hunderttausende von Menschen aus den gleichen Gründen ohne Arbeit auf der Straße stehen, sollte in Ministerien, Regierungspräsidien, Forschungsinstitutionen, bei Gewerkschaften und Arbeitgeberverbänden, aber auch im kirchlichen Raum intensiver darüber nachgedacht werden, wie Aufgaben, die für das Gemeinwohl wichtig, aber zunächst nicht finanzierbar sind, mit Hilfe eines *Sonderfonds* in Angriff genommen werden können. In diesen Fonds könnten z. B. in hohem Maße Mittel der Arbeitsverwaltung, der Sozialministerien der Länder und kommunaler Verbände einfließen. Bedingung der Mittelverwendung könnte die Durchführung gemeinnützig wichtiger Aufgaben und die Beschäftigung von Arbeitslosen sein, deren Anstellung besondere Schwierigkeiten bereitet. *Wir schlagen vor, daß die Durchführung der gestellten Aufgaben an Träger übertragen wird, die als gemeinnütziger Verein oder Gesellschaft, als Interessenverband oder als Initiativgruppe mit relativ geringem administrativem Aufwand arbeiten.*

Wir gehen davon aus, daß es sinnvoller ist, Beiträge in einen Fonds zu zahlen, aus dem Arbeiten finanziert werden, die dem Gemeinwohl dienen, als nach dem Gießkannenprinzip langfristig Geld an Dauerarbeitslose zu zahlen, die am ›Nichtarbeitenkönnen‹ seelisch zerbrechen. *Auf diese Weise könnten auch Projekte in Angriff genommen werden, die im kapitalökonomischen Sinne keine Rendite abwerfen, aber sozialökonomisch vertretbar sind.*

Wir möchten daher als Diakonie in der Kirche zum Nachdenken anregen, in welcher Weise wir in Zukunft menschliches Leid verringern und zum gesellschaftlichen Wohl besser beitragen können. Wir bemühen uns im Rahmen unserer Möglichkeiten, diese offensichtlichen Probleme anzupacken, selbst wenn es zunächst nur kleine Schritte sind.

Wir würden es sehr begrüßen, wenn auch verantwortliche Politiker, Gewerkschaften und Behörden das heikle Thema der unerledigten Arbeiten aufgriffen und damit gegen die Hoffnungslosigkeit der Menschen angingen, die zu der Viertelmillion Dauerarbeitsloser zählen.

Christoph Häselbarth

3. Kirchenkreis Gladbeck-Bottrop: Aktivierung von Kirchengemeinden und Gemeindeverbänden

Der Kirchenkreis Gladbeck-Bottrop (Nordrand des Ruhrgebietes, 14 Kirchengemeinden mit 86 350 Gemeindegliedern) zählt zu dem Bereich des Ruhrgebietes mit der höchsten Arbeitslosenquote, die im Gesamtgebiet ohnehin schon über dem Bundes- und Landesdurchschnitt liegt. Erschwerend kommt hinzu, daß nach der Stillegungswelle im Kohlebergbau vor allem im Bereich der Stadt Gladbeck Arbeitsplätze vernichtet und neue Arbeitsplätze nicht ausreichend geschaffen werden konnten.
Der Sozialpfarrer und der Diakoniepfarrer des Kirchenkreises haben in dieser Situation den Versuch gemacht, in den *vorhandenen Strukturen* und mit den *vorhandenen Gremien des kirchlichen Lebens*, wie sie fast überall im evangelisch-kirchlichen Bereich anzutreffen sind, das Problem Arbeitslosigkeit in der Gemeinde anzufassen. Dabei wurden *folgende Schritte* zurückgelegt und Erfahrungen gemacht.

1. Vorbereitung einer Sondersynode

Wer das kirchliche Leben kennt, weiß, daß es nicht selbstverständlich ist, daß evangelische Kreissynoden außerordentliche Sitzungen zum Thema Arbeitslosigkeit abhalten. Die Kreissynode Gladbeck-Bottrop beschloß im August 1977: »Die Synode hat sich mit dem Problem der Arbeitslosigkeit beschäftigt. Die Frage ist so wichtig, daß die Einberufung einer Sondersynode beschlossen wird.« Die Vorbereitung dieser außerordentlichen Kreissynode lag bei den genannten kreiskirchlichen Pfarrämtern.

1.1 Festlegung des thematischen Schwerpunktes der Synode

Die Synode sollte nicht wiederholen, was derzeit immer und allenthalben zur Arbeitslosigkeit, ihren Ursachen und möglichen politischen und wirtschaftlichen Lösungsstrategien gesagt wird. Auf der Synode sollte die menschliche Seite der Arbeitslosigkeit Beratungsschwerpunkt werden, weil hier am ehesten ein Ansatzpunkt für Kirchengemeinden zu vermuten ist. Ziel sollte es sein, die Sensibilität der Gemeinden für die Nöte arbeitsloser Menschen zu entwickeln bzw. wachzuhalten.

1.2 Einbeziehung der Kirchengemeinden und Fachausschüsse

Die Kirchengemeinden und Fachausschüsse (Fachausschüsse für Jugendarbeit, Öffentlichkeitsarbeit und gesellschaftliche Verantwortung, Diakonie, Schule und Bildung) wurden gebeten, zur *Vorbereitung* der Synode Gespräche mit betroffenen Menschen zu suchen, sie in Fallbeispielen, Gedächtnisprotokollen und ausgefüllten Fragebögen festzuhalten und darzustellen. Um die Beratungen und die Arbeit in den Kirchengemeinden und Fachausschüssen zu erleichtern und sachbezogen zu machen, wurde eine methodische Beratungs- und Arbeitsanleitung sowie die vom Erwachsenenbildungswerk Rheinland-Süd veröffentlichte Arbeitsmappe »Arbeitslosigkeit als Herausforderung an die Gemeinde« zur Verfügung gestellt. Dieser Schritt erstreckte sich über einen Zeitraum von 3 Monaten.
Bei der *Durchführung* dieser Aufgabe durch Presbyter, kirchliche Mitarbeiter und Pfarrer zeigten sich sehr schnell die zu erwartenden Schwierigkeiten: Die kirchlichen Besucher konnten ganz praktisch lernen, was es heißt, daß Arbeitslose in der Regel »gesellschaftlich wegtauchen«. In den Wohnbereichen und Nachbarschaften konnte nämlich kaum jemand die Adresse eines Arbeitslosen nennen. Und kam es dann zu Gesprächen, zeigte sich, daß Arbeitslose auch Vertretern der Kirche gegenüber keineswegs so ohne weiteres bereit sind, über alles das zu reden, was sie bedrückt.

1.3 Auswertung der Erfahrungen und Gesprächsergebnisse

Was kommt dabei heraus, wenn sich Presbyterien und kirchliche Gremien, die sonst andere Tagesordnungen haben, vor Ort mit dem Problem Arbeitslosigkeit befassen und das Gespräch mit Arbeitslosen suchen? Die Kirchengemeinden und Fachausschüsse haben ihre Ergebnisse schriftlich festgehalten. Die Auswertung der von den Kirchengemeinden und Fachausschüssen vorgelegten Papiere zeigte,

- *die geringe Sachkenntnis im Blick auf das komplexe Thema ›Arbeitslosigkeit‹*;
- *die sich daraus ergebende Verlegenheit, eigene konstruktive Beiträge zu thematisieren*;
- *ein großes Maß an Betroffenheit.*

Im Folgenden werden einige Zitate und Aspekte wiedergegeben, die deutlich machen, in welcher *Distanz* sich die Kirchengemein-

den zum Problem Arbeitslosigkeit befinden und wie sehr sie zum Teil bürgerlich *konservativen Auffassungen* zuneigen; solche Auffassungen werden insbesondere bei der Erörterung von Strategien zur Überwindung der Arbeitslosigkeit geltend gemacht. In diesem Sinn denkt man z. B. an die Einrichtung eines wie auch immer organisierten Arbeitsdienstes, an ein Pflichtjahr, an ein härteres Vorgehen gegenüber Arbeitsverweigerern, an die Senkung des Arbeitslosengeldes bzw. der Arbeitslosenhilfe sowie an das Verbot des Doppelverdienens. Auffällig ist in diesem Zusammenhang, daß bis auf eine Stimme kaum von Auflagen an die Wirtschaft bzw. an die Arbeitgeber gesprochen wird.
Die *Distanz* der Kirchengemeinden zu dem hier thematisierten Problem belegend, heißt es: »Bei Gesprächen mit arbeitslosen Jugendlichen sind uns die Schwierigkeiten bewußt geworden, wie schwer es uns fällt, uns in die Situation dieser Jugendlichen hineinzuversetzen und mit ihnen zu fühlen. Wir sind einfach überfordert, ihnen zu helfen.« Solche Betroffenheit schlägt häufig, sicherlich ungewollt, in eine Abwehrhaltung um, in den Versuch, die Betroffenheit klein zu halten sowie in den Versuch, die Schuld zu verteilen – zum Beispiel dadurch, daß man die Arbeitslosenstatistik mit der pauschalen Behauptung herunterspielt: »Die meisten Arbeitslosen wollen ja gar nicht arbeiten.«

2. *Sondersynode zum Thema Arbeitslosigkeit*

Den Teilnehmern an der außerordentlichen Kreissynode 1978 wurden alle Unterlagen, Auswertungen aus der Arbeitsphase der Gemeinden und Ausschüsse vorab zugänglich gemacht. Die Synode selbst wurde durch *Kurzreferate* zu folgenden Themen eingeleitet: ›Arbeitslosigkeit als Herausforderung an die Kirchengemeinden, Gemeindeverbände und den Kirchenkreis‹; ›Die Arbeitsmarktlage im Arbeitsamtsbezirk Gelsenkirchen‹; ›Überlegungen für die kirchliche Praxis‹; ›Jugendarbeitslosigkeit‹. Nach intensiven *Beratungen* in einzelnen Gruppen und einer ausführlichen Plenumsdiskussion wurden von der außerordentlichen Synode u. a. folgende *Aufgaben* benannt und zugewiesen:

- *Kirchengemeinden:* Intensivierung der Hausbesuche, Elternbildung, Ausrichtung der gemeindlichen Arbeit auf arbeitslose Erwachsene, breiteres Freizeitangebot für Arbeitslose und ihre Familien, größere Berücksichtigung der Themen Arbeit und Arbeitslosigkeit im kirchlichen Unterricht.
- *Für die Fachausschüsse der Verbände:* Sammeln von Informationen über die Arbeitsmarktlage in der Stadt, über besondere

Engpässe im Angebot von Arbeits- und Ausbildungsstellen, über offene Arbeits- und Ausbildungsstellen, über kurz-, mittel- und längerfristige Entwicklungsprognosen für die örtlichen Betriebe und ihre Arbeitsplatzentwicklung, über angebotene Maßnahmen für Arbeitslose und vom Arbeitsplatzverlust Bedrohte (Berufsförderung, Umschulung usw.). Besondere Berücksichtigung der Bedürfnisse von arbeitslosen Jugendlichen in der kirchlichen Jugendarbeit. Das Aufarbeiten der von den Diakonischen Werken gemachten Vorschläge zur Überwindung der Arbeitslosigkeit und das Angebot dieser Vorschläge zur Durchführung an die Kirchengemeinden. Intensivierung kirchlicher Erwachsenenbildung.

- *Für den Kirchenkreis:* Fortbildung der Mitarbeiter. Haupt-, neben- und ehrenamtliche Mitarbeiter sollen Gelegenheit haben, sich gezielt in die wirtschaftlichen und sozialen Zusammenhänge der Arbeitslosigkeit und die aus ihr entstehenden Probleme für die Betroffenen einführen zu lassen, damit sie in ihrer Arbeit auf die besonderen Bedürfnisse von Arbeitslosen besser eingehen können. Die Pfarrkonferenz muß sich intensiver mit den theologischen Fragen nach Arbeit und Arbeitslosigkeit beschäftigen. Dabei ist die gemeinsame Arbeit an Predigtvorbereitungen zu diesem Thema eingeschlossen. Der Kirchenkreis muß seine Aufgabe als Arbeitgeber intensiver ausnutzen.

3. *Schritte in die Praxis*

3.1. Im zeitlichen Zusammenhang mit der außerordentlichen Kreissynode lief eine *Arbeitsbeschaffungsmaßnahme* im Bereich sozialer Dienste mit über 20 Arbeitslosen für die Dauer eines Jahres an. Ein ganzes Spektrum sozialer Tätigkeiten konnte hier zur Verfügung gestellt werden:

Im Bereich der *Altenarbeit* wurde ein Seniorenservice entwickelt: Hilfen für alte Menschen im Haushalt, beim Einkaufen, bei Arztbesuchen und Behördengängen. Einige Arbeitslose fanden einen Arbeitsplatz im Bereich der *Schularbeitenhilfe.* Ein arbeitsloser Polier übernahm die Leitung eines *Bauspielplatzes.* Einige Frauen übernahmen die Bewirtschaftung des *Jugendcafes.* Eine Sozialwissenschaftlerin arbeitete mit arbeitslosen Jugendlichen.

Die Erfahrungen mit diesen Arbeitsbeschaffungsmaßnahmen sind inzwischen so positiv, daß an eine Fortführung gedacht ist. Entsprechende Gespräche mit dem Arbeitsamt wurden aufgenommen.

3.2. Gemäß dem Auftrag, sich weiter konkret um die Arbeitslosen zu bemühen, wurden bisher drei *Tagungen für Arbeitslose* durchgeführt. Die Erfahrungen vieler Institutionen haben gezeigt, daß es sehr schwer ist, an Arbeitslose heranzukommen und sie zu Veranstaltungen einzuladen. Zur ersten Tagung konnten diejenigen eingeladen werden, die durch die kirchlichen Aktivitäten zur Vorbereitung der Synode bekannt geworden waren. Zugleich zeigte es sich, daß die *Einladungen* zu diesen Veranstaltungen im Schneeballsystem verbreitet oder durch Veröffentlichungen in der Zeitung bekannt gemacht wurden. Die Tagungen fanden statt in der Ev. Akademie Haus Ortlohn und dauerten jeweils 3 Tage. Das *Leitungsteam* bestand aus den beiden Pfarrern und einem Diplompsychologen. *Ziel der Veranstaltungen* war es, den Arbeitslosen aus der Isolation zur Kommunikation zu verhelfen. Die Diskussion und Gesprächsfähigkeit der Betroffenen untereinander zu fördern und die Stimme der Betroffenen zu Gehör zu bringen: Wer sind sie? Wie haben sie ihre Arbeit verloren? Wie werden sie mit ihrer Situation fertig? Welche Erfahrungen machen sie mit den verschiedenen Institutionen (Arbeitsamt, Firmen, Gewerkschaften, Parteien, Kirchen)? Es wurden keine Referate gehalten, nur durch unterschiedliche Methoden Themen zur Debatte gestellt. Im folgenden wieder einige Zitate und Thesen, dieses Mal aus der Sicht der Betroffenen:

»Es war gut, daß wir uns über unsere Probleme unterhalten konnten. Wir sind beeindruckt von der Offenheit, die hier herrschte, sowie der Möglichkeit, Probleme bis ins Persönliche hinein zu besprechen. Das ist uns zu Hause selbst unter Freunden und Bekannten nicht möglich. Sie würden uns nicht verstehen . . . Die Veranstalter wollten etwas lernen. Sie sollten das Erfahrene auswerten, aber auch weitergeben an die Leute da oben, die uns nur vom Hörensagen kennen. Das erwarten wir von ihnen. Was kann die Kirche sonst tun?«

Erkenntnisse, die die Veranstalter bei den Tagungen gewonnen haben – die meisten Teilnehmer waren länger als 1 Jahr (bis zu 5 Jahren) arbeitslos. Sie äußerten sich freimütig über ihre persönlichen und familiären Schwierigkeiten, die sich durch die Arbeitslosigkeit ergeben haben:

- Obwohl eingesehen wird, daß die Arbeitsämter heute nur schwer Arbeitsstellen vermitteln können, beklagen sich alle über die diffamierende Behandlung und schlechte Beratung, die sie dort erfahren. Von anderen Institutionen wird keine Hilfe erwartet.
- Die Arbeitslosen werden sich nicht in kämpferischer Weise gegen ihr Schicksal auflehnen. Sie kennen kaum andere Arbeitslose, allenfalls zufällig. Kein Gedanke daran, daß man sich zusammenschließen könnte.

- Die Prinzipien, nach denen die Wirtschaft und die Gesellschaft Menschen ausstoßen, werden grundsätzlich als richtig anerkannt und von den Arbeitslosen gutgeheißen, ohne daß sie merken, wie sie selbst die Dummen dabei sind; die Möglichkeit einer Veränderung wird nicht in Betracht gezogen.
- Im Zusammenhang mit der Diskussion um die Schwarzarbeit ist folgende Erkenntnis interessant: Sie geschieht nur in zweiter Linie wegen des Geldes zur Aufbesserung der Arbeitslosenunterstützung. Die freiwillig übernommene Arbeit vermittelt das Gefühl, daß Können und Arbeitskraft gefragt sind: Ich bin umworben. Ich bin mein eigener Arbeitgeber, arbeite ohne Druck, kann mir meine Arbeit einteilen. Es gibt keine Arbeitsteilung, ich sehe mein eigenes Werk wachsen und empfinde Befriedigung. Meine Arbeit hat noch immer ihren Wert, der sich in Geld umrechnen läßt und bezahlt wird. Das alles ist für das Selbstwertgefühl, das bei einem Arbeitslosen sehr angeschlagen ist, von enormer Wichtigkeit.
- In einer Abendveranstaltung mit dem Leiter eines Arbeitsamtes wurden die Fragen erörtert, die zwischen Vermittlung und Arbeitslosen zu wahrscheinlich beiderseitigem Ärger geführt haben. Als Ergebnis wurde u. a. festgestellt, daß die Arbeitsämter ihre »Arbeitsmarktgespräche« nicht nur mit Betriebsleitern und Betriebsräten führen sollten, sondern auch mit betroffenen Arbeitslosen.

3.3. Außerdem wurde im Oktober 1978 eine Klausurtagung angeboten, an der Presbyter, Fachausschußmitglieder sowie haupt- und ehrenamtliche Mitarbeiter teilgenommen haben. Ziel dieser Tagung war es, die Ergebnisse der außerordentlichen Kreissynode zu konkretisieren und für die Gemeindearbeit praktikabel zu machen.

Mit den Schritten in die Praxis ist noch nicht erwiesen, daß und inwieweit Kirchengemeinden in einem Kirchenkreis in der Lage sind, Arbeit mit Arbeitslosen sinnvoll zu leisten.

Hans Reitze / Karl Heinz Becker

4. Sozialamt der Evangelischen Kirche von Westfalen: ›Gesprächswochen mit arbeitslosen Frauen‹

Bei einer Betrachtung der Arbeitslosenquote ist ein unverhältnismäßig hoher Anteil von Frauen immer weniger zu übersehen, der bei steigender Gesamtquote nochmals überproportional zunimmt. Tendenzen zur positiven Veränderung sind kaum sichtbar. Es sind wohl vor allem überkommene Vorurteile, die eine Kenntnisnahme und Auseinandersetzung mit diesem Problem so schwierig gestalten. Wie wenig man bereit ist, längst geänderte gesellschaftliche Realitäten zur Kenntnis zu nehmen, wird daran deutlich, daß man berufstätige Frauen auf die Nebenrolle der »Dazuverdienerin« abschiebt, die für den »Luxus« zuständig ist. Zugleich unterstellt man ihnen pauschal, die Arbeitslosigkeit als willkommene Abwechslung zu betrachten, während der sie sich endlich wieder dem Haushalt widmen können und trotzdem noch Arbeitslosengeld beziehen. Sicher gibt es diese Fälle, nur darf man sie nicht als Legitimation benutzen, um über die geänderte gesellschaftliche Situation der Frauen hinwegzugehen bzw. sie nicht wahrhaben zu wollen, denn immer mehr Frauen müssen und wollen ihre Lebensexistenz selbst gestalten und verantworten.

1. Zur Entstehungsgeschichte des Projekts

Bereits 1976 wurde vom Sozialausschuß der Evangelischen Kirche von Westfalen (EKvW) unter dem Titel »Arbeitslosigkeit und soziale Gerechtigkeit« ein Bericht erstellt, aus dem deutlich wird, warum Mitarbeiter der evangelischen Kirche es als eine ihrer Aufgaben betrachten, aus sozialethischen Überlegungen heraus Handlungsalternativen in bezug auf Arbeitslosigkeit zu diskutieren und sich hier besonders mit bestimmten Problemgruppen des Arbeitsmarktes zu befassen. Hierzu gehört auch, ein verändertes Rollenbild der Frau zur Kenntnis zu nehmen und ein Recht auf Arbeit auch für Frauen zu vertreten.

Das Sozialamt der EKvW hat sich nicht zuletzt daraufhin entschlossen, ein Projekt zum Thema Frauenarbeitslosigkeit durchzuführen, das die statistische und spekulative Ebene verläßt und zuallererst die Betroffenen selbst zu Wort kommen läßt. Initiator des Projektes ist neben dem Sozialamt das Landesarbeitsamt NRW. Finanziert wird es mit Mitteln der Bundesanstalt für Arbeit (ABM), des Ministeriums für Arbeit, Gesundheit und Soziales NRW und kirchlichen Sondermitteln. Zur personellen Unterstützung wurden über Arbeitsbeschaffungsmaßnahmen 5 Sozialpäd-

agoginnen für ein Jahr eingestellt, die zusammen mit den Mitarbeitern des Sozialamtes und der Industrie- und Sozialarbeit der EKvW in den Regionen Siegen, Bielefeld, Bochum, Gelsenkirchen und Münster daran arbeiten. Kernstück des Projektes sind »Gesprächswochen mit arbeitslosen Frauen«, d. h. 5-Tage-Seminare mit Internatsunterbringung, ähnlich den bereits von verschiedenen Trägern durchgeführten Bildungsurlaubsseminaren.
Bevor wir näher Ablauf und Zweck dieser Gesprächswochen darstellen, bleibt anzumerken: Wir beabsichtigen mit diesem Bericht weder Vorschläge zur Behebung der Frauenarbeitslosigkeit noch eine theoretische Konzeption für Bildungsmaßnahmen zu liefern. Dieser Bericht ist der Versuch einer Darstellung dessen, was Arbeitslosigkeit für Frauen bedeuten kann, die davon betroffen sind.

2. *Konzeption der Gesprächswochen*

Die Beteiligung des Landesarbeitsamtes am Projekt hat es ermöglicht, daß die örtlichen Arbeitsämter Kooperations- und Ansprechpartner bei der Teilnehmerinnenwerbung sind, d. h., in den Vermittlungs- und Beratungsstellen sollen Frauen auf die Gesprächswochen hingewiesen werden. Das erwies sich jedoch dann als problematisch, wenn die Mitarbeiter der Arbeitsämter, die an der Durchführung der Seminare nicht beteiligt sind, auch nur bis zu einem bestimmten Grad Arbeitslose »motivieren« können. Alle anderen Werbemittel sind jedoch wesentlich weniger geeignet und erreichen vor allem die besonderen Problemfälle nicht. Der Stempel des Arbeitsamtes gibt dem Projekt den »offiziellen Anstrich«, den es zumindest in der Anfangsphase braucht.
Erfreulich und fruchtbar ist die Zusammenarbeit mit den zuständigen Stellen des Landesarbeitsamtes. Auf regionaler Ebene ist die Unterstützung seitens der Arbeitsämter unterschiedlich.
Die 5 Seminartage gliedern sich in

- 2 Tage Erfahrungs- und Problemaustausch der Teilnehmerinnen untereinander
- 3 Tage Informationen, Diskussion mit Gesprächspartnern und Aufarbeitung der Informationen.

Informiert wird vor allem über die Arbeitsmarktlage und ihre Entwicklung, über Versicherungs-, Renten- und rechtliche Fragen, Möglichkeiten der Weiterbildung und Umschulung, Eingliederungshilfen usw.
Die Gesprächspartner, die für die zweite Phase eingeladen werden, sind

- Arbeitsberater und/oder Förderungsberater des örtlichen Arbeitsamtes
- Betriebsräte und/oder Vertreter des DGB oder einer Einzelgewerkschaft
- Vertreter der Personalabteilungen örtlicher Betriebe
- Mitarbeiter kirchlicher Einrichtungen.

Die Konzeption läßt schon erkennen, in welchen Richtungen die Gesprächswochen wirken sollen: Den betroffenen Frauen soll die Möglichkeit des Erfahrungsaustausches gegeben werden, der Gemeinsamkeiten erkennen läßt. Davon erhoffen wir sowohl eine individuelle Stabilisierung und die Entwicklung eigener Perspektiven als auch die Grundlage einer gemeinsamen Interessenvertretung. Für die Gesprächspartner ist es eine Konfrontation, die die Möglichkeit einer realitätsnahen Diskussion mit Betroffenen bietet, in der die üblichen Klischees entschleiert und auf ihren Realitätsgehalt überprüft werden können. Die Frauen wehren sich entschieden, wenn begonnen wird, über ihre Existenz »hinweg« zu diskutieren.

3. *Erfahrungen in den Gesprächswochen*

Die erste Hemmschwelle stellt die Seminarform als solche dar, da die meist »bildungsungewohnten« Frauen Angst vor einem schulmäßigen Betrieb haben. »Die größte Angst hatte ich davor, einen Aufsatz schreiben zu müssen«, meinte eine 62jährige Teilnehmerin. Bei einigen verheirateten Frauen scheint der Ehemann ein großes Hindernis zu sein. So war eine 22jährige Ehefrau gezwungen, jeden Abend nach Hause zu fahren, weil ihr Mann auf dem von ihr bereiteten Abendessen bestand, was wahrscheinlich nur Ausdruck verdrängter Ängste ist. Besonders deutlich werden diese Ängste bei Männern, deren Frauen sich tatsächlich zu einer Umschulung entschließen, die ihnen einen qualifizierten Beruf und ein wesentlich gesteigertes Selbstbewußtsein bringt.

Es sind bei der Anmeldung durchaus auch Vorbehalte gegen den Veranstalter Kirche und eine Unsicherheit gegenüber der Institution Arbeitsamt vorhanden. Diese Vorbehalte lassen sich am schnellsten durch eine zwanglose Kontaktaufnahme abbauen und dann empfinden gerade Frauen das »Sich-an-den-gedeckten-Tisch-setzen« als besondere »Wohltat«. Das trägt u. a. dazu bei, daß schon nach kurzer Zeit ein Gruppengefühl entsteht. Nachdem die Frauen in den ersten beiden Tagen ihre Erfahrungen ausgetauscht haben, bestätigen sich diese Erfahrungen oft bei den Diskussionen mit den Gesprächspartnern.

Die Vorurteile der Personalleiter werden von arbeitslosen Frauen ständig erfahren. Da berichten Teilnehmerinnen, daß ihnen beim Vorzeigen der grünen Karte vom Arbeitsamt, in die der Arbeitgeber u. a. die Gründe der Nichteinstellung eintragen muß, gesagt wird: »Vom Arbeitsamt kommt ja sowieso nur Schrott.« »Die Stelle ist schon längst besetzt.« Die Personalleiter geben offen zu, daß man Bewerber, die nicht vom Arbeitsamt kommen, vorzieht oder sich gerne eine möglichst große Anzahl von Bewerbern schicken läßt, durchaus nicht alle offenen Stellen meldet und die von der Arbeiterbewegung erkämpften Schutzbestimmungen für weibliche und ältere Arbeitnehmer umgeht, indem man möglichst männliche oder jüngere vorzieht.

Die Vorurteile vieler Betriebsräte sind nicht unerheblicher. Sie sehen in berufstätigen Frauen lediglich die »Dazuverdienerin« und die Mutter, die die Kinder vernachlässigt. Die arbeitslose Frau ist eine Konkurrentin um den Arbeitsplatz, die immer bedrohlicher wird, je mehr sie sich qualifiziert. Gewerkschaftsfunktionäre haben Schwierigkeiten, weil sie sich hier Vertreterinnen des Teils der Arbeitnehmerschaft gegenübersehen, der am wenigsten gewerkschaftlich organisiert ist: Frauen, meist mit geringer Qualifikation, die in kleinen Betrieben, Büros oder im Einzelhandel gearbeitet haben. Viele der Teilnehmerinnen sind noch nie organisiert gewesen, einige sind bei Beginn der Arbeitslosigkeit ausgetreten, weil sie nicht wußten, daß sie nur einen reduzierten Beitrag zu zahlen haben. Außer vom Rechtsbeistand bei Prozessen vor dem Sozialgericht gibt es wenig zu erzählen, was die Frauen bisher als aktive Unterstützung seitens der Gewerkschaft erfahren haben.

Wie schief das Bild der »Dazuverdienerin« ist, zeigen deutlich die Daten der Teilnehmerinnen: Der überwiegende Teil der Frauen ist alleinstehend und für den Lebensunterhalt selbst verantwortlich. Auch von denen, die verheiratet sind, leben viele getrennt, in Scheidung oder sind wegen Krankheit des Mannes selbst Hauptenährer der Familie. Für viele geschiedene oder verwitwete Frauen geht es um den Erwerb eines eigenen Rentenanspruches. Wie hart man in dieser Hinsicht getroffen werden kann, zeigt z. B. der Fall der 63jährigen Gastwirtswitwe, die wegen Gicht und Rheuma ihr Geschäft aufgeben muß und der dann mitgeteilt wird, daß ihr noch 2 Jahre am Rentenanspruch fehlen. Oder die 58jährige Büroangestellte mit 80% Erwerbsminderung, deren Rentenantrag mit dem Hinweis abgelehnt wird, sie könne ja noch eine leichte Tätigkeit ausüben. Könnte sie auch, wenn eine da wäre. So muß sie mit ihrem Kind von Arbeitslosenhilfe leben.

Die Teilnehmerinnen der Gesprächswochen haben in der Regel

außer Arbeitslosigkeit eine Menge weiterer Probleme; in vielen Fällen läßt sich nicht mehr auseinanderhalten, was Ursache und was Folge ist. Bei vielen ist der Arbeitsplatzverlust mit Krankheit verbunden. Entweder wurden als Begründung die hohen Fehlzeiten angegeben, oder der Platz mußte während einer langen Krankheit wiederbesetzt werden. Eindeutig ist auch die Tendenz, bei Rationalisierungen ältere Arbeitnehmerinnen mit gesundheitlichen Schäden zu entlassen. Diese gesundheitlichen Schäden sind in der Mehrzahl Folge der zu großen oder einseitigen Beanspruchung durch den Arbeitsprozeß: Wirbelsäulen- und Bandscheibenschäden, Nervenkrankheiten, Krampfadern, Durchblutungsstörungen, Magenkrankheiten. Hier zeigt sich die Unmenschlichkeit eines rigorosen Leistungsdenkens: Krankheit, erzeugt durch Leistungsdruck, dient als Grund für Entlassung und verhindert die Wiedereinstellung, denn: »Welcher Arbeitgeber stellt schon eine Frau ein, die 25 Jahre in der Fabrik gearbeitet hat. Der weiß doch, wie kaputt die ist«, meinte eine Teilnehmerin nicht ohne Sarkasmus. Eine Förderungsberaterin drückt dieselbe Erfahrung so aus: »Die Unternehmer trennen sich von den Mitarbeitern, die nach ihrer Meinung nicht mehr den Leistungsanforderungen entsprechen und wundern sich dann, wenn wir ihnen leistungsgeminderte Leute zur Vorstellung schicken.« Vielleicht sind die Worte eines Personalchefs bei der Entlassung: »Nun kurieren Sie sich erst mal aus«, durchaus gut gemeint. Jedoch stellen weder er noch ein anderer Arbeitgeber eine Frau ein, die wegen Krankheit entlassen wurde, ein Jahr arbeitslos war und während dieses Jahres durch ein Dutzend ergebnisloser Vorstellungsgespräche zusätzlich deprimiert wurde.

Viele Frauen haben psychische Leiden, die z. T. Folge schwieriger persönlicher Verhältnisse sind. So ist es zu erklären, daß einige anfänglich ihre Arbeitslosigkeit als nicht so bedrückend empfinden, da sie in der Tat eine Erholungsmöglichkeit sein kann. Nur gerade bei nervlichen und psychischen Leiden schlägt dieser Erholungseffekt während länger dauernder Arbeitslosigkeit um, verstärkt depressive Neigungen und untergräbt Unternehmungsgeist und Selbstbewußtsein. Eine sehr schlechte materielle Situation trägt ein übriges dazu bei. Selbstverständlich haben auch viele Beschäftigte im Arbeitsprozeß dieselben Krankheiten und dieselben Probleme, nur, wenn man einmal draußen ist, verhindern sie, daß man wieder reinkommt.

4. *Erste Schlußfolgerungen*

Die Teilnehmerstruktur der bisher durchgeführten Gesprächswochen hat uns erkennen lassen, daß sich die Mehrzahl der arbeitslosen Frauen *vier* verschiedenen Gruppen bzw. Phasen des Arbeitslebens zuordnen läßt, die jeweils besondere Probleme haben:

- *Berufsanfänger* bzw. diejenigen, die nach ihrer Ausbildung nicht übernommen wurden und keinen anderen Arbeitsplatz finden, weil sie keine Berufserfahrung haben oder »weil sie ja doch bald Kinder bekommen und dann ausfallen«. Besonders auffallend sind Fälle wie der einer 20jährigen Arbeiterin, für die es nach zwei abgebrochenen Lehren (die erste aus Desinteresse, die zweite aus Gesundheitsgründen) keine Hoffnung auf einen Ausbildungsplatz, ja nicht einmal auf eine feste Arbeitsstelle gibt. Sie bekommt nur noch Aushilfsjobs angeboten, war bereits 12mal arbeitslos und bei einer Nachfrage ans Arbeitsamt, wie es mit einer vom Arbeitsamt geförderten Umschulung wäre, wird ihr vorgehalten, sie solle erst mal Leistungen in die Arbeitslosenversicherung einbezahlen.
- *Frauen zwischen Familie und Beruf*, von denen alleinstehende Mütter besonders hart betroffen sind. Bei den Gesprächen mit alleinstehenden Müttern wird deutlich, daß die Nachfrage nach Teilzeitarbeitsplätzen nicht unbedingt Folge eines übersteigerten Konsumbedürfnisses oder einer aufgesetzten Emanzipationsforderung ist. In den Fällen, die wir während der Gesprächswochen kennengelernt haben, ist Berufstätigkeit existentielle Notwendigkeit, weil die Sozialhilfe oder die Unterstützung des Ehemannes nur ein Leben am Rande des Existenzminimums ermöglicht. In vielen Fällen ist die Versorgung durch den geschiedenen Ehemann sowieso nur zeitlich begrenzt, bis die Kinder ein bestimmtes Alter erreicht haben. Andererseits könnten die Frauen keine Vollzeitbeschäftigung annehmen, da die Kinder nicht den ganzen Tag unterzubringen sind, oder sie wollen keine annehmen. Wenn eine 26jährige Mutter eines 4jährigen Jungen, an dem die gescheiterte Ehe der Eltern auch nicht spurlos vorbeigegangen ist, erklärt, sie wolle nicht den ganzen Tag arbeiten, »denn dazu ist ihr ihr Kind zu schade«, ist das nicht Ausdruck einer antiquierten Mutterschaftsideologie, sondern bewußt wahrgenommene Erziehungsverantwortung. Es darf auch nicht übersehen werden, daß Kinder aus »unvollständigen Familien« zu den potentiellen Arbeitslosen von morgen gehören, wenn man alleinerziehenden Müttern oder Vätern nicht mehr

Unterstützung dabei gewährt, Berufstätigkeit und Erziehung besser vereinbaren zu können.

- Frauen, die *nach mehreren Hausfrauenjahren* wieder versuchen, berufstätig zu werden. Diese Problematik ist allgemein bekannt und braucht an dieser Stelle nicht näher erläutert zu werden. Man sollte sie jedoch nicht als nebensächlich abtun, denn erstens steigt die Zahl der Ehescheidungen ständig, d. h. viele Frauen sind gezwungen bzw. haben den ernst zu nehmenden Wunsch, für ihren Lebensunterhalt selbst zu sorgen. Zweitens zeigen die erschreckenden Berichte über steigende Alkohol- und Tablettenabhängigkeit, daß der Funktionsverlust, den Frauen beim Erwachsenwerden ihrer Kinder erleiden, zusammen mit der völligen ökonomischen Abhängigkeit vom Ehemann, die in dieser Situation sehr deutlich erfahren wird, eine Vielzahl psychischer Leiden produziert.
- *Ältere Arbeitnehmerinnen*, die aufgrund ihres Alters nicht mehr eingestellt werden, wobei das Altersproblem sehr relativ zu betrachten ist. Zu alt ist bereits die 34jährige Mutter, die nach einigen Hausfrauenjahren eine erfolgreiche Umschulung zur Stenotypistin absolviert hat. »Ja, wenn Sie sowieso keine Berufserfahrung haben, dann nehmen wir eine jüngere. Die ist billiger.« Im allgemeinen tritt das Altersproblem etwa ab dem 45. Lebensjahr auf. Diese Frauen haben also noch etwa 15 Berufsjahre, d. h. fast die Hälfte ihres Berufslebens vor sich. Trotzdem werden ihnen oft sogar Umschulungsmöglichkeiten verwehrt.

5. *Zukünftige Schwerpunkte*

Wir halten diese kurze – an Beispielen erläuterte – Darstellung der Problemgruppen deshalb für sinnvoll, weil sie zeigt, daß wohl nur ein detailliertes Konzept, welches diese sehr unterschiedlichen Probleme berücksichtigt, zur Verringerung der Frauenarbeitslosigkeit beitragen kann. Wir sind der Meinung, daß sich ein solches Konzept nur durch die Mitarbeit der Betroffenen sinnvoll entwikkeln läßt. Die Gesprächswochen sind eine Möglichkeit, dieser Mitarbeit Ansatzpunkte zu geben. Neben der Auswirkung auf die beteiligten Frauen in Richtung Selbsterfahrung, Erfahrungsaustausch und Solidarisierung und der Wirkungen auf die, die über Zahl und Gestaltung der Arbeitsplätze zu bestimmen oder mitzubestimmen haben – Arbeitgeber, Betriebsräte, Gewerkschafter –, ist die dritte Richtung, in die wir konstruktiv wirken wollen, die Arbeitsverwaltung.

Die Arbeitsämter sind nicht nur die Institutionen, die uns die Kontakte zu arbeitssuchenden Frauen vermitteln, sondern es geht uns auch um eine Verbesserung der Gesprächs- und Beratungssituationen. Es werden in jeder Gesprächswoche eine Reihe beschämender Beispiele von Fehlverhalten und behördlicher Überheblichkeit geschildert. Es geht uns jedoch nicht um das Aufzeigen persönlicher Fehler eines Mitarbeiters. Wichtiger erscheint uns das Herauskristallisieren struktureller Fehler, die das jetzige System der Arbeitsverwaltung hat, und der Abbau gegenseitiger Vorurteile und Kommunikationsschwächen.

Ein Personalleiter erklärte in einer Diskussion dazu, daß seines Erachtens die grüne Karte des Arbeitsamtes eigentlich eine Zumutung sei. Es sei wohl nicht mehr zeitgemäß, Menschen einer so diskriminierenden Situation auszusetzen, wie sie das Ausfüllen der Postkarte durch den Arbeitgeber darstelle!

Immer wieder angesprochen wird die mangelnde oder, besser gesagt phantasielose Beratung, die Unsicherheit bezüglich der Rechte und Pflichten – so wußten viele Frauen nicht, daß ihnen in bestimmten Fällen eine Fahrgelderstattung zusteht – und die Angst vor dem Leistungsentzug, die zur Überanpassung, oft wohl auch zur Heuchelei führt. Man muß an dieser Stelle auch zugeben, daß durchaus nicht alle Mitarbeiter von Arbeitsämtern unserem Projekt positiv gegenüberstehen, da sie – am meßbaren Erfolg orientiert – seinen Sinn nicht einsehen oder aber kein großes Interesse daran haben, Betroffene mit mehr Selbstbewußtsein vor sich zu haben.

Als einen weiteren Schritt in unserer Arbeit erhoffen wir uns Wirkungen auf gesellschaftspolitischer Ebene. Ansätze dazu sind örtliche und überörtliche Konferenzen, bei denen Funktionsträger mit arbeitslosen Frauen diskutieren sollen, um auch hier Möglichkeiten zu schaffen, die konkreten Erfahrungen Betroffener stärker in arbeitsmarkt- und gesellschaftspolitische Entscheidungen einzubeziehen.

Das Fazit der bisherigen Erfahrungen ist, daß die Gesprächswoche eigentlich nur ein Anstoß sein kann zur Bewußtseinsbildung dafür, daß man nicht zufälliges Opfer eines Einzelschicksals ist, sondern Betroffener eines gesellschaftlichen Notstandes, der jedoch von weiten Teilen der Gesellschaft nicht als solcher akzeptiert, sondern in die ausschließliche Verantwortung der Betroffenen abgeschoben wird. Diese Bewußtseinsbildung und die Organisierung der arbeitslosen Frauen wird durch die Nacharbeit in der Gruppe am Ort unterstützt. Hierzu liegen jedoch erst wenige Erfahrungen vor. Diese ersten Erfahrungen deuten aber schon darauf hin, daß es der schwierigere Teil unserer Arbeit wird.

Christiane Bergerau

5. Dekanat Saarbrücken-Malstatt-Burbach: ›Wir dürfen nicht schweigen ...‹

1. *Einführung*

»Der Saarbrücker Arbeitsmarkt zeigte auch im Februar keine Anzeichen einer Erholung. Die Arbeitslosigkeit stieg weiter ... eine durchgreifende Änderung ist nicht in Sicht.«

Schlagzeile: »Arbeitslosenzahl knapp unter 13 000. Keine entscheidende Wende zu erwarten.« (Saarbrücker Zeitung vom 4. 3. 1977)
Berichte: »Neben dem Neunkircher Eisenwerk sehen sich angesichts der anhaltenden Stahlflaute nun auch die Stahlwerke Röchling-Burbach gezwungen, Mitarbeiter in größerem Umfang zu entlassen.«
Schlagzeile: »Arbeitslosigkeit wird für das Saarland zu einem immer bedrohlicheren Problem.«
Zeitungskommentare: »Rund 10 000 Stahlarbeiter weniger an der Saar! Dies ist keine Vision, sondern das vorausschauende Ergebnis der Hüttenfusion an der Saar.« (Saarbrücker Zeitung vom 4. 3. 1977)

Unvermittelt trifft die Seelsorger des Dekanats Saarbrücken-Malstatt-Burbach die Nachricht in Rundfunk und Presse, daß Röchling-Burbach 1300 Arbeiter entlassen will[4]. Sie spüren: »Wir dürfen nicht schweigen.« Kurzfristig kommen alle Seelsorger des Dekanates am Samstag, dem 5. 3. 1977 zusammen und beschließen eine *gemeinsame Kanzelerklärung*, die – am 5./6. 3. 1977 in den Kirchen verlesen – in der Öffentlichkeit ein ungewöhnlich starkes Echo findet[5]: Jene auf der Seite der Arbeiter haben sie begrüßt. Von Seiten der Unternehmer und verschiedener sonstiger Arbeitgeber wird eine empfindliche Reaktion spürbar. Von ›Unwissenheit‹ und ›Dummheit‹ ist die Rede; ja, selbst Versuche der Einschüchterung bleiben nicht aus; man droht mit ›gerichtlichen Schritten‹; den Priestern wird eine ›marxistische Deutung‹ unterstellt; in Gestalt eines Leserbriefes wird ihnen entgegengehalten: »Von Leuten mit den intellektuellen Voraussetzungen, der Ausbildung und der privilegierten Stellung, wie sie katholische Priester haben, kann man wohl mehr erwarten, als sich nur an die Spitze der Unzufriedenen zu stellen, deren eventuelle Konsequenzen sie wahrscheinlich als letzte verantworten würden.«[6]

4 Die Ausführungen über das Engagement katholischer Priester angesichts der Massenentlassungen stützen sich im Wesentlichen auf einen Bericht von Dechant Josef Schmidt, Saarbrücken.
5 Die Erklärung der katholischen Seelsorger des Dekanats Saarbrücken-Mallstatt-Burbach ist im vollen Wortlaut in diesem Band auf Seite 82–84 abgedruckt.
6 Weltbild Nr. 12, 6. Juni 1977, 33.

Die Seelsorger reagieren mit einem Hinweis auf die Katholische Soziallehre; sie schreiben: »Wir empfinden es als skandalös, daß Sie, Frau P., als Volksvertreterin einer christlichen Partei die berechtigte Angst vieler Menschen um ihren Arbeitsplatz als ›Unzufriedenheit‹ bagatellisieren.« Es gehe um das Recht auf Arbeit, »das wir als Menschenrecht ansehen«[7].
Die IG-Metall veranstaltete am 15. 3. 1977 einen Demonstrationszug gegen die Massenentlassung. Die Seelsorger des Dekanates II nahmen an dieser Veranstaltung teil, trugen ein Transparent mit der Aufschrift »Katholische Seelsorger solidarisieren sich mit den Arbeitern«. Als nächsten Schritt entschlossen sich die Seelsorger im Sinne einer größeren sozialen Gerechtigkeit von ihrem Einkommen freiwillig den für Arbeiter und Angestellte vorgeschriebenen Anteil (z. Zt. 1,5% des steuerpflichtigen Einkommens) in einen selbstverwalteten Arbeitslosenfond abzuführen. Mit diesem Entschluß zogen sie für sich persönlich Konsequenzen aus der Erklärung vom 5. 3. 1977[8]. Auf Einladung einer Unternehmensleitung war eine Vertretung unseres Dekanates in einem größeren Betrieb zu Besuch und führte ein mehrstündiges Gespräch mit der Betriebsleitung. Vom Betriebsrat war niemand eingeladen. Die Absicht der Arbeitgeber war klar: Sie wollten die schlecht informierten Priester des Dekanates einmal aufklären über die schwierige Situation der Wirtschaft und was sie alles für die Arbeiter schon getan hätten. Sie warfen den Priestern vor, sie würden die soziale Marktwirtschaft verteufeln. Den Priestern wurde klar, daß diese Herren über der rauhen Wirklichkeit des kleinen Arbeiters schweben und sich nicht in seine Situation hineinversetzen können.

7 AaO. 34.
8 In ähnlicher Weise entstand im Bereich der Evangelischen Kirche eine Aktion *›Arbeitslosenabgabe‹*. In dem Aufruf zur »Aktion Arbeitslosenabgabe zur Einstellung von Arbeitslosen im kirchlichen Bereich« wird die Kirche auf ihre spezielle Verantwortung hingewiesen, als Arbeitgeber vorbildlich zu sein. Die Kirche könne nur glaubwürdig an Politiker, Arbeitgeber und Gewerkschaften appellieren, wenn auch sie bereit sei, in ihrem eigenen Bereich Arbeit und Einkommen gerecht zu verteilen. »Wir rufen Sie deshalb auf, sich an der Aktion Arbeitslosenabgabe zu beteiligen mit einem monatlichen Beitrag in der Höhe der gesetzlichen Arbeitslosenversicherung für Arbeiter und Angestellte.« Aus diesem Fond sollen Arbeitsplätze im kirchlichen Bereich finanziert werden. (*Nähere Auskünfte bei:* Pfr. Eberhard Buder, Aurichstr. 34, 7000 Stuttgart 40)

2. *Wie es dazu kam, daß Seelsorger in vorderster Front mit Gewerkschaftsführern gegen die Massenentlassung protestierten*

Der Bischof von Trier hat im Jahr 1975 für sein Bistum angeordnet, das Thema ›Kirche und Arbeiterschaft‹ zum pastoralen Schwerpunktthema für die nächsten fünf Jahre zu machen. Die Zielgruppe für die Aktivitäten dieses 5-Jahresplanes sind die Hauptamtlichen im pastoralen Dienst. Für die Jahre 1976–1980 wurden folgende Schwerpunkte festgelegt, die in den Jahreskonferenzen der Dekanate behandelt werden sollten: *1976* Bewußtseinsbildung; *1977* Begegnung mit der Arbeitswelt; *1978* Konkrete Seelsorgeformen; *1979* Verkündigung, Inhalte, Sprache, Symbole. Das Dekanat II in Saarbrücken hat im Februar 1976 dieses Thema für sein Kapitel (Jahreskonferenz) aufgegriffen, besonders auch wegen der gegenwärtigen Wirtschaftskrise mit Arbeitslosigkeit und Kurzarbeit im Saarland. Zunächst wurden Hilfen für die Voruntersuchung über die Situation der Arbeiterschaft erstellt. Unter drei Gesichtspunkten sollte jeder Seelsorger die Voruntersuchung durchführen:

1. *Die Betriebe in meiner Pfarrei:* Welche Betriebe gibt es, wieviele Menschen arbeiten dort, wem gehört dieser Betrieb, wer leitet den Betrieb?
2. *Die Arbeiter in meiner Pfarrei:* Welchen Anteil bilden die Arbeiter an der gesamten Pfarrbevölkerung, an den Gottesdienstbesuchern oder aktiven Mitarbeitern, wo arbeiten die Arbeiter der Pfarrei schwerpunktmäßig, wie ist die persönliche Situation einzelner Arbeiter und ihrer Familien?
3. *Gesellschaftliche Hintergründe und Trends in Saarbrücken:* Wirtschaftliche Entwicklungen wie Arbeitslosigkeit, Kurzarbeit, Preisentwicklung, Betriebsstillegungen und Betriebsansiedlungen, Rationalisierung. Wer verhindert mit Absicht oder unbewußt einen gesellschaftlichen Aufstieg der Arbeiter? Welche Rollen spielen die politischen Parteien?

Jeder Seelsorger versuchte bis zum Kapitel am 12. 5. 76, sich durch Hausbesuche mit den Problemen der Arbeiter persönlich bekannt zu machen. Die Erfahrungen und Ergebnisse dieser Gespräche wurden im Kapitel zusammengetragen und ausgewertet. Hier einige Beispiele, die in der Konferenz berichtet wurden:

- »Mit 22 Jahren ist man am Ende seiner Laufbahn. Man hat keine Aufstiegsmöglichkeiten. Ich muß mein Leben lang Stapelfahrer bleiben. Das macht hoffnungslos. Die Hierarchie ist heute in den Betrieben so stark, daß der Arbeiter – auch dann, wenn er ungerecht oder unmenschlich behandelt wird – es nicht wagt, sich zu wehren oder sich zu beschweren aus Furcht vor Repressalien.«

- »Die Situation der Verkäuferinnen ist auch nicht rosig. Vor allem nicht in den großen Verkaufshäusern. Das System ist sehr leistungsorientiert, der Verdienst ist trotz Leistung bei den Frauen gering.«
- »Auf den Hütten sind die Italiener im Unterschied zu den Deutschen zu jeder Arbeit bereit. Die Gastarbeiter leben oft in Gemeinschaftswohnungen mit mehreren im gleichen Zimmer. Es läßt sich nicht immer vermeiden, daß sie versetzte Schichten haben. Wenn der eine schlafen will, macht der andere sich fertig, um zur Arbeit zu fahren. Oder es wird gefeiert.«

In drei Arbeitskreisen wurde aus diesen Erfahrungen ein Aktionsplan mit folgenden *Schwerpunkten* erarbeitet:

1. Man muß alle Mitglieder der Gemeinde gleich behandeln. Bei den Arbeitern ist es notwendig, sich etwas mehr Zeit zu nehmen, damit sie ermutigt werden, über ihre Fragen zu sprechen.
2. Im Pfarrbrief soll regelmäßig über das Thema Kirche und Arbeiterwelt informiert werden, damit die Gemeinde merkt, daß wir an diesem Thema arbeiten.
3. Obwohl für Umbauten und Neuanschaffungen in den Kirchengemeinden Geld vorhanden ist, wird bei den alltäglichen Diensten (z. B. Kirche putzen) geknausert. Deshalb sollte man sich einmal über die Bezüge der kirchlichen Hilfskräfte im Dekanat und über die Regelung in den einzelnen Pfarreien unterhalten.
4. Es soll im Laufe des Jahres ein Gottesdienst angeboten werden unter dem Thema der Arbeitslosigkeit, in dem auch jemand spricht, der davon betroffen ist.
5. Vor den Wahlen suchen die Politiker wieder den Kontakt zu den Wählern und erscheinen dann auf allen möglichen Veranstaltungen. Diese sollen im Gespräch mit diesem Thema konfrontiert werden.
6. Im Pfarrgemeinderat soll ein Ausschuß gebildet werden, der sich mit diesen Fragen beschäftigt[9].

3. *Erfahrungen und Konsequenzen*

Nach diesen Begegnungen und Erlebnissen mit den Arbeitern trifft die Seelsorger die Nachricht: Das Neunkircher Eisenwerk will 900 Arbeitsplätze ›einsparen‹, und die Röchlingwerke kündigen die ›Freisetzung‹ von 1300 Arbeitern an. Zum Kapitel hatten noch keine Untersuchungen zu den gesellschaftlichen Hintergründen

9 Um eine Brücke zwischen Gemeinde und Arbeitswelt schlagen zu können, spricht die Gemeinsame Synode der Bistümer in der Bundesrepublik Deutschland die Empfehlung aus, Sachausschüsse für Berufs- und Arbeitswelt zu errichten. (Vgl. dazu Synodenbeschluß ›Kirche und Arbeiterschaft‹, D 2, 341).

und Trends in Saarbrücken vorgelegen. Es meldete sich auch niemand der Seelsorger für eine Teilnahme an dem vorgesehenen Arbeitskreis. Hintergründe und Interessenkampf wurden den Seelsorgern erst deutlich, als sie Position bezogen hatten. *Nicht die Untersuchungen, sondern der Konflikt legte die unterschiedlichen Interessen und Machtverhältnisse offen.* Die Priester haben gespürt, wie wenig sie für diese Auseinandersetzungen ausgebildet, wie wenig sie ihnen gewachsen sind. Bei allem Bemühen, den Arbeiter zu verstehen, sind so den Priestern ganz massiv ihre Schwierigkeiten deutlich geworden: sie haben eine andere Sprache, eine andere Ausbildung, eine andere Lebens- und Denkweise, andere Kontakte; sie scheuen sich, von linksgerichteten Medien sich orientieren zu lassen, die gesellschaftliche Hintergründe für die Arbeiter aufzeigen. Sie versuchen, ›allen alles zu werden‹, und merken nicht, wie sie dadurch die bestehenden Verhältnisse zementieren. Mit dem Amt des Priesters haben sich Funktionen und Erwartungen von kirchlicher Gemeinde und von staatlichen Stellen her so gefestigt, daß diese ihnen neue Wege zu gehen versperren. Bei allen kirchlichen Bemühungen um die Arbeiterschaft scheint zu dem »Skandal des 19. Jahrhunderts« ein Skandal des 20. Jahrhunderts hinzuzukommen.

In ihrem kleinen Erfahrungsbereich haben die Seelsorger andererseits erleben dürfen, wieviel Reichtümer an Mitmenschlichkeit, Hilfsbereitschaft und Opferbereitschaft sowie auch Kampfbereitschaft bei den Arbeitern zu finden ist, gewiß auch ein Reichtum für die Kirche. Eine Änderung der Gesellschaft tut not wegen der Probleme der Arbeiter, aber auch zur Rettung der in diesen Schichten noch gelebten Werte für alle.

Josef Schmidt/Franz Segbers

6. Katholische Arbeitnehmerorganisationen: Tarifkonflikte in der Druckindustrie

1. *Ausgangssituation*

»In den letzten Jahren hat sich an vielen Stellen gezeigt, wie sehr der gewerkschaftliche Kampf für die Erhaltung der Arbeitsplätze von kirchlichen Stellen und engagierten Christen tatkräftig unterstützt wird.«[10] Die Öffentlichkeit registriert aufmerksam, wenn die

10 »Das miese Spiel mit Menschen«, in: Welt der Arbeit. Wochenzeitung des DGB, Nr. 24, 15. Juni 1978, 3.

Kirchen bei Konflikten in der Arbeitswelt nicht abseitsstehen, sondern Position beziehen. Immer häufiger kam es zu Koalitionen kirchlicher Organisationen mit Arbeitnehmergruppen, Betrieben oder Gewerkschaften. Ein solches Bündnis katholischer Arbeitnehmerorganisationen im Bistum Mainz und der Industriegewerkschaft Druck und Papier[11] versuchte auf dem Höhepunkt des Tarifkonfliktes um den Abschluß eines Manteltarifvertrags in der Öffentlichkeit deutlich zu machen: »Der Computer kann nicht den Menschen ersetzen.«[12] Seit Mitte 1976 stand die Gewerkschaft mit den deutschen Zeitschriften- und Zeitungsverlegern und dem Bundesverband Druck in Verhandlungen, um in einem bundeseinheitlichen Rastertarifvertrag Rationalisierungsfolgen abzumildern, die durch die Umstellung vom Bleisatz zur rechnergesteuerten Foto- oder Lichtsatztechnik entstehen[13].

Diese Umstellung auf elektronische Systeme der Texterfassung und des Lichtsatzes, wo Film oder Papier die herkömmlichen Druckformen verdrängen, vollzieht sich in immer schnelleren Schritten. Die Zukunft des Facharbeiters im graphischen Gewerbe und in anderen Branchen ist akut bedroht; die »schwarze Kunst« hat keine Zukunftschancen mehr. Bildschirmgeräte stehen in den Redaktionsräumen. Sie sind an die Systemrechner angeschlossen, die das Textmaterial speichern, weiterverarbeiten und schließlich auf ein Kommando hin automatisch belichten. Heute schon sind die Nachrichtenagenturen in der Lage, fertige Loch- oder Magnetbänder in die Redaktionen zu liefern. Nach dem Redigieren durch den Redakteur am Bildschirm können diese sofort über das »System« nicht nur belichtet, sondern sogar richtig eingruppiert werden. Die Folgen: »Ein Redakteur kann gleichzeitig Texterfasser, Textbearbeiter, Korrektor und Satzgestalter sein sowie den Arbeitsablauf steuern.«[14] Ziel der Gewerkschaft war es, den hochqualifizierten Fachkräften der Druckindustrie die Arbeitsplätze zu erhalten, das Einkommen weitgehend abzusichern und gesundheitliche Schäden durch die Arbeit an den Bildschirmgeräten abzuwenden.

Die Arbeitgeberseite bestand darauf, daß neben der IG Druck und Papier auch die Deutsche Angestelltengewerkschaft (DAG), die Gewerkschaft Handel, Banken und Versicherungen und der Deutsche Journalistenverband in die Verhandlungen miteinbezogen werden, da von der Einführung

11 Der Bericht stützt sich im Wesentlichen auf Informationen von Heino Schwarz (Katholische Arbeiterschaft Hechtsheim), der die Aktion initiiert und zusammen mit Hermann Gürke (KAB) und P. R. Knibbeler maßgeblich durchgeführt hat. *Außerdem wurde benutzt:* R. Knibbeler (Hg.), Dokumentation über den Tarifkonflikt in der Druckindustrie, Mainz 1978 (hektographiert).

12 Vgl. die erste Veröffentlichung zum Tarifkonflikt: »Der Computer soll den Menschen ersetzen!«, in: Glaube und Leben. Kirchenzeitung für das Bistum Mainz, Nr. 3, 15. 1. 1978, 4.

13 Vgl. »Deutscher Drucker« Nr. 3, 20. 1. 1977, IV.

14 E. Fritz, Sind bildschirmgesteuerte Computersysteme die letzte Stufe der Satzautomatik?, in: Deutscher Drucker, Nr. 6, 10. 2. 1977, 14.

der neuen Technologie auch Angestellte dieser drei Arbeitnehmerorganisationen betroffen seien. Als im Herbst 1977 die Verhandlungen endgültig scheiterten, versuchte die IG Druck und Papier im Alleingang zum Ziel zu kommen. Der Verlauf dieser Tarifrunde fand in der Öffentlichkeit durch die Härte der Auseinandersetzung weite Beachtung.

Am 16. Dezember 1977 wurde im Kernkreis der Katholischen Arbeiterschaft Mainz-Hechtsheim, Sachausschuß Berufs- und Arbeitswelt der Katholischen Pankratiusgemeinde, der Beschluß gefaßt, bei einer Eskalation des Arbeitskampfes in der Druckindustrie den IG-Druck-und-Papier-Mitgliedern durch eine gezielte Öffentlichkeitsarbeit zur Hilfe zu kommen. Der Beschluß kam unter der Voraussetzung zustande, daß die Auseinandersetzung um Arbeitsplätze und um Besetzungsgarantien geführt werde und das Einkommen nur eine untergeordnete Rolle spiele. Ein Eingriff in die Tarifautonomie wäre nicht in Frage gekommen.

2. *Zwischenüberlegung: Vergewisserung des kirchlichen Auftrags*

Die Gemeinsame Synode der Bistümer der Bundesrepublik Deutschland hat sich in dem Synodenbeschluß ›Kirche und Arbeiterschaft‹ für eine gesellschaftliche Mitverantwortung ausgesprochen. »Alle, die Kirche sind, müssen bereit sein, alles zu fördern, was zu einer gesellschaftlichen Ordnung führt, in der die Arbeiterschaft ihren gleichberechtigten Platz hat und im Vollmaß sich als mitverantwortlich für das Gemeinwohl verstehen kann.«[15] Um diese gesellschaftliche Mitsorge wahrnehmen zu können, muß die Kirche auch in so grundlegenden Auseinandersetzungen präsent sein und ihre Solidarität mit den Gewerkschaften sichtbar machen. Diese Solidarität »darf nicht als bloßes Instrument für mehr Kirchlichkeit o. ä. eingesetzt werden«[16], sondern als gesellschaftliche Mitsorge der Kirche. »Die Kirche bezieht dabei ihre Aktivitäten nicht auf den einzelnen allein; sie ist auch an den Verhältnissen und Strukturen der Gesellschaft interessiert. Sie beurteilt sie nach den Gesichtspunkten humaner Lebensmöglichkeiten unter dem Antrieb von Liebe und Gerechtigkeit.«[17] Um diese Verantwortung wahrnehmen zu können, empfiehlt die Synode, in den Pfarrgemeinderäten »Sachausschüsse für Berufs- und Arbeitswelt« zu errichten. »Der Pfarrgemeinderat bildet einen Ausschuß für Berufs- und Arbeitswelt oder benennt einen Beauftragten, der regel-

15 Synodenbeschluß Kirche und Arbeiterschaft, D 2, 341.
16 AaO. 349.
17 Ebd.

mäßig über die Probleme der Arbeiter in der Pfarrei ... berichtet und gegebenenfalls Initiativen der katholischen Arbeitnehmerorganisationen, der Betriebsseelsorge oder des Pfarrgemeinderates anregt ...«[18] Ein solcher Sachausschuß ist ein wichtiges Instrument für die Gemeinde, zur Arbeitswelt eine Brücke zu schlagen.

3. Ablauf

Ermuntert durch den Gemeindepfarrer von Mainz-Hechtsheim nahm der Sachausschuß Kontakt mit der Katholischen Arbeitnehmerbewegung (KAB), der Christlichen Arbeiterjugend (CAJ), dem Sekretariat der Betriebsseelsorge in Mainz und dem Kolpingwerk auf. Die Notwendigkeit zur Mitarbeit der katholischen Arbeitnehmerorganisationen sah der Sachausschuß bei dem Tarifkonflikt darin, daß *»die Kirche und ihre Arbeitnehmerorganisationen hierzu Stellung nehmen müssen, wenn man sie bezüglich des immer wieder geäußerten sozialen, sittlichen und moralischen Verantwortungsbewußtseins ernstnehmen soll. Was wollen KAB, Kolping und CAJ auf die Frage antworten, wie es denn nun sei mit dieser Verantwortung? Die Frage ist berechtigt, und sie kann auch nicht durch taktische Ausflüchte oder das Zueigenmachen von Arbeitgeberpositionen umgangen werden. Im Gegenteil: Die Gefahr besteht, daß die positive Arbeit der letzten Jahre, die der Kirche ein gewisses Ansehen auch der abseitsstehenden Arbeitnehmerschaft entgegengebracht hat, mit einem Schlag zunichte gemacht wird. Die Katholische Arbeiterschaft Hechtsheim jedenfalls wird ... wissen, was sie zu tun hat. Im Rahmen ihrer Möglichkeiten wird sie Aufklärungsarbeit leisten und im Falle des Streiks an der Seite der betroffenen Kollegen stehen und diese gegen unqualifizierte Angriffe verteidigen.«*[19] Die katholischen Arbeitnehmerorganisationen erklärten sich zu einer Mitarbeit unter dieser Zielsetzung bereit. Eine Dreier-Kommission mit einem Vertreter der KAB, der Betriebsseelsorge und des Sachausschusses wurden ermächtigt, im Namen der Verbände Plakat-Texte und Flugblätter zu erstellen und Verlautbarungen zu veröffentlichen.

Mit ihrer Öffentlichkeitsarbeit wollten die katholischen Arbeitnehmerorganisationen eine Gegenöffentlichkeit herstellen und die von den Medien verbreiteten Meinungen durch Argumente aus der

18 AaO. 362.

19 Aus einem Schreiben der Katholischen Arbeiterschaft Mainz-Hechtsheim, Sachausschuß, an die katholischen Arbeitnehmerorganisationen im Bistum Mainz vom 25. 12. 1977.

Sicht der Katholischen Soziallehre ersetzen. Da es in dieser Tarifauseinandersetzung um die weitreichende Weichenstellung ging, wie in Zukunft Berufsausbildung und fachliche Erfahrung sowie Betriebszugehörigkeit zu bewerten sei, durfte die Kirche bzw. ihre Organisationen nicht schweigen. »Hier geht es nicht einfach um Lohn, sondern schlicht und einfach um die Existenz der Facharbeiter und in letzter Konsequenz um die Frage: Soll der Computer den Menschen ersetzen?«[20] Geht es um die Beherrschung der Rationalisierungsfolgen, sind gerade Organisationen, die sich auf die Katholische Soziallehre mit ihrer zentralen Bedeutung der menschlichen Arbeit berufen, herausgefordert. »Bei der Arbeit steht der Mensch an erster Stelle . . . es ist immer der Mensch, der arbeitet und es ist immer der Mensch, für den er arbeitet.«[21] Die Solidarität mit den Gewerkschaften in ihrem Arbeitskampf gegen Rationalisierungsfolgen auf Kosten der Arbeitnehmer begründen die katholischen Arbeitnehmerorganisationen mit diesen Worten Papst Pauls VI. vor der Internationalen Arbeitsorganisation in Genf. Dabei betonen die katholischen Arbeitnehmerorganisationen, daß es nicht ihre Sache sei, über die Notwendigkeit der Einführung technologischer Neuerungen zu urteilen. Doch, wo Grundrechte und Grundwerte des Menschen durch Rationalisierung bedroht sind, sind sie aufgefordert, »sich in diesen Auseinandersetzungen an die Seite der Kollegen zu stellen, deren Existenz, Arbeitsplatz und Gesundheit auf dem Spiel steht«[22].

In einer Plakataktion in Mainz zu Beginn der Tarifauseinandersetzung nehmen sie, von Grundsatzthesen der Vorlage ›Kirche und Arbeiterschaft‹ ausgehend, in 10 Punkten über die Hintergründe der Auseinandersetzungen in der Druckindustrie Stellung[23]. Über den Verteiler des Bischöflichen Ordinariats werden die Plakate an die Mainzer Pfarrämter verschickt.

Die Gewerkschaftszeitung der IG Druck und Papier druckte dieses Plakat mit dem Kommentar ab: »Ein weiterer Solidaritätsbeweis löste lebhafte Zustimmung aus.«[24]

Als es Ende Januar 1978 zu einer Verschärfung des Arbeitskampfes kommt und die Arbeitgeber durch Warnstreiks zur Wiederaufnah-

20 »Der Computer soll den Menschen ersetzen!«, in: Glaube und Leben, Nr. 3, 1978, 4.

21 Ebd.

22 Aufdruck auf einem Plakat der katholischen Arbeitnehmerorganisationen.

23 Ebd.

24 Druck und Papier. Zentralorgan der Industriegewerkschaft Druck und Papier 116 (1978) Nr. 3, 30. 1. 1978.

me der Verhandlungen gezwungen werden sollen, gehen die katholischen Arbeitnehmerorganisationen mit Flugblättern an die Öffentlichkeit.

- »Jeder Bürger hat das Recht, Beruf und Arbeitsplatz frei zu wählen ...« (Art. 12, Abs. 1 GG)
- »Eigentum verpflichtet. Sein Gebrauch soll zugleich dem Wohle der Allgemeinheit dienen ...« (Art. 14, Abs. 2 GG)
- »Bei der Arbeit steht der Mensch an erster Stelle ...« (Papst Paul VI. am 10. Juni 1969)[25]

Unter diesen Leitworten werben die katholischen Arbeitnehmerorganisationen um Verständnis für die Tarifauseinandersetzung. Wie das Grundgesetz erkenne auch die Katholische Soziallehre den Streik grundsätzlich als ein legitimes Mittel an, berechtigte Forderungen der Arbeitnehmer durchzusetzen. Bei den derzeitigen Auseinandersetzungen geht es »nicht um Lohn, sondern schlicht und einfach um die Existenz des Facharbeiters« (so im Flugblatt-Text). Da hier auf Kosten der Arbeitnehmer Rationalisierungsmaßnahmen eingeführt werden, »können auch wir als Christen nicht abseits stehen, weil es hier um grundsätzliche Werte der Lohn- und Gehaltsabhängigen und um die durch Ausbildung, Erfahrung und Betriebszugehörigkeit gewachsene Rechte und um die Existenz der Fachkräfte geht ... Deshalb unterstützen wir die Forderungen der IG-Druck und Papier und anderer Gewerkschaften nach einem akzeptablen Rationalisierungsschutzabkommen« (Flugblatt-Text). Ziel dieses Flugblattes war es, die Öffentlichkeit über die Hintergründe zu informieren, die zu den Streiks geführt haben.

Auf der großen Mitgliederversammlung der IG Druck und Papier des Bezirks Frankfurts wird der Text des Flugblatts verlesen. Langanhaltender Beifall zeigte die positive Resonanz bei den Gewerkschaftsmitgliedern über die Solidarität der katholischen Arbeitnehmerorganisationen.

In einer Erklärung am 31. Januar 1978 äußerten die katholischen Arbeitnehmerorganisationen anläßlich der immer noch nicht befriedigenden Ergebnisse der Manteltarifauseinandersetzungen in der Druckindustrie die Überzeugung, daß die drohende Entlassung eines Arbeitnehmers allein aus technologischen Gründen im Widerspruch zu Artikel 13 Abs. 1 und Artikel 14 Abs. 2 des Grundgesetzes stehen. »Wenn das persönliche Eigentum dazu benutzt

25 Aufdruck auf dem ersten Flugblatt, Anfang Februar 1978. Auflage insgesamt 30 000. Die Flugblätter wurden im Bereich Mainz–Wiesbaden–Frankfurt in den Pendlerzügen, auf Plätzen, bei Gewerkschaftsveranstaltungen und vor Kirchen verteilt.

werde, Arbeitsplätze abzubauen, sei dies mit dem Grundgesetz unvereinbar.«[26] Dem sozial verantwortungslosen Gewinnstreben müsse gesetzlich ein Ende gesetzt werden. Während die Mainzer Bistumszeitung die Meldung der KNA kürzt, veröffentlichen andere Zeitungen die Erklärung vollständig[27].

Durch die Mitarbeit eines katholischen IG-Druck- und -Papier-Mitglieds in der Dreier-Kommission war es möglich, die Aktionen entsprechend den Entwicklungen beim Arbeitskampf zu terminieren. Als die DAG den ausgehandelten Tarifvertrag unterschreibt, beschuldigt sie die IG Druck und Papier, sie wolle Arbeitsplatzsicherheit für die Facharbeiter zu Lasten der Angestellten. Befristete Aussperrungen und Punktstreiks führen zu einer weiteren Verschärfung des Arbeitskampfes.

In einem zweiten Flugblatt wenden sich die katholischen Arbeitnehmerorganisationen am 20. Februar 1978 erneut an die Öffentlichkeit. Unter Hinweis auf Rationalisierungsschutzabkommen im europäischen Ausland legen sie dar, aus welchen Gründen das von der DAG unterschriebene Vertragswerk nicht akzeptabel ist. »Wir fragen Sie, sehr verehrte Mitbürgerinnen und Mitbürger, was ist wohl leichter zu ertragen, einmal auf die morgendliche Zeitung, auf ein zu veröffentlichendes Inserat zu verzichten oder den Verlust von weiteren Arbeitsplätzen hinzunehmen?« – »Wir, die an der Aktion beteiligten katholischen Arbeitnehmerorganisationen sind der Meinung, daß auch im Arbeitskampf der Sozialpartner Aussagen der katholischen Soziallehre über eine echte Sozialpartnerschaft zwischen Arbeitgebern und Arbeitnehmervertretung beachtet werden sollen. Partner planen, entscheiden, produzieren und teilen miteinander. Das gilt auch für das technische und soziale Risiko, das die Einführung der neuen Technik mit sich bringt – für Arbeitgeber und Arbeitnehmer!« (Flugblatt-Text)

Als die erste Mission des Schlichters Stingl am 13. März 1978 scheitert und bundesweite Aussperrung und Punktstreiks folgen, veränderten die katholischen Arbeitnehmerorganisationen den Aufdruck des zweiten Flugblatt-Textes, um der neuen Situation Rechnung zu tragen. »Deshalb fordern wir die Arbeitgeberseite auf, die Aussperrung unverzüglich zu beenden und mit der IG Druck und Papier in Verhandlungen ein menschengerechtes Tarifwerk zu erstellen« (Flugblatt-Text). Gerade nach dem Scheitern der Vermittlungsbemühungen Stingls war eine gezielte Unterstützung

26 »Um die Zukunft der Arbeitnehmer besorgt«, in: Glaube und Leben, 12. 2. 1978.

27 So etwa die ›Frankfurter Rundschau‹, der ›Mannheimer Morgen‹ u. a..

der Gewerkschaft in der Öffentlichkeit notwendig, da die Medien einseitige Arbeitgeberpositionen vertraten. Am 20. März 1978 kommt dann endlich zu einem erfolgreichen Abschluß der Manteltarifverhandlungen über die Einführung rechnergesteuerter Textsysteme.

4. *Schlußfolgerungen*

Bei einer abschließenden Beurteilung läßt sich folgendes feststellen: Die Aktion war notwendig und in zeitlicher Hinsicht auch richtig terminiert. Die Aktivitäten wurden gleichzeitig mit der Verschärfung des Arbeitskampfes gesteigert. Dies war nur möglich, weil ein Kommissionsmitglied selbst betroffen und durch sein gewerkschaftliches Engagement auch gut informiert war. Dies sollte bei einem künftigen Engagement berücksichtigt werden. Koalitionen von Kirche und der abseitsstehenden Arbeitnehmerschaft sind nur möglich, wenn schon vorher ›Berührungspunkte‹ bestehen. Diese Kontakte insbesondere zu den Gewerkschaften können in Zeiten der Auseinandersetzung ein solidarisches Engagement der Kirche ermöglichen.
Während der Aktion und des Arbeitskampfes wurde auch von verschiedenen Seiten versucht, die katholischen Arbeitnehmerorganisationen abzublocken und ihre Aktionen zu beeinflussen.

In der Aktion war es der Mainzer Verleger und stellvertretende Vorsitzende der deutschen Zeitungsverleger, Walther Z., der sich in einem entsprechenden Brief an den Mainzer Kardinal Dr. Hermann Volk wandte. Als dies nichts nützte, wurde gar der Präsident der Zeitungsverleger selbst aktiv. Die Ereignisse kamen dem schon vereinbarten Gespräch zuvor. Von Arbeitgeberseite wurde der Versuch der katholischen Arbeitnehmerorganisationen, »an der Seite der Kollegen zu stehen«[28], aufmerksam verfolgt.

Es kamen jedoch auch von kirchlicher Seite selbst Bedenken zu dieser Aktion:

In einem Leserbrief in der Kirchenzeitung der Diözese Mainz versuchte ein Mitglied der Diözesanversammlung, die Position der katholischen Arbeitnehmerorganisationen zu erschüttern[29]. Auf den Vorwurf, die Katholische

28 Aus einem Schreiben der Katholischen Arbeiterschaft Mainz-Hechtsheim, Sachausschuß, an die katholischen Arbeitnehmerorganisationen im Bistum Mainz vom 25. 12. 1977.

29 Vgl. den Leserbrief von B. Sutor: Nicht immer nur Unternehmerschelte!, in: Glaube und Leben, Nr. 10, 5. März 1978, 7.
B. Sutor wirft den an der Aktion beteiligten Arbeitnehmerorganisationen vor, Rationalisierung lediglich aus egoistischem Gewinninteresse heraus zu erklären. »Schlimmer jedoch als diese Gedankenlosigkeiten scheint mir die pauschale Berufung auf die Katholische Soziallehre. Dagegen protestiere ich

Soziallehre einseitig zur Unternehmerschelte zu mißbrauchen, antworteten die an der Aktion Beteiligten. »In dieser Zeit sind wir Christen aufgerufen, nicht zu schweigen. Es ist unsere christliche Pflicht, bei diesen Konflikten mitzustreiten und mitzuwirken. Unsere Solidarität verbindet uns mit den streikenden und ausgesperrten Arbeitern. Wir werden weiter kämpfen in christlicher Geschlossenheit mit allen kirchlichen Arbeitnehmerorganisationen und Gewerkschaften und der katholischen Betriebsseelsorge.«[30] Offensichtlich war es jedoch u. a. dieser öffentlich ausgetragene Streit, der insbesondere die KAB verunsicherte[31].

Mit dieser Koalition von engagierten Christen und der Gewerkschaft wurde Neuland betreten. Die Positionen der Katholischen Soziallehre wurden in diesem Aktionsbündnis offensiv vertreten. Innerhalb der Gewerkschaft wurde die Unterstützung sehr positiv bewertet. »Gerade, wenn eine Gewerkschaft wie die IG Druck und Papier in einer Auseinandersetzung mit dem sogenannten Sozialpartner eintritt, ist es ungeheuer schwer, an die Öffentlichkeit heranzukommen, da sich die veröffentlichte Meinung genau in den Händen unserer Gegenseite befindet. Deshalb sind wir besonders dankbar, daß Ihr uns durch Eure Flugblätter unterstützt.«[32]
Die Gewerkschaft war den katholischen Arbeitnehmerorganisationen für ihre Solidarität dankbar. Aus einem Brief des 1. Vorsitzenden des Bezirks Frankfurt an den Bischof von Mainz: »Eine uneingeschränkte Ausschöpfung technisch durchaus gegebener Möglichkeiten der Elektronik ausschließlich aus der Interessenlage der Unternehmer würde allein im Druck- und Zeitungsbereich weitere Zehntausende von Arbeitsplätzen auflösen ... Darum geht es; das haben unsere Freunde aus Ihrem Bistum in echter Ketteler-Tradition überzeugend begriffen. Daß diese Tradition in Mainz lebendig ist, haben wir gespürt ... Für uns war das in Ihrem Bistum formulierte solidarische Verständnis und die daraus erkennbare Verbundenheit sehr hilfreich und wohltuend.«[33] Durch

mit Nachdruck, zumal da die Erklärung nicht nur von freien Verbänden stammt, ..., sondern in der Gestalt der Betriebsseelsorge des Bistums Mainz auch einen offiziellen Mitunterzeichner hat.«

30 Leserbrief, in: Glaube und Leben, Nr. 12/13 1978, 26.

31 Später in der »harten Phase« waren diese Meinungsverschiedenheiten beseitigt. In einer Stellungnahme am 6. 3. 1978 sieht der KAB-Diözesanverband Mainz es als seine wichtigste Aufgabe an, darauf hinzuwirken, daß Rationalisierung nicht allein zu Lasten der Arbeitnehmer gehe. Ähnlich hat sich die Jahresversammlung der Präsides der KAB in einer Resolution am 15. 3. 1978 geäußert.

32 Schreiben des Landesbezirk Rheinland-Pfalz-Saar der IG Druck und Papier vom 27. 2. 1978 an die Katholischen Arbeitnehmerorganisationen im Bistum Mainz.

33 Aus einem Schreiben des 1. Vorsitzenden, Bezirk Frankfurt am Main der IG Druck und Papier, an den Bischof von Mainz.

ihr Engagement im Tarifkonflikt um den Einsatz von rechnergesteuerten Textsystemen haben die Verbände sich selbst und einer staunenden Umwelt bewiesen, »daß Kirche auch so sein kann«! Dieses Bündnis im Kampf gegen unkontrollierte Rationalisierungsfolgen ist ein neues gesellschaftspolitisches Phänomen. Diese Aktion könnte der Anfang sein für ein besseres und vernünftigeres Verhältnis zwischen Kirche und Arbeitern. Darin hat die Mainzer Aktion den Charakter des Beispielhaften.

Franz Segbers

7. Kirche – IG-Metall: Betriebsschliessung Siemens-Bruchsal

1. *Einleitung*

»Wir haben Sie in der Vergangenheit allzuoft auf der falschen Seite vermutet«, rief der Bezirksleiter der IG-Metall Franz Steinkühler 25 katholischen Priestern zu. Zusammen mit fast 6000 Arbeitern hatten sie gegen geplante Entlassungen bei der Firma Siemens in Bruchsal demonstriert. Steinkühler zitierte Konzilstexte über das Verhältnis von Kapital und Arbeit und stellte die Testfrage: »Leben wir, um zu produzieren, oder produzieren wir, um zu leben?« Was nach dem IG-Metall Bezirksleiter der Präses der Katholischen Arbeitnehmerbewegung, Willi Kirchmann, auf der Großkundgebung sagte, war inhaltlich verwandt. Der KAB-Präses rief den 6000 Arbeitern zu: »Nicht das Kapital, sondern der Mensch muß im Mittelpunkt unseres Tuns stehen!«
Einmalig war bislang diese Koalition aus Gewerkschaft und Kirche gegen die Personalpolitik eines Großkonzerns in diesem Umfang: In den katholischen Kirchen wurde über die bevorstehenden Entlassungen gepredigt, Pfarrer verteilten vor den Werkstoren Flugblätter und stellten für Informationsveranstaltungen Kirchenräume zur Verfügung.

2. *Ausgangslage*[34]

Siemens-Bruchsal stellt für die Fernmeldeämter der Bundespost Elektroteile her. Siemens ist das größte Unternehmen in der

34 Der Bericht stützt sich im wesentlichen auf die Ausführungen von Herrn Udo Apel, der die Aktion in Bruchsal vorbereitet und durchgeführt

50 000-Einwohner-Stadt. Im Jahre 1972 waren 6300 Menschen bei Siemens beschäftigt. In den Zeiten der Hochkonjunktur fegte der Konzern den Bruchsaler Arbeitsmarkt leer. Doch dann gingen die Aufträge zurück. Die Folge: 1976 gab es nur noch 4200 gegenüber 6300 Arbeitsplätzen im Jahr 1972. Der große Einbruch kam Ende 1974. Alle Beschäftigten mußten fast ein halbes Jahr kurzarbeiten. Im Herbst 1975 kamen dann die ersten Kündigungen für Facharbeiter. Die Unternehmensleitung und der Betriebsrat handelten im April einen Sozialplan aus. Doch mußten der Betriebsrat wie die Vertrauensleute erleben, daß mit Geld den betroffenen Menschen nicht geholfen ist. Die Menschen wollen Arbeit und brauchen Arbeitsplätze. Ein Sozialplan ist keine Lösung. Betriebsrat und Gewerkschaft mußten erkennen, daß auch der beste Sozialplan unterlaufen werden kann[35]. Die Unternehmensleitung sprach von 650 Arbeitsplätzen, die abgebaut werden sollten unter der Voraussetzung, daß weiterhin kurzgearbeitet wird. Die Geschäftsleitung sah sich auch nicht in der Lage, einer vom Betriebsrat gewünschten Besitzstandswahrung bei Umsetzungen und Versetzungen zuzustimmen. Der Sozialplan erwies sich immer mehr als eine Scheinlösung, denn, so stellte der katholische Pfarrer Menzer aus Bruchsal fest: »Aussicht auf eine andere Arbeitsstelle ist ja hier für Facharbeiter überhaupt nicht vorhanden.«[36] Anfang Juni verkündete der Betriebsrat: »Jetzt ist der Punkt erreicht, wo mehr getan werden muß, als das Betriebsverfassungsgesetz vorschreibt.«[37] Normal wäre gewesen: Die Argumente der Geschäftsleitung sind einleuchtend, es wird mit dem Betriebsrat verhandelt, wie möglichst sozial mit dieser Situation umgegangen werden kann. Doch der Betriebsrat verhielt sich nicht »normal«. Er begann einen Kampf um den Erhalt der Arbeitsplätze. Der Betriebsrat sprach zusammen mit der IG-Metall die Kirchen um Unterstützung an. Kann mit Hilfe der Kirchen das Problem Arbeitsplätze in die Öffentlichkeit gebracht werden? Welche gemeinsamen Aktionen sind zum Erhalt der Arbeitsplätze im Raum Bruchsal möglich?

hat. Über diese Aktion und das Engagement der katholischen Kirche wurde eine Broschüre veröffentlicht: U. Apel, Grundsätzliches, Aktuelles und Kirchliches zur »Aktion Siemens/Bruchsal«. Sonderausgabe ›Freiburger Hammer‹. Informationsblatt der Kath. Arbeitnehmerbewegung, Erzdiözese Freiburg e.V., o. J. (Stand 1. Okt. 1976). *Daneben wurde verwandt:* W. G. Brügmann, Der mühsame Weg zur Gemeinsamkeit. Wie in Bruchsal Menschen seit 1974 um ihre bedrohten Arbeitsplätze kämpfen, Frankfurter Rundschau 33 (1977), Nr. 17, 30. 4. 1977, I.

35 Beispiele aufgeführt in: Frankfurter Rundschau, aaO.

36 Ebd.

37 Ebd.

Kontaktpersonen für diese Gespräche waren Mitglieder der KAB und der EAN. Die Vertreter der EAN und KAB sprachen sich entschieden dafür aus, die Bemühungen von Betriebsrat, Vertrauensleuten und IG-Metall zur Erhaltung der Arbeitsplätze zu unterstützen. Dabei wurde vereinbart, die parteipolitische Neutralität zu wahren und die im Bundestag vertretenen Parteien zum Mitmachen aufzufordern. Als Folge dieses Gesprächs verteilten Pfarrer, in ihrer Kleidung als solche erkennbar, vor den Werkstoren ein Flugblatt. In dem Flugblatt erklärten EAN und KAB ihre Solidarität mit den Siemensbeschäftigten und ihren Familien.

Während die Stadt an ihr Steuereinkommen und Handel und Handwerk an den Umsatz dachten, konnten die Betriebsräte und Gewerkschaftsfunktionäre »die menschlichen Probleme beinah nicht verkraften«. Das war auch ein ausschlaggebender Grund gewesen, die Kirchen einzuschalten, weil diese doch neben ihrem Einfluß auf die öffentliche Meinung auch die Situation in den Familien vor Augen haben.

Die Geschäftsleitung der Firma Siemens-Bruchsal lud Vertreter der evangelischen und katholischen Kirche zu einem längeren Gespräch ein. Die Geschäftsleitung bestätigte die in dem Flugblatt genannten Zahlen. Doch wirtschaftliche und technische Notwendigkeiten und Sachzwänge führten zum Abbau der Arbeitsplätze.

Vertreter der katholischen und evangelischen Kirche trafen sich daraufhin und kamen überein, ihre Gemeinden zu informieren und zu mobilisieren[38]. Der Erzbischof der Diözese und die Kirchenleitung wurden informiert. Die Kirchenleitung billigte das aktive Engagement der KAB, der Gemeindepfarrer und der Pfarrgemeinden. Dabei wurde die gemeinsame Verantwortlichkeit des Dekan und des Diözesanspräses und der Industrieseelsorge hervorgehoben.

Katholische Betriebsräte und Vertrauensleute der Firma Siemens besuchten alle Pfarrer des Bruchsaler Gebietes, in der Regel ihren Gemeindepfarrer. Sie überbrachten Listen mit einer Übersicht, wieviel Familien in der jeweiligen Gemeinde von der Firma Siemens in ihrem Einkommen abhängen. Dadurch wurde den Pfarrern deutlich, wie es in einem Pfarrblatt hieß: »Die Firma Siemens

38 Da Willensbildungsprozesse in der evangelischen Kirche viel Zeit brauchen, konnte die EAN ihre Gemeinden erst später zum Mittun bewegen. Der Bericht bezieht sich daher im folgenden in der Hauptsache auf die Vorgänge im Bereich der katholischen Kirche entsprechend den Ausführungen von U. Apel (vgl. Anm. 34).

war seit Jahrzehnten die Firma, die Arbeit und Brot für viele aus unserem Dorf sicherte. Wohl ist es auch sicher, daß mancher Betrieb sich nicht angesiedelt hat, weil über viele Jahre hinweg Siemens die ganzen Arbeitsplätze aufgenommen hat.«
Vertreter des Betriebsrats und der IG-Metall informierten auf den Konferenzen der Pfarrer und des Dekanatsrats. Der Bezirksausschuß der KAB beschloß, alle Aktionen für den Erhalt der Arbeitsplätze zu unterstützen. Durch diese ›totale Mobilisierung‹ war es möglich, auch in den 17 Gemeinden Versammlungen durchzuführen. In diesen Versammlungen in den Gemeindesälen wurde die Bevölkerung informiert. Der Pfarrer sprach die Begrüßungsworte, und im Podium saßen je ein Vertreter des Betriebsrats, der KAB und der IG-Metall. In diesen Versammlungen wurde das Problembewußtsein geschaffen. Es wurde deutlich, warum der Konkurrenzkampf unter den Arbeitssuchenden bei immer mehr Entlassungen immer größer wird, wieso der Lohn gesenkt werden kann in anderen Betrieben, wenn genügend arbeitslose Facharbeiter vor der Tür stehen. Die Diskutanten spürten: es ist nicht richtig, »daß ein Unternehmer so viel Macht hat, wenn solche Schicksale herauskämen«[39].
Das Ergebnis einer solchen Aufklärungsarbeit, die auch in den katholischen Gottesdiensten unterstützt wurde: Am 25. September 1976 marschierten 6000 Menschen durch Bruchsal, Politiker aller Parteien, der Oberbürgermeister und 25 von 30 katholischen Pfarrern aus der Umgebung Bruchsals waren dabei. Veranstalter war die IG-Metall. Die Kirchen riefen zur Teilnahme auf. Am Sonntag vor der Kundgebung wurde in fast allen Gottesdiensten ein Aufruf veröffentlicht, in dem zur Teilnahme an der Kundgebung empfohlen wurde. Der »Dies« (Konferenz) der Pfarrer beschloß mehrheitlich, an der Kundgebung teilzunehmen. Da die Kundgebung nur 8 Tage vor den Bundestagswahlen stattfand, wurde zwischen der IG-Metall und den Vertretern der katholischen Kirche vereinbart, parteipolitische Neutralität zu wahren, gewerkschaftliche Forderungen seien selbstverständlich. Die örtlichen CDU-Vertreter trugen den Pfarrern und Gemeindevertretern ihre Bedenken vor. Sie waren der Ansicht, daß eine Beteiligung der Kirche an der Kundgebung die Wahl zugunsten der SPD beeinflussen könne[40]. Die

39 Frankfurter Rundschau, aaO.
40 So hielt die örtliche CDU das Versprechen der IG-Metall zur parteipolitischer Neutralität für wenig glaubhaft.
Ein Teil der Pfarrer und Gemeinden teilte die Bedenken der CDU und gab ihr Engagement mit der Versicherung auf, nach den Wahlen wieder dabei zu sein.

Kirchenleitung in Freiburg erklärte, wenn man alle Argumente abwäge, sei eine Beteiligung von Pfarrern und Gemeinden zu befürworten. Unter starker Beachtung durch Presse, Rundfunk und Fernsehen fand die Demonstration von 6000 Siemensarbeitern statt. In einem geschlossenen Block nahmen von 30 Pfarrern des Dekanates 25 Pfarrer an der Kundgebung teil.
Von all diesen Solidaritätsaktionen ließ sich der Siemenskonzern wenig beeindrucken. Die Geschäftsleitung beabsichtigte, bis zum Jahresende 67 Schlosser und Werkzeugmacher zu entlassen. Die Folgen: Arbeitsniederlegungen, Besetzung des Verwaltungshochhauses[41].
In Bruchsal wurde um jeden Arbeitsplatz gekämpft. »Überspitzt gesagt, hier wurde eine Ausländerin von den Menschen freigekämpft, die noch wenige Wochen vorher an die Parole ›Ausländer raus‹ geglaubt haben«, erklärte ein Betriebsratsmitglied, als es zu einem spontanen Streik bei einer fristlosen Entlassung einer jugoslawischen Vertrauensfrau der IG-Metall kam[42]. Wo nach den Plänen der Geschäftsleitung 1980 2000 Arbeitnehmer von einstmals über 6000 beschäftigt sein sollen, wird die Betroffenheit für die gegenwärtige Krisenentwicklung deutlich.

3. *Anmerkungen und Schlußfolgerungen*

Das Engagement der Kirche[43] mit der IG-Metall führte in der Bevölkerung zu lebhaften Gesprächen und Auseinandersetzungen. Innerbetrieblich kam es zu vielen Gesprächen, die das Engagement der Kirchen begrüßten. Sehr viele Arbeiter litten bislang darunter, daß die Kirche oft »auf der falschen Seite« gestanden hat. Die Kirche ist glaubwürdiger geworden[44]. Durch dies Aktionsbündnis kam es zu einem Klima des Vertrauens zwischen Vertretern der

41 Vgl. Frankfurter Rundschau, aaO.
42 Ebd.
43 Außer den aufgeführten Vorgängen gab es noch eine erhebliche Zahl weiterer Aktivitäten. So wurden Flugblätter nach den Sonntagsgottesdiensten verteilt, die KAB-Mitglieder wurden durch Rundbriefe informiert, die CAJ beteiligte sich an der Kundgebung.
44 Eine ähnliche Aktion wie in Bruchsal verlief in Speyer. Als 1977 die KAB eine Befragung bei Arbeitern in Speyer durchführte, mit dem Ziel festzustellen, welche Auswirkungen das kirchliche Engagement für die Sicherung von Arbeitsplätzen für das Verhältnis der Arbeiter zur Kirche hat, wurde ein sehr interessantes Ergebnis deutlich. Am ehesten wurde ein Beitrag der Kirche für die Durchsetzung eines Rechts auf Arbeit, auf Humanisierung und Mitbestimmung erwartet. *Vgl.:* W. Ruhnke, Nicht vom grünen Tisch aus. Arbeitnehmer wollen von der Kirche Taten sehen, in: Publik-Forum (16), 19. August 1977, 6.

Kirche und der IG-Metall und der Betriebsräte und Vertrauensleute. Wegen ihres Engagement mußten sich aber auch viele Pfarrer bei ihren Gemeinden rechtfertigen. Durch die Einflußnahme und die Bedenken seitens der CDU kam das Engagement der Kirchen vor der Kundgebung in eine kritische Phase. Die CDU sah in der Kundgebung vor den Bundestagswahlen eine indirekte Beeinflussung der Wahl. Auffallend war, daß diese Bedenken der CDU vielen Katholiken beeindruckender waren als die Ermunterung zu einer Teilnahme an der Demonstration durch die Kirchenleitung, Pfarrer und die KAB. Darf man daraus den Schluß ziehen, daß bei vielen Kirchgängern in den gesellschaftspolitischen Grundfragen eine stärkere Bindung zur CDU als zur Kirche besteht?
Für viele Pfarrer war es schwer, sich zu engagieren, weil sie Partei ergreifen mußten. Sie verstehen ihr Amt zu Recht als einen Auftrag, zwischen den Gruppen Brücken zu schlagen. Stets war bei den Pfarrern das Bemühen deutlich, auch die andere Seite zu beachten. Deshalb ist es den Pfarrern besonders hoch anzurechnen, daß sie schließlich doch mitmachten. Ein wesentlicher Grund dürfte wohl darin zu sehen sein, daß Gemeindepfarrer Familiensituationen sehr gut kennen und deshalb auch die Auswirkungen von Arbeitslosigkeit auf die Familien einzuschätzen wissen.
Außerordentlich überrascht war man bei der KAB, den Pfarrern und in den Gemeinden, daß die Kirchenleitung diese Koalition von Kirche und Gewerkschaft im Kampf für den Erhalt der Arbeitsplätze befürwortete. Die Kirchenleitung hielt es nicht nur für selbstverständlich, sondern erwartete es, daß sich die KAB an einer solchen Aktion beteiligte.
Die Vorgänge bei Siemens in Bruchsal sind nur ein Beispiel eines allgemeinen strukturellen Wandels. Seit Mitte der 60iger Jahre wird dieser strukturelle Wandel vorausgesagt. Dieser Wandel wird dadurch sichtbar, daß Arbeitsplätze wegfallen. Welche Ursachen auch immer diesem Wandel zugrunde liegen, die Antwort lautete bisher: Von den berufstätigen Menschen müsse mehr Mobilität verlangt werden können. Bei dieser rein volkswirtschaftlichen Antwort werden zwei Problemkreise außer acht gelassen:

- Inwieweit ist es menschlich zumutbar, ab einem bestimmten Alter neue Tätigkeiten zu beginnen?
- Ist es zumutbar, seinen Lebensraum, Freunde, Nachbarn und Familie zu verlassen?

Es ist bislang offen, ob die wirtschaftlich und politisch Verantwortlichen eine Antwort finden, die zugunsten der Menschen die Notwendigkeit zur Mobilität einschränkt, oder ob die wirtschaftlichen Zwänge zur Mobilität stärker sind.

Es darf nicht übersehen werden, daß Aktionen wie in Bruchsal diese gesellschaftspolitische Grundsatzfrage stellen. Ein Konzern wie Siemens, dessen Umsätze und Gewinne insgesamt stark zunehmen, hat eine besondere Verantwortung zu tragen durch ein vorausschauendes Management, das nicht nur an den Gesetzen des Markts orientiert ist. Wenn jedoch die Verhaltensweisen in einer freien Marktwirtschaft nicht den Bedürfnissen der Menschen entsprechen, dann stellen diese Verhaltensweisen die freie Marktwirtschaft in Frage. Ein Betriebsratsmitglied von Siemens in Bruchsal: »Allerorten sind die Probleme erkannt, und die Gewerkschaften weisen schon seit Jahren darauf hin. Aber den eigentlichen Kern wagt niemand auszusprechen, weil es an die Gesellschaftsordnung geht. Aber man kommt doch einfach nicht daran vorbei, die Frage nach der Berechtigung von Gewinn und Eigentum zu stellen.«[45]
Strukturelle Wandlungen werden langfristig geplant, nicht geplant wird, welche Arbeitsplätze zu schaffen sind für die, die jahrelang den Gewinn erarbeitet haben, der erst die strukturellen Wandlungen ermöglichte.

Franz Segbers

8. Katholische Arbeitnehmerbewegung Freiburg: Umschulungsmassnahmen

1. Einleitung

Die Katholische Arbeitnehmerbewegung der Erzdiözese Freiburg führt in Zusammenarbeit mit dem Arbeitsamt Freiburg und einem Industriebetrieb in der näheren Umgebung eine Umschulungsmaßnahme durch. Die Maßnahme begann im August 1978 und läuft zum jetzigen Zeitpunkt ungefähr ein halbes Jahr. Es ist deshalb kaum möglich, ein abgerundetes Bild des Projekts wiederzugeben. Ungeachtet dieser Schwierigkeiten kann dennoch die *Konzeption* und das *Zustandekommen* der Maßnahme aufgezeigt werden, verbunden mit einem *Rückblick* auf die Erfahrungen des ersten halben Jahres und einer vorsichtigen *Prognose* des weiteren Verlaufes.
In der Umschulungsmaßnahme befinden sich zwölf Männer im Alter zwischen 23 und 49 Jahren, die bisher – mit zwei Ausnahmen – Hilfsarbeitertätigkeiten ausgeübt hatten bzw. arbeitslos waren.

45 Frankfurter Rundschau, aaO.

Die Zeiten der Arbeitslosigkeit erstreckten sich von zwei bis sechzehn Monaten. Ihnen wurde nun eine dreißig Monate dauernde Umschulung zum – von der Industrie- und Handelskammer anerkannten – Facharbeiterberuf Maschinenschlosser angeboten. Die Auswahl der Personen wurde durch das Arbeitsamt aufgrund arbeitspsychologischer Tests und arbeitsmedizinischer Untersuchungen getroffen.

Die *rechtliche* und somit auch *finanzielle Grundlage* der beruflichen Umschulung stellt § 47 des Arbeitsförderungsgesetzes dar, wonach die Bundesanstalt für Arbeit die Teilnahme von Arbeitssuchenden an Maßnahmen fördert, »die das Ziel haben, den Übergang in eine andere geeignete berufliche Tätigkeit zu ermöglichen, insbesondere um die berufliche Beweglichkeit zu sichern oder zu verbessern . . .«. Eine Umschulung wird außerdem gefördert, wenn dadurch die »Arbeitslosigkeit beschäftigter Arbeitssuchender durch Umschulung vermieden werden« kann, wobei »diese so früh wie möglich durchzuführen« ist.

In der Präambel der Anordnung des Verwaltungsrates der Bundesanstalt für Arbeit über die individuelle Förderung der beruflichen Fortbildung und Umschulung vom 24. März 77 ist dies ausführlicher formuliert: »Ziel der individuellen Förderung der beruflichen Fortbildung und Umschulung der Erwerbstätigen ist es insbesondere, Arbeitslosigkeit sowie qualitative und quantitative Unterbeschäftigung zu verhüten oder zu beenden, Mangel an qualifizierten Arbeitskräften zu vermeiden oder zu beheben, die berufliche Beweglichkeit zu sichern oder zu verbessern und einen beruflichen Aufstieg zu ermöglichen.«

Für unseren Personenkreis ging es *in fast allen Fällen darum, Arbeitslosigkeit zu beenden.* Die Dauer der jeweiligen Arbeitslosigkeit bewegte sich – wie bereits oben vermerkt – in einem Zeitraum von zwei bis sechzehn Monaten. Bei zwei Teilnehmern sollte durch rechtzeitige Umschulung auf einen anderen Facharbeiterberuf drohender Arbeitslosigkeit vorgebeugt werden.

Neben dem Arbeitsamt bzw. der Bundesanstalt für Arbeit als Kostenträger steht der Maßnahmeträger, denn nach § 33 Abs. 2 AFG kann die Bundesanstalt »berufliche Fortbildungs- und Umschulungsmaßnahmen von anderen Trägern durchführen lassen oder gemeinsam mit anderen Trägern oder allein durchführen«. Auf Anregung der Firma, die als Umschulungsbetrieb Ausbilder und Lehrwerkstätte zur Verfügung stellt und die uns durch unsere Arbeit in der Industrieseelsorge seit längerem kennt, richtete der Direktor des Arbeitsamtes die Anfrage an uns, ob wir bereit wären, die Trägerschaft der Umschulungsmaßnahme zu übernehmen. Für uns als KAB stellte sich hierbei – wie bei allen Aktionen – die Frage: *auf welchem Hintergrund und mit welcher Zielvorstellung übernehmen wir diese für uns neue Aufgabe?*

Wenn die KAB – entsprechend ihrem Grundsatzprogramm – sich gefordert und verpflichtet weiß, Kirche in der Welt der Arbeit präsent zu machen, so muß sie aus ihrem Selbstverständnis heraus zunächst ihre Aufgabe im Dienst am Menschen in der gesellschaftlichen Schicht der Arbeiter und Arbeitnehmer sehen. Im konkreten Falle bedeutete dies: Dienst an Menschen, die von Arbeitslosigkeit betroffen sind. Art. 21 des Grundsatzprogramms, welcher lautet: ». . . Sie (die KAB) setzt sich dafür ein, daß ihm in seinen Schwierigkeiten Hilfe geboten und für seine Belange mit Kraft und Entschiedenheit eingetreten wird«, sollte uns bei dieser Aktion, gerade was den zweiten Teil seiner Aussage angeht, besonders deutlich werden, als nämlich große Schwierigkeiten in der Berufsschule auftauchten.

Von außen wurde unsere Aufgabe als Maßnahmeträger durch einen Vertrag mit der Bundesanstalt für Arbeit, vertreten durch den Direktor des örtlichen Arbeitsamtes festgelegt: »Der Träger überwacht laufend die Leistungen der Teilnehmer« und »sorgt für eine gewissenhafte Ausbildung«. Dazu kommen sämtliche Aufgaben, die von organisatorischer Seite anfallen, wie Abwicklung von Finanzen, Abschluß von Verträgen, u. a. Die KAB wurde Anlaufstelle bei Anfragen und Problemen für den Umschüler, den Ausbilder, den Umschulungsbetrieb, das Arbeitsamt, die Schule, die IHK.

2. *Erfahrungen*

Große Schwierigkeiten und zugleich eine Gefahr für die ganze Maßnahme brachte der *Berufsschulunterricht*. Da eine eigene Klasse laut gesetzlicher Vorschrift von einer Klassengröße mit 16 Schülern an eingerichtet werden kann, wurden die 12 Umschüler in eine Klasse mit 15–16jährigen Hauptschulabgängern eingegliedert. Dieser Zusammenschluß von ca. 15 Hauptschulabgängern und 12 Erwachsenen im Alter von 23 bis 48 Jahren, die sowohl durch ihr Alter als auch durch ihre Erfahrungen von Berufstätigkeit und Arbeitslosigkeit geprägt waren, erwies sich für beide Teile weder menschlich noch pädagogisch als zumutbar. Als es schließlich gelungen war, eine als Schulversuch deklarierte eigene Klasse zu erhalten, sollte diese bestmögliche Lösung daran scheitern, daß die nicht mehr schulgewohnten Umschüler ihre Schulpflicht nicht allzu ernst nahmen; andererseits schien eine Klassenstärke, die infolge weiterer Ausfälle durch Krankheit zeitweise auf sieben Personen schrumpfte, von der Schulleitung und vom Oberschulamt nicht mehr vertretbar. Dies besonders auch im Hinblick auf den großen Lehrer- und Raummangel der Schule gesehen. Die Auflösung der Klasse und die geplante Verteilung von jeweils einem oder zwei Schülern in verschiedene Klassen waren die Folge. Ein großer Teil der Umschüler wäre unter diesen Umständen zurückgetreten, der andere Teil hätte aufgeben müssen, da für das Zustandekommen der ganzen Maßnahme eine Mindestzahl gefordert war. Dies war möglicherweise der *wichtigste Punkt*, an dem ohne intensives Eintreten von kirchlicher Seite diesen Personen, die mit eigenen Kriterien beurteilt werden müssen, eine Chance verloren gegangen wäre, die ein zweites Mal anzugehen sie sich nicht mehr getraut hätten.

Aus dieser Situation heraus boten wir der Gruppe den sogen. ›*Stützunterricht*‹ an, der Gelegenheit geben sollte, die Erfahrungen und Probleme in den verschiedenen Lebensbereichen während der Ausbildungszeit zu erkennen und aufzuarbeiten, um so eine möglichst gute Voraussetzung für die fachliche Ausbildung zu schaffen. Der Stützunterricht fand mit einem Psychologen zweimal im Abstand von ca. sechs Wochen statt, und zwar – um des freien Wochenendes willen – jeweils von Freitagabend 18.00 Uhr bis Samstag 13.00 Uhr. Nur die Hälfte der Gruppe nahm jeweils teil. Die Gründe für die geringe Beteiligung konnten nicht definitiv herausgefunden werden. Auffallend war das große Mißtrauen, das bei vielen gegenüber der Kirche besteht. Ausgesprochen und unausgesprochen kam die Frage: Was will die Kirche – die KAB – denn wirklich von uns; was hat sie sozusagen noch in der Hinterhand?

Ein Stück weit war es mir als ›Betreuungsperson‹, die fast regelmäßig jede Woche einmal in die Lehrwerkstatt kam, möglich, die Funktion des Stützunterrichtes zu übernehmen. Mit der Zeit begriff ich, daß meine Anwesenheit sowohl bei der Gruppe als auch beim Ausbilder einen psychohygienischen Prozeß auslöste. Ich war die ›gute Fee‹, die sie zumindest für eine halbe Stunde von der Arbeit ›abhielt‹, und ich war auch diejenige, bei welcher man den Ärger über alles Erdenkliche aussprechen konnte: über die Schule, über die Bürokratie auf verschiedenen Ämtern, nicht zuletzt über die Kirche. Zuerst war ich verunsichert über die Angriffe, die auf mir landeten; doch dann begriff ich, daß dies nicht zuletzt ein Zeichen dafür war, daß sie mich akzeptiert hatten, daß zumindest in meiner Person ein Stück Kirche akzeptiert war, weil sie bemerkt hatten, daß ich versuchte, ihnen weiterzuhelfen, wo es eben nur ging, ohne eine Gegenforderung zu stellen.

3. *Ausblick*

Im Beschluß der gemeinsamen Synode der Bistümer in der BR Deutschland ›Kirche und Arbeiterschaft‹ steht in Kap. 3.1: »Die Kirche schuldet allen Menschen ohne Unterschied die Frohe Botschaft von Jesus Christus. Deshalb hat sie allen . . . ihren pastoralen Dienst zu leisten, aber nicht allen in der gleichen Weise, sondern

angepaßt an die Voraussetzungen und Bedürfnisse der verschiedenen Gruppen. ... Ihnen (den Arbeitern) muß die Kirche ... zu einer ganzheitlichen Verwirklichung ihres Menschseins verhelfen.«
Für uns gab dieser Satz die Zielsetzung bei diesem Projekt vor: Der Versuch, den Voraussetzungen und Bedürfnissen entsprechend die Frohe Botschaft zu verkünden. Zumindest ist es bis jetzt gelungen, einige Fragen zu provozieren: z. B. Was bewegt die Kirche dazu, uns bei unserer Umschulung zu unterstützen?
Wenn diese Arbeitslosen nach der Ausbildungszeit, die nach jetzigem Stand von allen durchgehalten werden wird, die große Chance haben, als Facharbeiter einen einigermaßen sicheren Arbeitsplatz zu bekommen, dann haben wir ihnen ein Stück weitergeholfen bei der ›ganzheitlichen Verwirklichung ihres Menschseins‹ – und das gehört nach unserer Meinung zur Verkündigung der Frohen Botschaft von Jesus Christus.

Roswitha Lickert

TEIL C: ANALYSEN UND KOMMENTARE

I. WAS KÖNNEN DIE KIRCHEN TUN?

Die Frage, was können die Kirchen tun, setzt voraus, daß
1. den Kirchen die Arbeitslosigkeit überhaupt ein Problem wird;
2. die Kirchen überhaupt bereit sind, an der Abmilderung oder der Lösung des Problems mitzuarbeiten;
3. die Kirchen Möglichkeiten zu sehen vermögen, wie sie etwas für die Arbeitslosen tun und zur Lösung des Problems der Arbeitslosigkeit beitragen können.

1. Den Kirchen muß die Arbeitslosigkeit zum Problem werden

Daß die Arbeitslosigkeit den Kirchen zum Problem wird, ist keineswegs selbstverständlich. Pfarrer und kirchliche Verwaltungs- und Leitungsorgane sind selbst nicht unmittelbar von ihr Betroffene. Dem Pfarrer ist vielfach das Ausmaß der Arbeitslosigkeit in seiner Gemeinde nicht bekannt; ein großer Teil der aktiven Gemeinde, wie Konfirmanden, Hausfrauen und ältere Menschen, steht außerhalb der Berufstätigkeit. Insbesondere für die evangelische Kirche zeigen sich hier auch die Nachwirkungen der Auseinandersetzung zwischen Kirche und Arbeiterschaft zum Ende des 19. Jahrhunderts, so daß auf Grund der »Distanz zwischen kirchlichem Leben und den sozialen Problemen der Arbeitswelt« die Kirche »in der Regel keinen Kontakt zu Arbeitslosen« hat (D 16, 5).

Wenn ein Pfarrer auf das Problem der Arbeitslosigkeit stößt, dann trifft er darauf in der Begegnung mit dem einzelnen Arbeitslosen; es bedarf einer gewissen Sensibilisierung, um auf das Problem in seinem ganzen Ausmaß aufmerksam zu werden. Schon die soziale Scham derer, die ihren Arbeitsplatz verloren haben, ist oft zu groß, davon zu erzählen[1]. Selten ist es so, daß ein größerer Personalabbau

1 H. E. Tödt, Arbeitslosigkeit als Problem unserer Kirche. Gesichtspunkte für die Bearbeitung eines bedrängenden Themas der siebziger Jahre, in: Ders., Das Angebot des Lebens, 1978, 121–141, 136: »Arbeitslose empfinden ihr Geschick oft als Makel.«

geschieht und dadurch die Pfarrer aktiviert werden, etwas zu unternehmen, wie die Berichte vom »Druckerstreik« Mainz und über die Entlassungen bei Siemens in Bruchsal (B: III, 7) belegen.
Daß die Gewerkschaften auf die Pfarrerschaft zugehen und ihre Unterstützung suchen, geschieht derzeit noch selten und setzt voraus, daß zuvor regelmäßige Beziehungen Pfarrerschaft–Gewerkschaften kontinuierlich aufrecht gehalten wurden. Sozial- und Industriepfarrämter können im Prozeß der Sensibilisierung eine wichtige Rolle spielen. Das gleiche gilt, wenn Synoden oder Kirchenleitungen sich öffentlich zu dieser Frage äußern.
Negativ für eine solche Sensibilisierung wirkt sich aus, daß es über die Möglichkeit, Arbeitslosigkeit zu vermindern, keine öffentliche Diskussion zwischen den Parteien gibt. Alternative Lösungen zur Arbeitslosenproblematik »scheuen die Parteien und Verbände in der gegenwärtigen Diskussion auszusprechen« (D 3, 153). Alle Parteien sind sich darin einig, daß Arbeitslosigkeit ein großes menschliches Problem darstellt, das schleunigst gelöst werden muß, die Diskussion über die Strategien zum Abbau der Arbeitslosigkeit verschwinden jedoch in dem Wirtschaftsteil der Tageszeitung, und den kritisch zu lesen, haben Theologen nicht gelernt: handelt es sich hierbei ja um rein ökonomische Fragen. In welchem Ausmaß dabei Menschen zu Schaden kommen, ist aus den monatlichen Mitteilungen der Bundesanstalt für Arbeit nicht zu entnehmen. »Arbeitslosigkeit sieht man nicht auf der Straße. Arbeitslosigkeit ist für die Mehrzahl der Bürger (noch) eine Wirklichkeit der Zeitungsmeldungen und Magazinsendungen. Diese Abstraktheit des Phänomens hat Rückwirkungen auf die Alltagsideologie der Menschen und ihre Bereitschaft, das Problem zu verdrängen, es zu einer Minderheitenfrage zu machen und es schließlich zu individualisieren.«[2]

2. *Die Kirchen müssen bereit sein, für das Problem der Arbeitslosigkeit mit anderen Verantwortung zu tragen*

Zunächst erscheint die kirchliche Verantwortung für die Arbeitslosen als eine Aufgabe, die sich zusätzlich zu den Problemen mit anderen »Randgruppen« stellt. Mit deren Betreuung haben Pfarrer und Gemeinden ohnehin schon genug Schwierigkeiten, nachdem sie sich gedrängt sehen, sich um Behinderte und Alte, psychisch Kranke und Obdachlose, um Arbeiterjugendliche und Drogen-

2 K. G. Zinn, Wieder zehn Jahre Massenarbeitslosigkeit?, in: Vorgänge, Nr. 28, (1977), Heft 4, 45–62, hier 45.

süchtige zu kümmern. Dies ist verständlich. Das Gefühl, bei diesen Problemgruppen nirgends richtig ansetzen zu können, ist bereits immens genug. Von daher sind das Vorgehen der Freiburger Projektgruppe (B:II, 3), mit Hilfe, aber nicht unter unmittelbarer Inanspruchnahme der Pfarrerschaft gezielt katholische Laien anzusprechen, wie der Weg über die Synoden eines Kirchenkreises (B:III, 3) von vornherein als einzig sinnvolle anzusehen.
Zudem wird hier verstärkt die Frage aufkommen, ob die Sorge für den Arbeitslosen eigentlich eine theologisch-kirchliche Aufgabe sei. Die Kirchen haben es zwar immer schon mit den sog. Randgruppen zu tun gehabt. Aber der Zusammenhang zwischen dem Leiden solcher »Randgruppen« und der Wirtschaftsordnung der Bundesrepublik Deutschland ist sehr viel vermittelter, ist sehr viel weniger einsichtig. Solches Leiden ist weniger deutlich durch die Arbeitssituation, viel stärker zunächst einmal durch die Erziehungsmuster verursacht. Hier läßt sich eine kirchliche Tätigkeit relativ einfach als seelsorgerliche Hilfe theologisch rechtfertigen.
Ganz anders bei der Arbeitslosigkeit. Hier ist der Zusammenhang zwischen Wirtschaftsverhalten und individueller Problematik unbestreitbar vorhanden. Das bringt die Gefahr mit sich, die Arbeitslosigkeit als ein rein ökonomisches Problem zu behandeln, für die Kirchen nun einmal wirklich keine wichtige Mitverantwortung tragen, sondern Staat und Wirtschaft die Lösung zu finden überlassen können.
Von daher erklären sich Äußerungen wie: »Die Kirche hat kein Mandat zur Beantwortung wirtschaftlicher Fragen« oder: »Zu konkreten Vorschlägen Stellung zu nehmen . . ., ist nicht der Auftrag der Kirche«.
Sobald es die Kirchen jedoch mit dem einzelnen Arbeitslosen zu tun haben und dieser zu sprechen beginnt, wird sofort sichtbar, welche psychische Belastung die Arbeitslosigkeit darstellt, und diese wird um so stärker, je länger sie währt. Die Projekte »München« (B:III, 1) und »Diakonie Stuttgart« (B:III, 2) geben hier sprechende Beispiele. So pendelt das Problem der Arbeitslosigkeit hin und her: Wenn es zum therapeutischen Problem wird, sind die Kirchen zuständig, aber eigentlich ist es ein politisch-ökonomisches Problem. Zugespitzt formuliert erscheint es oft so, als sei die Sorge für den Arbeitslosen eine kirchliche Aufgabe, nicht aber die Sorge um die Arbeitslosigkeit.
Schließlich ist noch darauf hinzuweisen, daß insbesondere in der evangelischen Religiosität die Eigenverantwortlichkeit einen hohen Stellenwert hat. Dies ist auch ein durchaus ethisch sinnvoller Ansatz. Bedenklich wird es jedoch, wenn hier die protestantische

Ethik in ihrer verweltlichten Form durchbricht: »Eigentlich ist jeder Arbeitslose selbst Schuld daran, daß er seinen Arbeitsplatz verloren hat.« Es mag nur das kurze Aufblitzen eines Impulses sein, aber er genügt oft für eigene Selbstrechtfertigung. »Jeder ist selbst seines Glückes Schmied« führt leicht dazu, dem Erfolglosen auch noch die Schuld an seinem vorgeblichen Versagen aufzuhalsen, und der Arbeitslose ist bekanntlich, von der gleichen Wertethik bestimmt, allzu bereit, diesen Vorwurf auf sich zu nehmen. Aber »sollten«, so fragt S. Katterle, »hunderttausende Menschen, die doch vor wenigen Jahren in stabilen Arbeitsverhältnissen standen und leistungsbereit waren, plötzlich arbeitsscheu geworden sein?«[3] Ganz im Gegenteil haben die Arbeitslosen erhebliche Anpassungsleistungen erbracht. Empirische Untersuchungen belegen, daß mehr als die Hälfte der einmal Arbeitslosen den Wirtschaftszweig und den Beruf wechseln mußten, um wieder eine Beschäftigung zu erhalten[4].

Schließlich:

Was können die Kirchen tun?

Das Dokument 3 gibt dazu eine klare Stellungnahme:

»1. Theologisch neu nachzudenken über den Stellenwert der Arbeit im menschlichen Leben.
2. Seelsorgerliche und diakonische Hilfe zu Überwindung konkreter Nöte anbieten.
3. Beteiligung an einer offenen Diskussion gesellschaftlicher und politischer Lösungsmöglichkeiten« (D 3, 154).

Wir müssen jedoch die Frage einen Moment zurückstellen und kurz daran erinnern:

3. Was haben die Kirchen bisher getan?

Ich verweise zunächst auf die Ergebnisse der Teile A und B und möchte dies mit einigen kritischen Überlegungen verbinden.

Memoranden hat es eine ganze Reihe gegeben, so viele wie vermutlich nicht mehr seit der Zeit der Reform des § 218. Es ist gut, auf sie immer wieder zurückgreifen zu können, wenn man auf Positives aus den Kirchen verweisen will. An wen sie sich wenden, ist nicht immer klar, ob an den Staat, ob an eine kritische Öffentlichkeit, ob an die Gemeinden; wen sie unterstützen, die Unternehmer, die Arbeitslosen, die Gewerkschaften, die staatliche Integration, ist

3 S. Katterle, Arbeitslosigkeit und Wirtschaftspolitik, in: Zeitschrift für ev. Ethik 23 (1979) 32–47, 35.
4 Ebd.

ebenfalls nicht immer eindeutig auszumachen. Eindeutig ist allerdings, daß sie jedenfalls die kirchliche Öffentlichkeit alarmieren und sie auf die Problematik hinweisen wollen. Selten ist freilich ein Organisationsplan damit verbunden, wie dies für die Diözese Freiburg und für die Synode Gladbeck der Fall ist (vgl. B: II, 4; III, 3).

Auf der Ebene der Dekanate und Gemeinden lassen sich anhand der Projekt-Berichte folgende Möglichkeiten aufweisen, die möglich sind, wenn das Problem zielgerichtet angegangen und zugleich ein gewisser finanzieller und personeller Einsatz geleistet wird:

Ein 1. wichtiger Gesichtspunkt ist die Information der Gemeinde und von Gemeindegruppen; für die didaktische Vermittlung gibt es auch bereits einiges Unterrichtsmaterial.

Eine 2. Möglichkeit ist die Hilfe bei der Umschulung und die Vermittlung eines neuen Arbeitsplatzes.

Als 3. ist die therapeutische Arbeit zu nennen, die versucht, den Wunsch nach Berufstätigkeit zu stabilisieren oder wieder zu gewinnen.

Die 4. Möglichkeit einer expliziten politischen Aktivität wird da erreicht, wo es um die Sicherung der Arbeitsplätze angesichts drohender Betriebsstillegungen geht (Burbach, Bruchsal; vgl. B: III, 5, 7) oder die Erhaltung bereits gestrichener Arbeitsplätze (Erwitte). Wichtig scheint mir vor allem der Hinweis, daß diese vierte Stufe erst dort erreicht werden kann, wenn sich die Kirchen bzw. kirchliche Gruppen mit den von Entlassung bedrohten Betriebsangehörigen und den Gewerkschaften verbinden; hier sind Katholiken im Ganzen besser daran, weil die katholische Kirche insbesondere dank ihrer Verbände niemals so den Kontakt zu Arbeiterschaft und Gewerkschaften verloren hat wie die evangelische, in der einzelne Vertreter erst mühsam wieder Kontakte herstellen müssen. Jedenfalls bekommen bei ihr die Arbeiterschaft und die Gewerkschaften nicht von vornherein die Einstellung vermittelt, hier einen Bündnispartner zu finden.

Kehren wir nun zu der Frage zurück:

4. *Was können die Kirchen tun?*

4.1 Intensivierung der bisherigen Ansätze

Es ist die Absicht der vorgelegten Studie, denen, die als Laien oder kirchliche Mitarbeiter sensibilisiert sind für die bedrückende Problematik der Arbeitslosigkeit und ratlos vor den psychischen Folgen bei den einzelnen Arbeitslosen stehen, eine Reihe von Hinweisen zu geben, welche Wege des Vorgehens es gibt. Es gibt eine

ganze Reihe von Aktivitäten, um für die Problematik zu sensibilisieren und aktive Hilfe zu leisten, wird die Aufgabe nur mit Entschiedenheit angegangen.
Wie aus der kurzgefaßten Analyse der Projekte sichtbar wird, kann bei einem sich intensivierenden Einsatz der Kirchen die Information der Gemeinde über die Problematik der Arbeitslosigkeit verbessert werden. Zudem kann durch eine flexiblere organisatorische Gestaltung der Kirchen eine stärkere Betreuung der Arbeitslosen erfolgen, von der psychotherapeutischen Arbeit angefangen bis hin zu der individuellen Vermittlung von Arbeitsplätzen. Schließlich wird die politische Ebene dort erreicht, wo es um Verlust von Arbeitsplätzen geht.
Wir müssen es uns jedoch klarmachen, daß durch die hier geschilderten kirchlichen Aktivitäten zwar Arbeitsplätze erhalten und Arbeitssuchende auf Arbeitsplätze vermittelt werden können. Damit jedoch sind noch keine *neuen* Arbeitsplätze geschaffen; es ist damit auch nicht eine bessere Qualität von Arbeitsplätzen und Arbeitsbedingungen überhaupt erreicht worden.
Es besteht Einigkeit darüber, daß die Kirchen keine eigenen ökonomischen Aktivitäten aufnehmen sollten, um das Arbeitsplatzangebot zu erweitern. Dennoch läßt sich die Frage stellen, ob sie ausreichend die Arbeitsmarktsituation bedenken und damit die Möglichkeiten, in ihrem Bereich neue Arbeitsplätze zu schaffen, sei es durch eigene Mittel, sei es mit Hilfe des Staates in Bereich ihrer diakonischen und beratenden Tätigkeit[5].
Wesentlich ist aber ebenso, daß sie sich um eine interne Selbstverständigung bemühen, wie sie selbst zur Bedeutung der Arbeit stehen. Zeigen sich die Kirchen selbst betroffen von der Problematik der Arbeitslosigkeit, dann muß dies bei ihnen zur Frage führen, was mit einer *Theologie der Arbeit* gemeint sein könnte und wie eine christliche Sozialethik zum *Recht auf Arbeit* steht.
Die Kirchen haben einen erheblichen Einfluß auf die weltanschauliche Bestimmung unserer Gesellschaft, d. h. auf den Bereich der Wertbildung und der Vertretung moralischer und sozialethischer Zielsetzungen. Dieser Kredit, der ihnen von der Mehrheit der Gesellschaft zugestanden und positiv akzeptiert wird, schließt aber ein, daß dieser Kredit auch verspielt werden kann. Da jedoch in unserer Gesellschaft aufgrund des Interessengegensatzes von Kapital und Arbeit auch starke Gegensätze in den Werthaltungen bestehen, sehen sich die Kirchen in der schwierigen Situation,

5 Hierauf verweist besonders Tödt, Arbeitslosigkeit, 138.

entweder einen ethischen Kompromiß gegenüber den Konfliktträgern anzustreben, in dem die widersprüchlichen Interessen überdeckt werden, oder sich, entsprechend ihrer Ursprungstradition, zu einer wirklichen Solidarität mit den Beladenen zu bekennen, statt sich auf einen höheren Standpunkt über den widerstreitenden Interessen zurückzuziehen und selbstbewußt anzumerken, die Diskussion sei »bisher weitgehend einseitig von interessenbezogenen Standpunkten aus geführt« worden (so D 7,7)[6]. Je stärker der zweite Weg eingeschlagen wird, desto klarer können aller Voraussicht nach auch die Stellungnahmen der Kirchen aussehen. Als Beispiel sei hier H. E. Tödt zitiert:

»Kapitalbesitzer, Unternehmer und Gewerkschaften, die Regierungen und die öffentliche Hand haben hinsichtlich des Problems der Arbeitslosigkeit je ihre eigenen Interessen, was man nicht zuletzt in den Tarifverhandlungen erkennen kann. Oft fragt man sich, wer hier wirklich die Interessen der Arbeitssuchenden vertritt. Es steht der Kirche gut an, dieses auch heute so zu tun, wie es schon in den reformatorischen Gemeindeordnungen geschehen ist.«[7]

Ein deutliches Wort, freilich mit einem unschönen Mißklang: ist es ein Akt von Gedankenlosigkeit oder zeugt es von tieferer Absicht, wenn den Arbeitssuchenden en passant *ihre* Interessenvertretung verdächtig gemacht wird und die Kirche sich als *die* wahre Interessenvertreterin anbietet; zeigt sich eigentlich hier Konkurrenz oder (wenn notwendig auch durchaus kritische) Solidarität?
Weil es zu keiner wirklichen Solidarität mit den Beladenen kommt, zeigen sich in der sozialethischen Diskussion merkwürdige Verschiebungen, gerade bei dem hier häufig auftauchenden Wert Solidarität. Aus der biblischen Solidarität mit den Beladenen wird, so bei K. Kaiser, eine »neue Solidarität innerhalb der Arbeiterschaft«, bei der »Besitzstände infragegestellt« und »Erwartungshaltungen realitätsbezogen« bleiben müssen, und eine ebenso neue Solidarität »zwischen Kapital und Arbeit«, die darin besteht, daß die einzelnen Unternehmer ihre Arbeitnehmer am erwirtschafteten Gewinn beteiligen, wohl wissend, daß *(ohne eine Mitbestimmung über die Produktionsziele)* »eine solche Politik des teilweisen Verzichts auf Gewinne sogar zu einer Stärkung der Kapitalbasis« führt[8].

6 Zu einer kritischen Reflexion über den Wert »Solidarität« vgl. meine Arbeit, Hinwegzunehmen die Lasten der Beladenen, München 1979, Kap. 6.3.
7 Tödt, Arbeitslosigkeit, 138.
8 K. Kaiser, Die Arbeitszeit verkürzen. Herausforderung für einen neuen Lebensstil, in: Ev. Kommentare 12 (1979) 81–83, 83.

4.2 Theologie der Arbeit

Wichtig für die eigene Selbstfindung ist eine intensivierte Beschäftigung mit einer theologischen Beurteilung der Arbeit, wie sie exemplarisch in dem folgenden Beitrag vollzogen wird. Sie muß einerseits einen utopischen Aspekt haben, wie sich Arbeit gestaltet in einer Gesellschaft, die frei ist von aller Knappheit der Mittel und allen Formen der physischen und psychischen Ausbeutung. Dies ließe sich darstellen am Mythos vom schaffenden Gott: Welche Inhalte muß eine sinnvolle Arbeit haben? Die Arbeit muß erfahrbar ein Teil einer Gesamtkooperation sein, muß den Charakter des Schöpferischen in sich tragen, d. h. Körper, Seele und Geist müssen daran beteiligt sein; sie muß selbstbestimmt und frei auf sich genommen werden; darf nicht selbstzentriert, sondern soll kooperativ sein; darf weder das Leben gefährdend noch ausschöpfend sein; es muß ein Raum neben der Arbeit als ein Raum des Wohlgefallens wie der Erholung sein; sie darf durch Lohn und soziale Sicherheit nicht diskriminieren, sondern muß gleiche Möglichkeiten der Wahl für alle eröffnen.
Aus dem Bild der Arbeit in seiner utopischen Hoffnung müssen sich Vorstellungen entwickeln lassen, die zeigen, wie zum einen Arbeit in der Antizipation jener utopischen Vorstellungen organisiert werden kann (Stichwort: Arbeit als Eigenarbeit), wie sie andererseits darauf beharren muß, daß ein Recht auf Arbeit besteht, da Arbeit selbst ein Teil der menschlichen Würde darstellt.

4.3 Recht auf Arbeit

In der Bestimmung, was nicht nur menschenwürdige Arbeit ausmacht, sondern Arbeit überhaupt, können Kirchen ein wichtiges gesellschaftliches Anliegen angehen, indem sie eine theologische Interpretation des Rechtes auf Arbeit entfalten. Eine solche Interpretation muß sich auf das stützen, was in einer Theologie der Arbeit entwickelt wurde. Es bedeutet, daß der einzelne Mensch ein Recht auf Arbeit hat, weil dies unter theologischen Aspekten grundlegend für die menschliche Selbstachtung und die Anerkennung durch andere ist und er mit seiner Arbeit aufgenommen ist in einen Kommunikationszusammenhang gemeinsamen Denkens und Handelns. Ausschluß von der Arbeit bedeutet Ausschluß aus der Kommunikation mit anderen Menschen und Verlust von sozialer Anerkennung, gerade in einer Situation von Lohnabhängigkeit, in der menschenwürdige Arbeit bedeutet, nicht Empfänger sozialer Hilfeleistungen zu sein, sondern durch seine Arbeit auch das Recht auf menschliche Anerkennung zu erwerben. Dabei ist es als selbstverständlich anzusehen, daß das Recht auf Arbeit auch mit bestimmten Bestimmungen ausgestattet ist, mit denen Kriterien über die Menschenwürdigkeit solcher Arbeit festgelegt sind.

Es muß daher die Forderung einer christlichen Sozialethik sein, daß Recht auf Arbeit in das Grundgesetz der Bundesrepublik Deutschland aufgenommen wird. Das Recht auf Arbeit findet sich bereits in den Verfassungen von sechs Bundesländern und in der Verfassung von West-Berlin und ist wesentlicher Bestandteil der »Konvention über wirtschaftliche, soziale und kulturelle Menschenrechte« von 1966, § 6, der auch die Bundesrepublik beigetreten ist. Es ist jedoch notwendig, daß ausreichend gesichert ist, daß es sich hier um ein wirkliches Grundrecht handelt und nicht um eine appellative Forderung. Es muß geklärt sein, daß dies ein dem einzelnen zustehendes und einklagbares Rechtsgut ist und nicht eine ethisch-moralische Forderung.

Dies hat natürlich vor allem wesentliche Rückwirkung auf die Wirtschaftspolitik und unter Umständen auch auf die Wirtschaftsordnung der BRD. Es bedeutet, daß *in der Wirtschaftspolitik eine angemessene Vollbeschäftigung nicht nur als eines von drei oder vier anderen Wirtschaftszielen, etwa neben Wachstum und Handelsausgleich, erscheint, sondern Vorrang erhält vor diesen Zielen.* Die Einführung des Rechts auf Arbeit als Rechtsgut (wobei bestimmte Übergangsregelungen und Einschränkungen in gewissen Bereichen Berücksichtigung finden könnten) müßte parallellaufen zur Umstellung auf eine Wirtschaftspolitik, die zunehmend auf eine Bereitstellung neuer Arbeitsplätze ausgerichtet ist. Dies entspricht dem Verfassungsauftrag des Landes West-Berlin, in dem es heißt: »Dieses Recht (sc. auf Arbeit) ist durch eine Politik der Vollbeschäftigung und Wirtschaftslenkung zu verwirklichen.«

Bisher ist innerhalb der Kirchen selbst noch keineswegs ausreichend abgeklärt, was unter »Recht auf Arbeit« zu verstehen sei. Wie die Inhaltsanalyse kirchlicher Stellungnahmen zeigt (A: II, 3.3), besteht zwar eine allgemeine Zustimmung der synodalen und kirchenleitenden Gremien gegenüber der Forderung nach »Recht auf Arbeit«; wird jedoch, wie in einigen Stellungnahmen kirchlicher Institutionen und Verbände, die Verankerung dieses Grundrechtes in das Grundgesetz und eine darauf aufbauende Prioritätensetzung für das Wirtschaftsziel Vollbeschäftigung vertreten, erweist sich diese generelle Zustimmung sehr bald als außerordentlich brüchig. Rasch wird dann zwanghaft die Vorstellung von dem Pflichtcharakter der Arbeit und einer totalitären Planwirtschaft beschworen, als ob das Recht auf Arbeit nur unter solchen Bedin-

gungen verwirklichbar sei. Dies gilt auch für Stellungnahmen prominenter Sozialethiker.
M. Honecker z. B. geht in seinem Buch »Das Recht des Menschen« auf diese Forderung ein. Er stellt dabei die Freiheit der Berufswahl in der BRD der Verfassung der DDR gegenüber, die jedem einen Arbeitsplatz garantiert, stellt dann aber den Zwangscharakter der Arbeitszuweisung der Freiheit der Berufswahl in der BRD gegenüber und konstatiert dies als Gegensatz von Sicherheit und Freiheit, als gäbe es bei uns keine Berufssteuerung und stehe es jedem frei, wo und welchen Arbeitsplatz er wählen könne. Außerdem konkurriere mit dem Recht auf Arbeit die »Rechte der Arbeitgeber auf freie Nutzung ihres Eigentums und auf wirtschaftlichen Gewinn«[9]. Ganz abgesehen davon, daß das GG kein Grundrecht auf Kapitalgewinn kennt, wird überhaupt keine Abwägung der verschiedenen Grundrechte vollzogen. Zwar könne der Staat durch internationale Verträge (warum nicht aus eigenem Antrieb?) gezwungen sein, bestimmte Rahmenbedingungen zu schaffen und zu sichern, aber dies wird durch den Verweis eingeschränkt, es seien »einsichtigerweise solchen Staatsleistungen Grenzen aufgrund der finanziellen Mittel und Ressourcen gesetzt«[10]. Hier wird der Anschein erweckt, als seien die Aufteilung der Produktionsüberschüsse in Löhne, Unternehmergewinne und öffentliche Einnahmen unverrückbar. Ohne daß dies explizit ausgesprochen wird, erhält das Recht auf Arbeit jedenfalls keinen Vorrang vor der Gewinnmaximierung des Unternehmers.
Schließlich erscheint es mir wichtig, einen wesentlichen Gesichtspunkt festzuhalten: Wie alle Freiheits- und Sozialrechte ist das »Recht auf Arbeit« ein Individualrecht. Jeder *einzelne* hat dieses Recht. Dies ist wichtig festzuhalten angesichts der breiten Tendenz, etwa Frauen, die mit einem verdienenden Mann verheiratet sind, in die Teilzeitarbeit zu drängen unter dem Hinweis, sie müßten angesichts zu vieler arbeitsloser Familienväter mit ihren Arbeitswünschen zurücktreten. Dieses individuelle Sozialrecht kann nicht zurückgedrängt werden unter Berufung auf die Solidargemeinschaft der Familie.

5. Wohinter die Kirchen nicht mehr zurückkönnen

Es zeigt sich hier wie auch sonst bei den kirchlichen Stellungnahmen, daß eine kirchliche Forderung für die Einführung eines

9 M. Honecker, Das Recht des Menschen, 1978, 81.
10 Ebd.

Rechts auf Arbeit, begründet auf einer Theologie der befreiten und selbstbestimmten Arbeit, bestimmte »Eckdaten« setzen muß, wenn sie in die gesellschaftspolitische Diskussion eingreifen will. Sie kann sich gerade nicht darauf beschränken, ökonomische Eckdaten als gegeben hinzunehmen und die aufgrund dieser Eckdaten freigesetzten Arbeitslosen dann beratend zu betreuen, sondern muß ihrerseits die wesentlichen Punkte nennen, hinter die eine gesellschaftspolitische Lösung der Arbeitslosenfrage nicht zurückfallen darf. Wenn sie die sozialethische Frage ernst nimmt, kann sie nicht an bestimmten Fakten vorbeigehen, sondern muß in der politischen Szene eindeutig sagen, daß die Lösung des Arbeitslosenproblems nicht billiger zu haben und nicht einfacher zu realisieren ist.
Die wesentlichen Fakten, die anerkannt werden müssen, bevor überhaupt über eine sinnvolle Lösung der Arbeitslosenproblematik gesprochen werden kann, sind die folgenden:

5.1 Die Krise ist strukturell, nicht durch ein Konjunkturtief bedingt

Die hohe Zahl der Arbeitslosen von rd. 1 Million, wozu nach der Abwanderung von 600 000 ausländischen Arbeitnehmern (seit 1973) noch die (für 1977) geschätzte Zahl von 670 000 Personen kommen, die der »verdeckten« Arbeitslosigkeit zuzurechnen sind (Jugendliche, die nicht als Arbeitslose geführt werden; Frauen, die keinen geeigneten [Teilzeit-]Arbeitsplatz finden, frühverrentete ältere Arbeitnehmer)[11], ist *nicht das Ergebnis einer konjunkturellen Krise,* die mit der Zunahme der erhöhten Investitionstätigkeit entscheidend abzubauen ist. Im Gegenteil handelt es sich um eine *strukturelle Krise* der bestehenden Wirtschaftsordnung, die mit den ausbalancierenden Prozessen der »Wirtschaftsdynamik« und einer sie »flankierenden« Staatstätigkeit, soweit sie in dem bisherigen Ausmaß verbleibt, nicht zu lösen ist. »Die Problematik gegenwärtiger Strukturwandlungen (und befürchteter künftiger Strukturbrüche) unterscheidet sich von derjenigen in der Vergangenheit ... erheblich dadurch, daß die für die reibungsarme Bewältigung unerläßliche allgemeine Wirtschaftsdynamik zumindest vorübergehend ausgesetzt hat. Das bedeutet, daß strukturbedingte Freisetzungen nicht durch entsprechende Expansionen in anderen Bereichen aufgewogen werden, wie dies früher der Fall war.«[12]

11 Katterle, Arbeitslosigkeit, 32 ff.
12 Autorengemeinschaft, Zum Problem der »strukturellen Arbeitslosigkeit«, in: Mitteilungen aus dem Institut für Arbeitsmarkt- und Berufsforschung 9 (1976) 70–85, 71.

Im Gegenteil ist anzunehmen, daß durch Rationalisierungsprozesse (insbesondere durch den verstärkten Einsatz von Mikroprozessoren) weitere Arbeitsplätze wegfallen. Zudem werden zumindest bis 1985 die geburtenstarken Jahrgänge aus den fünfziger und dem Anfang der sechziger Jahre auf den Arbeitsmarkt drängen. Das Institut für Arbeitsmarkt- und Berufsforschung errechnet für die Jahre von 1975 bis 1990 eine Zunahme des inländischen Erwerbspotentials um 1,1 Millionen Personen[13]. Das Deutsche Institut für Wirtschaftsforschung (DIW) prognostiziert bis 1985 unter Status-quo-Bedingungen eine Zunahme der unbeschäftigten Erwerbspersonen (registrierte Arbeitslose plus stille Reserve) auf 2,6 Millionen[14]. Kurzfristige Maßnahmen, wie der Entzug von Arbeitskräften durch Erziehungsmaßnahmen (10. Schuljahr), Umschulung und kurzfristige Beschäftigungsmaßnahmen (wie die ABM-Programme) sind sinnvoll, helfen aber mittel- und langfristig nicht, das Problem zu lösen. Sicher kann man auch eine permanente Arbeitslosenziffer von 5 % verdrängen, wie das Beispiel der USA zeigt, aber dies wäre wenig passend für Kirchen, die sich als »Gewissen der Nation« betrachten.

5.2 Höheres wirtschaftliches Wachstum bringt keine entscheidende Reduktion

Es besteht keine gewichtige Aussicht, daß durch ein starkes wirtschaftliches Wachstum die Zahl der Arbeitslosen in entscheidendem Maß reduziert werden könnte. Dagegen sprechen eine Reihe von Gründen:

a) Es ist nicht anzunehmen, daß die Wachstumsrate von 1950–1954 von 8,7 % je wieder erreicht wird. Es zeigt sich eindeutig, daß, im Vier-Jahres-Durchschnitt berechnet, ein kontinuierlicher Rückgang von 8,7 %-Zuwachs des Bruttosozialproduktes (1950–1954) auf 3,6 % im Zeitraum von 1970–1974 zu beobachten ist[15].

b) Ferner zeigt sich, daß das Anwachsen der Produktivität sich zunehmend von der Zunahme der Beschäftigten abkoppelt. Dies läßt sich daran nachweisen, daß das Anwachsen der Produktivitätsziffer nicht automatisch zu einer Reduzierung der Arbeitslosenziffer führt. »Trotz eines wirtschaftlichen Wachstums von real 5,6 vH verharrte 1976 die Zahl der Arbeitslosen mit durchschnittlich 1,055 Mill. auf nahezu dem gleichen Niveau wie im Krisenjahr 1975, das

13 Bundesanstalt für Arbeit, Überlegungen II zu einer vorausschauenden Arbeitsmarktpolitik, 1978, 137.
14 DIW-Wochenbericht 15/1978, 152.
15 Zinn, 10 Jahre, 58 f.

jedoch durch einen Produktionsrückgang von rd. 3,3 vH gekennzeichnet war.«[16] Ganz offensichtlich kehrt sich der Zusammenhang zwischen Beschäftigung und Investitionen um. Dies zeigt die Entwicklung in der Industrie der BRD 1970–1976: »in diesem Zeitraum wurden Bruttoinvestitionen in Höhe von 212,6 Mrd. DM (jeweilige Preise) getätigt, während im gleichen Zeitraum 1 175 000 Arbeitsplätze in der Industrie verlorengegangen sind (– 13,7 v. H.).«[17] Aufgrund der Rationalisierungsmaßnahmen deutet sich die Tendenz an, daß immer mehr mit immer weniger Arbeitskräften produziert werden kann.

c) Angesichts der ökologischen Krise und der sozialen Lage in der Dritten Welt stellt sich die grundsätzliche Frage, ob es überhaupt erlaubt ist, die Probleme im eigenen Haus durch eine Erhöhung der Produktivitätsrate zu lösen, gerade im Hinblick auf die begrenzten Ressourcen und im Hinblick auf ein dadurch gewecktes, aber unerfüllbares Anspruchsniveau des Restes der Welt. Das bedeutet nicht, daß weitere Rationalisierungen nicht wünschenswert seien. Es ist jedoch auch hier auf das Verursacher-Prinzip zurückzugreifen. Es geht nicht an, daß der wirtschaftliche Gewinn allein auf Kosten dessen geht, der seinen Arbeitsplatz verliert, und auf Kosten des Staates, der hier Maßnahmen der Unterhaltssicherung finanzieren muß. Wenn Arbeitsplätze fortrationalisiert werden, muß dies mit der Auflage verbunden sein, entweder in dem jeweiligen Unternehmen einen neuen Arbeitsplatz aufgrund von Erweiterungsinvestitionen zu schaffen oder eine Abgabe zu leisten, um einen neuen Arbeitsplatz zu schaffen, wie dies vergleichsweise mit der Lehrlingsabgabe angezielt worden war.

5.3 Auch erhöhte Gewinne allein schaffen keine neuen Arbeitsplätze

Die Begünstigung der Gewinnsteigerung durch Reduktion der öffentlichen Einnahmen und der Löhne kann nur sehr begrenzt zu einer Lösung des Arbeitslosenproblems beitragen. Jüngere Untersuchungen belegen, daß Erweiterungsinvestitionen dann eingeleitet werden, wenn eine deutliche Nachfrage besteht, die die bisherigen Produktionskapazitäten übersteigt, und zwar ohne große Rücksicht auf angesammeltes Kapital. Erhöhte Gewinne werden vor allem verwendet für Rationalisierungsmaßnahmen, für den Kauf

16 H. Seifert, Zur Kontroverse um die Arbeitszeitverkürzung, in: WSI Mitteilungen 30 (1977) 247–254, 248.

17 Arbeitsgruppe »Alternative Wirtschaftspolitik«, Memorandum – Alternativen der Wirtschaftspolitik, 1978, 123.

anderer Unternehmen und für Kapitalexport, nicht jedoch für die Schaffung neuer Arbeitsplätze[18]. Nur dann, wenn eine ansteigende private oder öffentliche Nachfrage erkennbar wird, werden Erweiterungsinvestitionen durchgeführt, und zwar in Hoffnung auf zukünftige Gewinne; hohe Gewinne bei fehlender und nicht vom Unternehmen her durch Werbung gesteuerter Nachfrage führen zwangsläufig zur Suche nach anderen Möglichkeiten der Kapitalverwertung. Dabei kann die Frage offenbleiben, ob die private und öffentliche Nachfrage ausbleibt, weil die bestehende Vermögensverteilung eine Erweiterung der Nachfrage hemmt, oder weil überhaupt, wie W. Bierter und E. v. Weizsäcker meinen, »sich Sättigungserscheinungen der Nachfrage pro Kopf ab(zeichnen). Nahrung, Kleidung, Wohnung und Erholung sind reichlich angeboten. Die Industrie lebt auch bei dauerhaften Gütern wie Autos, Geräten und Wohnung zunehmend vom Ersatzbedarf und ist versucht, künstliche Kurzlebigkeit der Produkte durchzusetzen.«[19]

5.4 Keine Lösung auf Kosten der Lohnabhängigen!

Es ist nicht zumutbar, selbst wenn man der These 5.3 nicht völlig zustimmen kann, das Arbeitslosenproblem auf dem Rücken der Lohnabhängigen auszutragen, wie dies gegenwärtig die Praxis ist. Es widerspricht dem Prinzip der Gerechtigkeit, wenn angesichts einer wirtschaftlichen Krise, die von den einzelnen Arbeitnehmern nicht verschuldet ist, diesen ein reduziertes Einkommen zugemutet wird in der Gestalt von Arbeitslosigkeit und durch Zwang, einen niedrig bezahlten Arbeitsplatz anzunehmen, besonders wenn als zusätzliche Härte eine zeitweilige Trennung von der Familie oder eine Umsiedlung in eine unvertraute Örtlichkeit in Kauf genommen werden muß. Bedrückend sind hier auch die Vorschläge von K. Kaiser, der davon ausgeht, daß die Beschäftigten bei Arbeitszeitverkürzung auf einen Lohnausgleich verzichten müssen. Dies darf jedoch aus politischen Gründen nicht offen geschehen, sondern nur in der Form, »daß der Produktivitätsfortschritt nur in begrenzter Höhe in Form von Lohnzahlungen weitergegeben wird«[20], in der

18 Katterle, Arbeitslosigkeit, 40. DIE ZEIT, Die deutsche Herausforderung, 23. März 1979, Nr. 13, Untertitel »Zu Hause wartet eine Million Arbeitsloser auf sie. Und dennoch: Wieder bringen deutsche Unternehmer ihr Kapital über die Grenzen«, 25.

19 W. Bierter/E. v. Weizsäcker, Strategien zur Überwindung der Arbeitslosigkeit, in: K. G. Zinn (Hg.), Strategien gegen die Arbeitslosigkeit, 1977, 196–206, 198.

20 Kaiser, Arbeitszeit, 82.

stillen Hoffnung, daß der Arbeitnehmer diese permanente Aushöhlung seines Einkommensstandards nicht mitbekommt. Dagegen muß mit aller Entschiedenheit gesagt werden: *Wenn die Lohnhöhe zur Disposition stehen soll, dann gilt dies auch für die betrieblichen Gewinne und die privaten Kapitaleinkünfte.*

Damit soll nicht gesagt werden, daß es nicht notwendig sei, eine generelle Umverteilung des gesellschaftlichen Reichtums von den kapitalistischen Ländern zu denen der Dritten Welt anzustreben. Es kann aber nicht gerechtfertigt werden (und ist ökonomisch gesehen auch nicht einmal sinnvoll), wenn den Vertretern des Kapitals keinerlei Beschränkung ihres persönlichen Lebensaufwandes zugemutet wird, sondern im Gegenteil durch Ausweitung des Kapitalbesitzes nicht nur dieser verbessert, sondern auch ihre wirtschaftliche Machtposition verstärkt wird, die die Ursache der erheblichen ökonomischen Ungleichheit darstellt. Es kann daher die Regulierung und Reduzierung des Arbeitsmarktes nicht auf Kosten derer gehen, die aus ökonomischen Gründen ihre Arbeitsplätze verlieren und nur unter verschlechterten Bedingungen überhaupt noch Arbeit finden.

5.5 Gleiches Recht auf Arbeit für alle!

Es muß bei der Forderung nach dem Recht auf Arbeit für alle den Kirchen deutlich sein, daß *alle, die Arbeit suchen, die gleichen Rechte haben,* seien sie nun Familienväter, Jugendliche, Frauen, Unqualifizierte, Behinderte, ältere oder ausländische Arbeitnehmer. Für die Unternehmensseite sind insbesondere Jugendliche, Frauen, Behinderte, ältere Arbeitnehmer *zu teure* Arbeitskräfte, da sie aufgrund ihrer körperlichen Gegebenheiten nicht die Gewähr einer kontinuierlichen Arbeit bieten oder durch soziale Schutzrechte dem Unternehmer im Rahmen der tariflichen Abmachungen nur mit Einschränkungen zur Verfügung stehen. Es sollte hierbei auch nicht in Vergessenheit geraten, daß bei 28,8 % der Arbeitslosen vom Ende Mai 1978 gesundheitliche Schädigungen vorlagen, von denen man annehmen muß, daß sie doch wenigstens zum Teil auf die bisherige Beschäftigung zurückzuführen sind. Es zeigt sich, daß in Zeiten hoher Arbeitslosigkeit »die Unternehmen durch *personalpolitische Auslesestrategien* Gruppen von Erwerbspersonen aussondern, deren Leistungsfähigkeit in Zeiten der Arbeitskräfteknappheit den Ansprüchen der Arbeitgeber vollauf genügt hat. Heute fallen diese Gruppen veränderten Einstellungs- und Beschäftigungsmaßstäben zum Opfer.«[21] Es muß für die Stellungnah-

21 Katterle, Arbeitslosigkeit, 33 f.

men der Kirchen eindeutig sein, daß sie nicht bereit sind, einer Diskriminierung aufgrund mangelnder Fähigkeit und einem Abbau der sozialen Schutzrechte zuzustimmen. Es kann nicht angehen, daß diese vergleichsweise teuren Arbeitskräfte »verbilligt« werden, indem es zu einem Abbau der ohnehin nur mühsam errungenen und nicht gerade überwältigenden Schutzrechte kommt. Dies kann kein Verhandlungsobjekt sein, wenn es um die Reduzierung der Arbeitslosenziffer geht.

5.6 Vorbeugen ist besser als heilen

Für jede kirchliche Forderung, das Recht auf Arbeit zu verwirklichen, muß der Grundsatz gelten, daß *Vorbeugen besser ist als heilen.* Jeder Schritt, etwas gegen die Arbeitslosigkeit zu tun, muß die Priorität vor der Hilfe für Arbeitslose haben, sofern eine so ausschließende Betrachtungsweise überhaupt sinnvoll ist. Dies belegen die Projekte Bruchsal und Burbach. Da der Abbau von Arbeitsplätzen und ihre eventuelle Verlagerung eine *Sache der Unternehmensentscheidung* ist, muß sich die kirchliche Forderung nach Recht auf Arbeit notwendigerweise zugleich für eine betriebliche Mitbestimmung einsetzen, und zwar einer qualifizierten Mitbestimmung, in der die Arbeitnehmer nicht nur darüber mitentscheiden, wie die Form der Produktion zu gestalten ist, sondern auch, welche *Ziele* der Produktion anzustreben sind. Jede Mitbestimmung, die bei der Mitbestimmung über vorgeblich notwendige Entlassungen endet und als äußerste Möglichkeit die Erstellung von Sozialplänen ansieht, ist unwirksam gegen eine Ausweitung der Arbeitslosigkeit. Erst da, wo Arbeitnehmer über den Abbau, die Neuinvestitionen und die Verlagerungen von Betriebsstätten qualitativ mitbestimmen, ist ein wesentlicher Ausgangspunkt gegeben, wirksame Maßnahmen gegen die Arbeitslosigkeit einzuleiten.

5.7 Gesamtgesellschaftliche statt einzelbetriebliche Kostenrechnung

Schließlich müssen die Kirchen, wenn immer sie das Problem der Arbeitslosigkeit unter den sie verpflichtenden Normen von Theologie und Sozialethik angehen wollen, *von einer Kostenrechnung abgehen, die allein auf das Einzelunternehmen ausgeht.* »Folgt man«, so H. E. Tödt, »nämlich in der Wirtschaft nur den Zielen der technischen Rationalität, der höchsten Effizienz, des optimalen Gewinns, so wird man oft auf arbeitsintensive Produktionsweisen verzichten, wird also auch Arbeitsplätze vernichten, die auf andere Weise wirtschaftlich rentabel wären.«[22] Gerade im Zusammenhang

22 Tödt, Arbeitslosigkeit, 138.

mit der Arbeitslosigkeit entstehen erhebliche soziale Kosten, von den gesamtwirtschaftlichen ganz abgesehen. Hierzu sind nicht nur die Kosten zu rechnen, die aus den verschiedenen Sicherungen gegen Arbeitslosigkeit und durch Arbeitsvermittlungs- und Arbeitsbeschaffungsprogramme entstehen, sondern auch die Folgekosten andauernder Arbeitslosigkeit, die zu dem Absterben von Arbeitsmotivation und zu Ersatzhandlungen durch Rauschmittel, Krankheiten und Kriminalität führt.
Es ist sicher mit einigen Schwierigkeiten verbunden, über diese »Eckdaten« zu einem Konsens in den Kirchen zu kommen. Insbesondere in der evangelischen Kirche stehen, wie bereits zu Anfang ausgeführt, kirchenleitende Gremien, Theologie und Sozialethik relativ uninformativ und distant zu den Vorgängen im ökonomischen Bereich und ihren theoretischen Interpretationen, während sie z. B. für Fragen im staatlichen Bereich, insbesondere in der Familienpolitik, eine erhebliche auch fachwissenschaftliche Kompetenz beanspruchen und sehr viel spezifischer auf gesetzliche Regelungen drängen. Dennoch können heute angesichts der Krise der Unterbeschäftigung bestimmte ökonomische Feststellungen und ordnungstheoretische Ansätze nicht länger unbefragt von ihnen übernommen werden.

6. *Strategien gegen Arbeitslosigkeit*

Strategien gegen die Beendigung der Massenarbeitslosigkeit dürfen, wie gesagt, nicht hinter die genannten »Eckdaten« zurückfallen, insbesondere nicht hinter die Einsicht, daß der größere Teil der derzeitigen Arbeitslosigkeit nicht auf die Wirtschaftskrise von 1974 und 1975 zurückgeht, »sondern in seinen Wurzeln in die Phase rapiden Wachstums während der sechziger Jahre zurückreicht«. Gefordert »ist nicht weniger als die Entwicklung neuer Strategien zur Beschäftigungs- und Arbeitsmarktpolitik«, denn es handelt »sich um eine Aufgabe von einer Größenordnung und Komplexität, die seit der Erlangung der Vollbeschäftigung in der BRD nicht mehr gekannt wurde und die mit dem bislang erarbeiteten Instrumentarium nicht zu bewältigen sein dürfte«[23]. Diese neuen Strategien zu entwickeln und zu realisieren ist aber notwendig, wenn das von den Kirchen geforderte »Recht auf Arbeit« nicht nur ein frommer Wunsch bleiben, sondern sich zur sozialen Tat entwickeln soll. Es ist zugleich sicher damit zu rechnen, daß bei einer

23 W. Sengenberger, Arbeitslosigkeit und Arbeitsmarkstruktur, in: WSI Mitteilungen 30 (1977) 213–223, 223.

zielgerichteten Durchführung der folgenden Maßnahmen an vielen Punkten mit erheblichen Widerständen von seiten des Kapitals zu rechnen ist, aber auch von dem Teil der Lohnabhängigen, die aufgrund ihres derzeitigen Ausbildungsstandes und ihrer derzeitigen Arbeits- und Leistungsfähigkeit durch die Kapitalseite besonders privilegiert werden (was sich insbesondere auf die Sicherheit ihres Arbeitsplatzes und der bisherigen Entlohnung bezieht), die aber in wenigen Jahren zum »alten Eisen« gehören können. Folgende Strategien lassen sich nennen:

6.1 Verbesserte Arbeitsmarktpolitik durch die Bundesanstalt für Arbeit

Die jetzige Tätigkeit der Bundesanstalt für Arbeit hat durchaus eine Reihe von Erfolgen aufzuweisen, die intensiviert und verbessert werden könnten. Dies würde Maßnahmen zum verstärkten Ausbau der Berufs- und Arbeitsberatung, zur Effektierung der Stellenvermittlung und zum Ausbau der Arbeitsmarkt- und Berufsforschung erfordern. Immerhin rechnete die Bundesanstalt für Arbeit nach eigenen Angaben damit, daß z. B. für 1977 durch die vorgesehenen Mittel für Kurzarbeit, Allgemeine Maßnahmen zur Arbeitsbeschaffung (ABM) und Vollzeitmaßnahmen zur beruflichen Bildung voraussichtlich rund 175 000 Personen zumindest vorübergehend den Arbeitsmarkt entlasten werden. Deutlich zeigt sich jedoch, daß über mehrere Jahre hinweg gesehen die Zahl derjenigen sinkt, die durch solche Maßnahmen erfaßt werden[24]. Insbesondere die Umschulungsmaßnahmen begünstigten »im wesentlichen die Aufstiegsmobilität von schon relativ etablierten Gruppen und vernachlässigten eine vorsorgende Anpassungsmobilität von Risikogruppen«[25]. Von daher ist zu fordern, daß die Bundesanstalt für Arbeit bei ihren Förderungsmaßnahmen insbesondere Problemgruppen und Problemregionen berücksichtigt und damit zu einer aktiven Förderungspolitik übergeht. Zudem müßten verstärkt Begrenzungen und Überprüfungen vorgenommen werden, damit, wiederum insbesondere bei den Mitteln für Kurzarbeit und ABM, diese Maßnahmen nicht von Betrieben dazu benutzt werden, Lohnkosten für regulär notwendige Arbeitsplätze einzusparen.

24 Autorengemeinschaft, Der Arbeitsmarkt in der Bundesrepublik Deutschland 1977 (insgesamt und regional) und die Auswirkungen arbeitsmarktpolitischer Maßnahmen, in: Mitteilungen aus dem Institut für Arbeitsmarkt- und Berufsforschung 10 (1977) 1–13, 7 ff.

25 D. Freiburghaus/G. Schmid, Probleme der Beschäftigungspolitik bei anhaltend hoher Arbeitslosigkeit, in: H. Seifert/D. B. Simmert (Hg.), Arbeitsmarktpolitik in der Krise, 1977, 100–124, 109.

Diese Strategie hat jedoch dort ihre Grenzen, wo weniger Arbeitsplätze angeboten werden, als Arbeitssuchende vorhanden sind, oder bei der Besetzung bestimmter Arbeitsplätze Anforderungen an Gesundheit und Alter gestellt werden, die es einem größeren Teil der Arbeitslosen unmöglich machen, auch bei Umschulung zu solchen Arbeitsplätzen Zugang zu finden. Hier, gezielt auf Problemgruppen, Lohnkostenzuschüsse von der öffentlichen Hand zu zahlen, wäre ohne Zweifel eine kostengünstigere und psychologisch für den einzelnen Betroffenen sinnvollere Lösung als die wachsenden Kosten für Arbeitsvermittlung und Umschulung; sie verstärkt freilich aber auch die ohnehin starke Tendenz der öffentlichen Subventionierung des privaten Kapitals.

6.2 Verkürzung der Arbeitszeit

Unter den Strategien zur Erreichung einer Vollbeschäftigung ist die Verkürzung der Arbeitszeit die am stärksten in der Öffentlichkeit diskutierte. Sie ist, durch einige Streiks bestätigt, zu einer zentralen gewerkschaftlichen Forderung geworden, insbesondere durch den Streik der IG-Metall in den Bezirken Nordrhein-Westfalen im Winter 1978/1979. Ging es dort um den »Einstieg in der 35-Stunden-Woche«, also um die Verkürzung der Wochenarbeitszeit, gibt es daneben auch Überlegungen zur Verkürzung der Jahresarbeitszeit (mehr bezahlter Urlaub, Bildungsurlaub) und der Lebensarbeitszeit (10. Schuljahr, Teilzeitarbeit, Ausscheiden aus dem Arbeitsprozeß zu einem früheren Zeitpunkt als dem heute gesetzlich geregelten). Auch die Einführung und Verlängerung bezahlter Arbeitspausen wie auch der Abbau von Überstunden und Feierschichten gehören hierzu. Hinzuzurechnen ist auch Verkürzung der Arbeitszeit bei besonders gesundheitsgefährdenden Tätigkeiten wie der Nacht- und Feiertagsschichten.

Verkürzung der Arbeitszeit paßt unter den diskutierten und zu diskutierenden Strategien am besten in die gesellschaftliche Situation der BRD, da sie weitgehend im Bereich der Tarifautonomie von Arbeitgebern und Arbeitnehmern verbleibt, und zwar staatlicherseits gesetzliche Regelungen, aber keine aktive Staatstätigkeit in bezug auf Fremd- oder Eigen-Investitionen erfordert. Arbeitszeitverkürzung kann sich allerdings nur auf die Problematik der *strukturellen* Arbeitslosigkeit richten und bedarf zu ihrer Realisierung einer langfristigen Entwicklung. Eine rasche Verwirklichung würde voraussetzen »eine totale Mobilität und Substituierbarkeit der Arbeitskräfte . . ., eine Annahme, die kurz-, aber auch mittelfristig nicht gegeben ist«[26]. Der entscheidende Gesichtspunkt ist,

26 AaO., 113.

und dies hat Fritz Vilmar in verschiedenen Aufsätzen vehement vertreten, daß eine Vollbeschäftigung am wirksamsten zu erreichen ist, je knapper die Ware Arbeitskraft ist[27]. Vilmar vertraut hier auf die privatwirtschaftliche Initiative, der Betrieb werde sich schon seine Arbeitskräfte heranbilden, wenn ihm Arbeitskräfte in bestimmten Sparten fehlen, und verweist auf die Zeiten der Hochkonjunktur, wo dies geschehen sei. Zu befürchten ist allerdings, und dies scheint mir der wesentliche Einwand zu sein, daß dies ein erhebliches Gefälle in der Entlohnung zwischen denjenigen privatwirtschaftlich organisierten Branchen, die aufgrund ihrer Marktposition hohe Gewinne erzielen (und damit hohe Löhne zahlen) können, und den übrigen Branchen, vor allem aber auch dem öffentlichen Sektor, mit sich bringen würde. Dies würde zu einer Verschlechterung des öffentlichen Angebotes führen und kaum Erweiterung in die Bereiche erlauben, die nicht gewinnbringend zu betreiben sind, so daß sich also der alte Konflikt von privatem Reichtum und öffentlicher Armut eher noch verstärkt als vermindert.

Zu beachten ist, daß die Verkürzung der Lebensarbeitszeit bestimmte ohnehin benachteiligte Gruppierungen besonders hart trifft. So ist die Einführung eines generellen 10. Schuljahrs nicht unproblematisch angesichts der allgemeinen Schulmüdigkeit der Jugendlichen; es müßten erst noch Unterrichtspläne und entsprechende Einrichtungen geschaffen werden, die dem Heranwachsenden eine breitere Entfaltung seiner Interessen und Fähigkeiten ermöglichen, statt eine Fortschreibung der bisherigen Schulpraxis zu betreiben; sonst werden Schulen zu Verwahranstalten. Eine verstärkte Einführung von Teilzeitarbeit würde einen verstärkten Druck auf die berufstätige Ehefrau zur Folge haben, sich mit einem halben Arbeitsplatz angesichts der Arbeitslosigkeit der Männer zufriedenzugeben. Überhaupt nicht zu befürworten ist eine *generelle* Vorverlegung des Rentenalters; es widerspricht völlig dem, was über die Bedeutung der Arbeit für den Menschen gesagt wurde; dagegen ist nichts zu sagen hinsichtlich einer Möglichkeit der allmählichen Reduzierung der Arbeitszeit bei älteren Bürgern entsprechend ihrer Fähigkeiten und Interessen; dieser Prozeß dürfte dann aber auch nicht mit 60 bzw. 65 Jahren unbedingt abgeschlossen sein. Sehr grundsätzlich ist zu sagen, daß *die Arbeitszeitverkürzung nicht gerade die Personengruppen betreffen darf,*

27 F. Vilmar, Systematische Verknappung des Arbeitskraft-Angebotes: Unverzichtbare Strategie erfolgreicher Vollbeschäftigungspolitik, in: Zinn, Strategien, 161–184.

die es ohnehin am Arbeitsmarkt schwer haben. Die Schwierigkeiten, diesen Gruppen einen Arbeitsplatz zu vermitteln, sollen keineswegs dazu führen, daß ihnen durch moralischen Druck oder kurzfristige Belohnungen der Nichteintritt in die Arbeitswelt oder das Ausscheiden schmackhaft gemacht werden. Ganz im Gegenteil sind diese Gruppen durch das zur Verfügung stehende Instrumentarium besonders zu fördern.

6.3 Humanisierung und Mitbestimmung

Eine bekannte Beobachtung ist die, daß Betriebsleitungen auf die Verkürzung von Arbeitszeit vielfach nicht durch verstärkte Einstellungen reagieren, sondern durch die Erhöhung der Arbeitsintensität. Bekannt ist die Zumutung, während des Urlaubs des einen Mitarbeiters dem zurückgebliebenen einen Teil des Arbeitspensums des Urlaubers zu übertragen. Man kann jedoch zudem generell davon ausgehen, daß bereits während des letzten Jahrzehnts die Arbeitsintensität erheblich gesteigert wurde und sich die Arbeit unter körperlich ungünstigeren Bedingungen als bisher erhöht hat, wenigstens in bestimmten Bereichen. Die gewerkschaftliche Forderung nach der »Humanisierung der Arbeit« signalisiert die Gegenreaktion auf einen von der Öffentlichkeit bisher wenig bemerkten Prozeß. Es ist äußerst bedauerlich, daß viele Gewerkschaften diese Entwicklung nicht rechtzeitig erkannt und dagegen angetreten sind; jedoch bietet es die Diskussion um die Vollbeschäftigung an zu fragen, wie die verstärkte (insbesondere durch die Einführung technologischer und repetitiver Produktionsverfahren) Arbeitsintensität durch Reduktion der individuellen Arbeitszeit vermindert oder wenigstens kompensiert werden kann. Hier setzen die Forderungen nach verstärkten Arbeitspausen, nach Verkürzung der psychisch und sozial besonders belastenden Feiertags- und Nachtschichten und nach verlängertem Urlaub für durch Produktionsbedingungen besonders gefährdete Lohnabhängige an. Auch durch eine intensivierte Mitbestimmung können Maßnahmen vorangetrieben werden, die die Position des Lohnabhängigen und insbesondere des anderswo schwer zu Beschäftigenden gestärkt wird. Das rechtzeitige Bekanntwerden technischer Neuerungen kann Maßnahmen gegen eine zu rasche Einführung arbeitsplatzzerstörender Verfahren und solche zur Förderung der Sicherung der Weiterbeschäftigung, zur innerbetrieblichen Umsetzung, zur Umschulung und zur Bereitstellung alternativer Arbeitsplätze frühzeitig in Gang bringen.

Schließlich sei noch ein wesentlicher Gesichtspunkt genannt, der auffälligerweise in der deutschen Diskussion relativ selten auftaucht, das Problem nämlich, daß Arbeitsplätze auch deswegen verloren gehen, weil von der Unternehmensseite Fehlentscheidungen getroffen wurden. Solche Fehlentscheidungen können sich auf die Erweiterungen von Kapazitäten beziehen, die sich dann, weil unausgelastet, als nicht rentabel erweisen und zur Schließung des Betriebes führen, sie können in einer mangelhaften Produktentwicklung liegen oder in der Unfähigkeit, neue Produktionsziele angesichts einer für eine einzelne Firma aussichtslosen Marktsituation aufzufinden, oft auch nur an einer unzureichenden Finanzführung. Wie hier eine Mitbestimmung, die nicht nur eine Mitbestimmung über die Produktionsbedingungen, sondern auch über die Produktionsziele ist, den Abbau von Arbeitsplätzen verhindern kann, belegen Berichte über die Umorientierung von Produktionszielen, so von der Belegschaft des englischen Unternehmens Lucas Aerospace[28]. Offensichtlich gilt der deutsche Manager als unfehlbar, und die nicht ganz seltenen Konkurse sind Ergebnis der übergewaltigen Macht des Marktes und der Konkurrenz, nicht dagegen eines Miss-Managments. Eine erweiterte Mitbestimmung könnte hier vermutlich manches von Fehlentscheidungen verhindern, die vor allem vom Lohnabhängigen dann zu tragen sind.

6.4 Erweiterung der Staatstätigkeit

Trotz der hohen Arbeitslosigkeit weist der Staatssektor seit 1976 eine rückläufige Beschäftigung auf. Die Politik des »Personalstopps« und des schematischen Stellenabbaus im öffentlichen Dienst wie der Nichtwiederbesetzung von Stellen bei der Bundesbahn und der Bundespost hat zu einer weiteren Verschärfung der Arbeitskrise ihr Teil beigetragen. Zwar wurde zum ersten Mal im Jahre 1977 von der Bundesregierung ein Programm öffentlicher Ausgaben für Zukunftsinvestitionen in einem Umfang von 16 Mrd. DM beschlossen; die Beteiligung der Gemeinden an der Umsetzung dieses Programmes war sehr intensiv, entgegen dem in der Öffentlichkeit erweckten Eindruck; es wurden jedoch überwiegend nur solche Maßnahmen gefördert, die keine Folgekosten für zusätzlichen Personalbedarf bei der öffentlichen Hand hatten[29]. Demgegenüber besteht aber ein erheblicher Fehlbedarf an Stellen in den öffentlichen Einrichtungen. Viel Kritik an ihnen beruht ja gerade darauf, daß die öffentlichen Einrichtungen personell unter-

28 P. Löw-Beer, Das Recht auf Arbeit, die den Menschen nützt. Die konkrete Utopie von Lucas Aerospace, Kursbuch 53, 1978, 109–126.
29 Katterle, Arbeitslosigkeit, 43 f.

besetzt sind und ihnen überdies die besser qualifizierten Arbeitskräfte durch die private Wirtschaft aufgrund besserer Entlohnung entzogen werden, was zumindest in Zeiten von Hochkonjunktur nicht durch eine im einzelnen größere Arbeitsplatzsicherheit kompensiert werden kann (zugleich verstärkt dies den negativen Eindruck über die öffentlichen Verwaltungen, weil diese Arbeitsplatzsicherheit einer flexiblem Personalpolitik bestimmte Grenzen setzt). Es fehlen vor allem Ärzte im öffentlichen Gesundheitswesen, Kranken- und Altenpflegepersonal, Sozialarbeiter, Lehrer, insbesondere in Haupt- und berufsbildenden Schulen, wissenschaftliches Personal an Hochschulen sowie in der Finanzverwaltung und im Rechtsbereich. Konservative Einzelschätzungen lassen sich auf einen öffentlichen Stellenbedarf von rd. 600 000 Stellen summieren. Durch eine dauerhafte Erhöhung der Staatsausgaben von rd. 15 Milliarden DM könnten diese Stellen geschaffen werden; »ein derart hoher Beschäftigungseffekt ist bei kaum einer anderen finanzpolitischen Maßnahme erreichbar«[30].

6.5 Lenkung von Investitionen unter beschäftigungspolitischen Aspekten

Staat, Länder und Kommunen der Bundesrepublik erteilen im hohen Maße staatliche Aufträge und zahlen in verschiedensten Bereichen Subventionen (im Jahre 1975 war dies bereits 30 Mrd. DM), die verstärkt dazu benutzt werden sollten, sehr viel bestimmter als bisher auf ihren beschäftigungspolitischen Aspekt hin überprüft zu werden. Staatsaufträge und Subventionen sind dort nicht sinnvoll, wo sie Entwicklungen fördern, die früher oder später in eine ökonomische Sackgasse führen, wie zahlreiche Projekte der Rüstungsindustrie – deren immer mehr sich aufsteigernde Programme wegen ihres Effekts auf die Beschäftigungslage immer schwieriger rückgängig gemacht werden können –, wie die Entwicklung von menschenbedrohenden zivilen Technologien und wie die Stützung von Industrie-Produktionen, bei der die BRD längerfristig nicht mehr konkurrenzfähig sein kann oder die an deutliche Nachfrage-Grenzen stoßen. Andere Subventionen müßten zielgerichteter eingesetzt werden; so mag es durchaus ein öffentliches Interesse sein, in der Landwirtschaft nicht weitere Personen freizusetzen und die dörfliche Lebensqualität zu verbessern; diese Absicht sollte dann aber klarer angegangen werden.
Ein hoher Bedarf von öffentlichen Investitionen ist besonders im Bereich des sozialen Wohnungsbaus (insbesonder für kinderreiche

30 Alternative Wirtschaftspolitik, 106.

Familien) und für die Stadtsanierung, für den verstärkten Bau und eine verbesserte Struktur von Altenheimen, Einrichtungen für Behinderte und psychiatrische Institutionen, für den Ausbau des öffentlichen Personalverkehrs, für Umweltmaßnahmen und für berufsbildende Zentren insbesondere in ländlichen und strukturschwachen Regionen. In jedem Falle werden verstärkte Kontrollen notwendig sein, damit die beschäftigungspolitische Zwecksetzung erreicht wird und sie von seiten der Unternehmen durch die verschiedenen, auch öffentlich bekannt gewordenen Gegenmaßnahmen nicht unterlaufen wird.

7. *Abschluß*

Auf zwei Gefahren möchte ich abschließend hinweisen, die die Kirchen, wie andere öffentliche Institutionen auch, bedrohen: auf die Gefahr der Gewöhnung an hohe Arbeitslosigkeit und der Abdrängung der kritischen Anfragen in utopistische Konzepte. Um nur ein Beispiel für das erstere zu bringen: Die ZEIT brachte ein durchaus eindrucksvolles Dossier zu dieser Problematik, aber in weiteren Nummern scheint das Ganze vergessen zu sein. Es reicht nicht, im Tone hoher moralischer Intensität einmal eine Erklärung abzugeben, es bedarf der Einrichtung von kirchlichen Stellen in allen Landeskirchen und Synoden, die immer wieder neu an diese Problematik erinnern und Projekte in Gang setzt, für von der Arbeitslosigkeit bedrohte Theologen eine durchaus angemessene Tätigkeit. Solche Stellen könnten an Einrichtungen der Sozialpfarrämter und Ämter für Betriebsseelsorge angebunden sein.
Zum anderen sehe ich die Gefahr einer Verdrängung der Arbeitslosen unter utopistischen Konzeptionen. Unter dem Vorwand, es ginge um eine Tätigkeit, die weniger konsumorientiert und weniger bequem ist, die dafür aber mit geringer Bezahlung ausgestattet und stärkere asketische Verzichtsleistungen erfordert, werden insbesondere junge Menschen aus dem Arbeitsprozeß herausgelockt, obgleich jedem Verantwortlichen sichtbar sein muß, daß solche alternativen Lebensformen einerseits ein voll funktionierendes Wirtschaftssystem voraussetzen, ohne das eine alternative Kommune z. B. überhaupt nicht existieren könnte, andererseits auch nicht verallgemeinerungsfähig ist, weil es unmöglich wäre, die gesamte Bevölkerung der BRD in dieser Weise zu erhalten. Die Kirchen, aber auch in den Kirchen akzeptierte Ökonomen protestantischer Herkunft stehen einer solchen utopistischen Form von Arbeit nahe, weil sie sich immer noch nicht von den Prinzipien

protestantischer Sparsamkeit, asketischer Lebensführung und puritanischer Lebensgestaltung gelöst haben. Wie das Verhältnis zwischen neuem Verständnis von Arbeit und den Strategien *gegen* die Arbeitslosigkeit und damit der Einkommensminderung der Lohnabhängigen zu bestimmen ist, wird im folgenden Beitrag darzustellen versucht.

Yorick Spiegel

II. DIE ZUKUNFT DER ARBEIT UND DIE KIRCHEN

1. Überblick und Einordnung

Die Existenz von einer Million gemeldeter Arbeitslosen stellt Funktion und Sinn der Arbeit in unserer Gesellschaft überhaupt in Frage. Daher beschränkt sich der zweite Abschnitt der folgenden Ausführungen auch nicht auf das Problem der Arbeitslosigkeit. Es muß weiter gefragt werden: Welche Wirkungen gehen von der Arbeit auf Mensch und Gesellschaft aus? Liegen hier Prozesse zugrunde, in die eingeordnet erst das Problem der Arbeitslosigkeit seine tiefere Bedeutung gewinnt?

Dabei gilt es zu erkennen, daß die theologische Reflexion sich an den Wirkungen dieser Arbeit zu orientieren hat. Bislang stand im theologischen Denken eine Theologie der Arbeit im Vordergrund, die an einem geradezu antiken Arbeitsbegriff orientiert war. Wer heute über Arbeit spricht, muß über die Wirkungen sprechen, die sie im Rahmen einer Industriegesellschaft entfaltet.

Dabei zeichnen sich in diesen Gesellschaften Aussonderungsprozesse ab. Es entsteht Arbeitslosigkeit, weil diesen Gesellschaften »die Arbeit ausgeht». Dieses Phänomen gilt es im dritten Abschnitt näher zu erklären und sich insbesondere mit Lösungsmöglichkeiten auseinanderzusetzen.

Ziel ist es, nicht eine isolierte Bewertung der im Teil A häufig vorgeschlagenen Mittel zu geben, sondern dem Instrumentarium dreier sich möglicherweise ergänzender Strategien zuzuordnen, die mit den Stichworten *»Durchstarten«*, *»Verteilen«* und *»Ändern«* zu beschreiben sind.

Durch diese beiden Teile wird der Knoten geschürzt, den es in einem weiteren Abschnitt zu lösen gilt: Auf der einen Seite müssen die Wirkungen der Arbeit aus der Sicht sozialethischer Normen zu einer Veränderung in qualitativer Hinsicht führen. Auf der anderen Seite müssen die quantitativen Probleme sich dieser Sicht unterordnen. In kirchliches Denken und Handeln umgesetzt heißt dies: sowohl theologische, gesellschaftspolitische als auch Konsequenzen für die Gemeindearbeit zu ziehen.

Im Rahmen dieser Überlegungen kann schließlich versucht werden, die bisherigen Aktivitäten der Kirche zum Thema Arbeitslosigkeit kritisch in den strategischen Spannungsbogen der Zukunft der Arbeit einzuordnen.

2. *Zum Problem Kirche und Arbeit heute*

In den 70er Jahren gab es zwei Anlässe, die auch in der Kirche in stärkerem Maße die Aufmerksamkeit auf das Thema Arbeit gelenkt haben. Zu Beginn der 70er Jahre gab es im Rahmen der Reformdiskussion »Qualität des Lebens« die Debatte »Verbesserung der Qualität des Arbeitslebens«. Sie ist bekannter geworden unter der Bezeichnung »Humanisierung der Arbeit«. Ab Mitte der 70er Jahre wurde diese Debatte überschattet, ja erstickt von dem Problem der Massenarbeitslosigkeit. Beide Erscheinungen haben, die eine weniger, die andere mehr, auch in der Kirche ein neues Nachdenken über Arbeitsverhältnisse, Verständnis und Theologie der Arbeit bewirkt.

Humanisierung der Arbeit betrifft die Fragen: Wie arbeitet der Mensch? Wie sind die Bedingungen und Belastungen in der Arbeit? Was befördert oder behindert die Menschlichkeit in der Arbeit? Arbeitslosigkeit wirft die Frage auf: Wozu arbeitet der Mensch? Welche Bedeutung hat die Arbeit für das Leben?

Beide gewichtigen Problemkreise bringen die Kirche in theologische Schwierigkeiten. Wir können leicht die Grundaussagen der Bibel zur Arbeit referieren. Arbeit gehört zur Menschenwürde und Gottesebenbildlichkeit. Arbeit ist Schöpfungsauftrag, Mandat, Dienst usw. . . Kann man aber mit diesen Aussagen etwas anfangen im Blick auf die heutigen Arbeitsbedingungen in der Fabrik oder in Beziehung zu dem Verständnis der Arbeit, wie es sich in der industriellen Arbeitsgesellschaft ausgebildet hat und ihre Mitglieder prägt?

Eine theologisch-ethische Auseinandersetzung mit der Arbeitswelt und der Arbeitsgesellschaft sollte von den Realitäten ausgehen. Diese Realität ist beschreibend so zu entschlüsseln, daß sie einer ethischen Betrachtung und Beurteilung zugänglich wird. Die Fragestellungen der Humanisierungsdiskussion nötigen zur theologischen Auseinandersetzung mit dem Taylorismus als dem entscheidenden Industriegestaltungskonzept. Die Problematik Arbeitslosigkeit nötigt zur theologischen Auseinandersetzung mit dem in unserer Gesellschaft wirksamen ökonomisierten Arbeitsbegriff der Neuzeit.

2.1 Kennzeichen der Arbeitsteilung

Elemente des Systems der wissenschaftlichen Betriebsführung F. W. Taylors (1856–1915) haben sich allenthalben durchgesetzt. Taylor will den noch unproduktiv und uneffektiv weil nach Faustregeln und bisherigen Arbeitserfahrungen ans Werk gehenden Industriearbeiter zur optimalen Ausnutzung der Arbeitskraft bewegen. Die Wirkungen des Taylorismus aus der Sicht der Arbeiterpersönlichkeit sollen angedeutet werden[1]. Zum Verständnis des Menschen als Persönlichkeit, die das Recht hat, sich zu entfalten, gehört auch nach christlichen Wertvorstellungen der Gedanke der Ganzheitlichkeit des Menschen. Zur Ganzheitlichkeit des Menschen gehört, daß er ein körperliches, geistiges und seelisches Wesen ist, die Ganzheitlichkeit des Menschen also aus Körper, Geist und Seele konstituiert wird. Nimmt man die Ganzheitlichkeit des Menschen und Entfaltung ihrer Möglichkeiten als Kriterium für humane Arbeit, so ergibt der Vergleich mit dem Menschenbild des Taylorismus ein bedrängendes Ergebnis.

Das Taylor-System reduziert den Menschen auf ein reines *Körperwesen,* dessen Kraft effektiv und restlos auszunutzen Aufgabe der wissenschaftlichen Betriebsführung ist. Ist diese anthropologische Verkürzung des Menschen bereits eine Deformation des Humanum, so kommt hinzu, daß auch heute noch arbeiten und körperliche Beschädigungen zusammen gehören. Es ist also nicht nur von der Reduktion des Menschen auf ein Körperwesen zu sprechen, sondern darüber hinaus davon, daß der Körper des Menschen in der Arbeit immer auch bedroht, verletzt und verschlissen wird. Man kann also von der Körperfeindlichkeit der Arbeit sprechen.

Im Taylorismus werden die *Verstandeskräfte* des Menschen planmäßig aus dem Bereich der ausführenden Arbeit ausgeschaltet. Der Fabrik ist alle Kopfarbeit entzogen. Die zerstückelten, reglementierten, sich ständig wiederholenden Tätigkeiten sind der Inbegriff monotoner Arbeit. Die intellektuellen Fähigkeiten des Arbeiters werden nicht gefördert und entwickelt. Von der Ganzheitlichkeit des Menschen kann bei einer solchen Eliminierung der Kopfarbeit nicht die Rede sein. Man kann vielmehr von der Kopf- oder Geistlosigkeit der Arbeit sprechen.

Der Taylorismus kennt den *beseelten* Menschen nicht. Er reduziert die Seelenkräfte auf den Lohntrieb. Statt seelischer Regungen bewegt den Arbeiter die Geldgier. Eine lebendige Seele in der Arbeit empfindet Arbeitsfreude, vermittelt dem Arbeiter das Gefühl von Anerkennung, Selbstwert, macht ihn zum Subjekt, das wichtig ist für die Arbeit, zum Menschen, der etwas kann, der etwas will, kurz, der mit Leib und Seele bei der Sache ist. Die tayloristische Arbeitsrealität traumatisiert, d. h. beschädigt die Seele, löscht sie

1 G. Brakelmann, Art. Arbeit VIII: Humanisierung der industriellen Arbeitswelt, in: Theol. Realenzyklopädie, Bd. 3, Berlin/New York 1978, 657–669.

aus, so daß von der Seelenlosigkeit der Arbeit gesprochen werden kann. Körperfeindliche, geistlose und seelenlose Arbeit gehört zum Alltag vieler Menschen. Darum ist es nicht verwunderlich, daß ein instrumentelles Verständnis der Arbeit weit verbreitet ist. Arbeiten und Leben fallen auseinander. Arbeiten ist ungelebtes Leben, notwendiges Übel, Mittel zum Zweck. Die Erfüllung des Lebens geschieht außerhalb der Arbeit. Umgekehrt ergibt sich aus unserer Betrachtung und Bewertung eine sehr schlichte Bestimmung menschenfreundlicher Arbeit, die Teil des Lebens ist: Arbeiten heißt, mit dem eigenen Kopf, mit dem Geschick seiner Hände Dinge herstellen, die einem selbst und anderen von Nutzen sind.

2.2 Kennzeichen der Arbeitsgesellschaft

In der Auseinandersetzung mit der Arbeitslosigkeit wird ein kirchlich-theologisches Dilemma deutlich, welches auch einige der Dokumente bezeugen. Einerseits führt die Berufung auf die Bedeutung der Arbeit für Menschenwürde und Gottesebenbildlichkeit zur Forderung nach einem Recht auf Arbeit und alsbaldiger Reintegration der Betroffenen. Auf der anderen Seite aber sind tayloristische Arbeitsverhältnisse kaum als menschenwürdig zu bezeichnen (s. o.). Hinzu kommt der Gesichtspunkt, daß die Bedeutung der Arbeit für den Menschen unserer Gesellschaft sich aus den Normen eben dieser Gesellschaft ergibt, die ihre eigene Geschichte haben und nicht unbedingt mit christlichen Normen gleichzusetzen sind. Dazu einige Fragestellungen:
Mit dem Aufkommen der industriellen Arbeitsgesellschaft wird Arbeit verstanden als Quelle des Reichtums im Sinne der materiellen Güterproduktion. Nur die menschliche Tätigkeit ist als Arbeit anzusehen, die in ökonomisch-materieller Sicht nützlich, effektiv und rationell ist und zur Vermehrung des materiellen Reichtums beiträgt. Die Arbeit ist eben darin der Weg zum Glück des Menschen. Dahinter steht eine Auffassung von menschlicher Lebenserfüllung, die als wesentliche Grundlage des natürlichen menschlichen Glücks, Besitz und Verbrauch von Gütern ansieht. Stellt diese Ökonomisierung der Arbeit nicht eine Engführung dar, die ganze Bereiche nützlicher menschlicher Tätigkeiten abwertet? Wie steht es aus der Sicht der christlichen Ehtik mit dem materiellen Glücksbegriff? Für welches Verständnis von Glück ist christlich einzustehen, und welche Rolle spielt menschliche Arbeit in diesem Zusammenhang? Hier ist eine differenzierte Auseinandersetzung notwendig.
Mit diesem Arbeitsverständnis ist der Gedanke des wirtschaftlichen Wachstums eng verknüpft. »Die Menge der genießbaren Sachen

. . . muß unaufhörlich vermehrt werden . . .; desto glücklicher wird die ganze Gesellschaft.« Dies ist inhaltlich die Devise der Wirtschaftsgesellschaft bei uns nach dem Krieg. In dieser Form aber stammt das Zitat aus dem Jahre 1773. Eine gewaltige endlose ökonomische Wachstumsprozession ist der gesamtgesellschaftliche Arbeitsvollzug. Viele andere Werte menschlichen Lebens werden davon aufgesaugt, unterdrückt oder an den Rand gedrängt, das natürliche Leben ist bedroht. Der Zusammenhang von Wachstum und Glück wird heute auch in der Christenheit weithin in Frage gestellt.

Der Arbeitsbegriff der Leistungsgesellschaft wollte den Menschen dazu befreien, alle seine ökonomischen Möglichkeiten für sich auszuschöpfen in Konkurrenz zu anderen. Dies bedeutet aber zugleich die Belastung des einzelnen mit der Aufgabe, die eigene Existenz durch erfolgreiche Arbeit rechtfertigen zu müssen. Unter der Verheißung »Jeder ist seines Glückes Schmied« lautet der Maßstab des Erfolgs »Hast du was, bist du was«. Der einzelne wird verpflichtet, Schöpfer und Erlöser seines Lebens zu sein. Selbstsucht und Habsucht sind Eigenschaften, die die Arbeitsgesellschaft fördern muß, wenn sie existieren will. Egoismus und Privilegierung der Habsucht stehen aber im Widerspruch zu dem Gedanken der christlichen Brüderlichkeit und der Nächstenliebe, die nicht das Ihre sucht und als christliches Prinzip menschlichen Zusammenlebens und Zusammenarbeitens anzusehen ist. Gegenüber der Rechtfertigung durch Leistung ist zu fragen, wie es mit der Gnadenbotschaft in der Leistungsgesellschaft bestellt ist. Ist die Gnade ohne jede soziale Bedeutung? Sind hier nicht stärkere Beziehungen aufzuzeigen? Ist nicht das Sozialprinzip als mögliches soziales Gestaltungsprinzip der Gnadenbotschaft theologisch genauer zu durchdenken und gesellschaftspolitisch zu fördern?

Hier soll kein Desiderat einer Theologie der Arbeit formuliert werden. Es wird darauf aufmerksam gemacht, daß es in der theologischen Auseinandersetzung mit Arbeitswelt und Arbeitsgesellschaft nicht ausreicht, auf die klassischen biblischen Grundaussagen zur Arbeit zurückzugreifen. Versucht man die Arbeitsrealität zu entschlüsseln, so treten andere und neue theologische Fragestellungen in den Vordergrund: Z. B. Leistung und Gnade, Konkurrenz und Brüderlichkeit, Glück und Leid. Karl Barth spricht einmal von der »Bewußtlosigkeit« und »Besinnungslosigkeit« der Christenheit in bezug auf manche Erscheinungen der Arbeitswelt. Die Christenheit hat sich nicht in ausreichendem Maße bewußt gemacht, daß das neuzeitliche Arbeitssyndrom Religionscharakter hat. Der Anteil der erwerbswirtschaftlichen Arbeit an der Menschwerdung der Menschen, die Beziehung von Arbeit, Freiheit, unbegrenzter Produktion und uneingeschränktem diesseitigem Glück durch Waren stellt die Religion der Mitglieder der modernen Industriegesellschaft dar. Fromm spricht von der »Fortschrittsreligion des Industriezeitalters«[2]. Das Arbeit-Konsum-Syndrom bildet den sinnstiftenden Orientierungsrahmen des gegenwärtigen Menschen und das Feld seiner restlosen Hingabe.

Es reicht nicht aus, aus biblischen Grundaussagen zur Arbeit das Recht auf Arbeit abzuleiten. Wir müssen uns zugleich mit der Frage auseinandersetzen, welche Arbeitsverhältnisse denn überhaupt als menschenwürdig zu bezeichnen sind, und in welchem gesellschaftlichen Bewertungsrahmen Arbeit verrichtet wird. Die Kennzeichnung der Arbeitsteilung und der Arbeitsgesellschaft sollen dazu anregen.

3. *Die Zukunft der Arbeit in ökonomischer Sicht*

3.1 Grundzüge wirtschaftlicher Entwicklung

Seit der Ölkrise befindet sich die Weltwirtschaft auch für die Bundesrepublik fühlbar in einem andauernden Umbruch. Alle sind vorsichtiger geworden, der Glaube an eine ruhige, stetige, konfliktfreie Zukunftsentwicklung ist erschüttert.

Wie wird es weitergehen? Welche Lebenschancen ergeben sich? Ein Schlüsselerlebnis war dabei für viele, daß es weitaus schwieriger ist als früher, einen befriedigenden Einstieg in den Beruf zu finden. Auf einmal ist es klar geworden, daß Arbeit für alle in der Zukunft nicht mehr selbstverständlich ist, daß die Forderung nach einem Menschenrecht auf Arbeit einen Sinn bekommen hat.

Schon heute ist sicher, daß – wenn nichts Außergewöhnliches geschieht – wir in der Bundesrepublik bis zum Ende der achtziger Jahre eine (statistisch teilweise nicht erfaßte) Arbeitslosigkeit von weit über einer Million Menschen haben werden. Dann allerdings soll durch die Auswirkung des Geburtenrückgangs die Zahl der Arbeitskräfte so weit abnehmen, daß evtl. wieder Arbeitskräftemangel eintritt. Ist diese langfristige Perspektive glaubhaft? Ist die Zukunft, ist die Sicherheit unserer Beschäftigungsmöglichkeit langfristig gesichert? Hier sind Zweifel angebracht.

Die gängige Leitvorstellung der wirtschaftlichen Entwicklung hat in den *vierziger Jahren* Fourastié – letztlich noch unter dem

2 E. Fromm: Haben oder Sein. Die seelischen Grundlagen einer neuen Gesellschaft, Stuttgart 1976, 13.

Eindruck der Weltwirtschaftskrise – entwickelt[3]. Er stellt dar, wie im historischen Prozeß der wirtschaftlichen Entwicklung sich das Schwergewicht von der Landwirtschaft (primärer Sektor) zur Industrie (sekundärer Sektor) und schließlich zum Dienstleistungsbereich (tertiärer Sektor) verlagert. Dieser Prozeß wird begleitet von einer ständigen Verbesserung der Produktivität, d. h. mit der selben Anzahl von Menschen kann in der Industrie mehr erzeugt werden als in der Landwirtschaft, im Dienstleistungsbereich mehr als in der Industrie. Die Ausweitung der Wirtschaft erfolgt bei steigender Produktivität schneller als die Freisetzung der Arbeitskräfte in den Branchen, deren wirtschaftlicher Höhepunkt erreicht worden ist.

Die *sechziger Jahre* in der Bundesrepublik sind dafür ein gutes Beispiel: Obwohl in der Landwirtschaft, im Bergbau, in der Textilindustrie, in der optischen Industrie usw. viele Menschen ihren Arbeitsplatz verloren, gestattete das allgemeine Wachstum eine Verlagerung dieser Arbeitskräfte in andere Branchen: in die Automobilindustrie, in die Elektroindustrie, in die chemische Industrie und nicht zuletzt in den öffentlichen Dienst, in die Dienstleistungsbereiche allgemein. Freisetzung und Wiederbeschäftigung hielten sich das Gleichgewicht. In den sechziger Jahren blieb insgesamt die Beschäftigung bei durchschnittlich 4,5 % Wirtschaftswachstum mit 26,5 Mio. Menschen konstant. Das wirtschaftliche Wachstum ermöglichte einen – fast reibungslosen – Strukturwandel.

In den *siebziger Jahren* sank das Wirtschaftswachstum auf 3 % und der langfristige Trend deutet auf ein weiteres Sinken hin. Das Ergebnis war ein Rückgang der Arbeitsplätze um fast zwei Millionen. Es ist keine Entwicklung in Sicht, die eine Trendumkehr auf lange Frist bewirken könnte.

In Kürze kann dies wie folgt begründet werden: Unter dem internationalen Kostendruck, insbesondere der Entwicklungsländer, wird die Industrie immer stärker zur Rationalisierung greifen müssen. Dies bedeutet eine über das mögliche Wachstum hinausgehende Produktivitätssteigerung und somit Freisetzung von Arbeitskräften. Ob diese Arbeitskräfte nun wie bisher im tertiären Sektor »untergebracht« werden können, muß langfristig ebenfalls bezweifelt werden. Fourastié zu Ende gedacht, ergeben sich ja auch hier starke Zuwächse der Produktivität, die nur durch bedeutende Ausweitungen im Dienstleistungsbereich dazu führen könnten, daß die in der Industrie freigesetzten Menschen hier voll beschäf-

3 J. Fourastié, Die große Hoffnung des Zwanzigsten Jahrhunderts, Köln 1954[3].

tigt werden. Dies scheint aber sehr zweifelhaft zu sein. Gerade durch das Vordringen der Microprozessoren ergeben sich in den nächsten Jahren im Bereich der Dienstleistungen ungeahnte Rationalisierungsmöglichkeiten. Die Entwicklung im Bankwesen ist dafür nur ein Beispiel. Die Post wird eines Tages nachziehen. Das »papierlose« Büro ist mehr als eine Phantasie.

Nur durch außerordentlich hohe Wachstumsraten könnte wieder eine Vollbeschäftigung erreicht werden. Das Endstadium der wirtschaftlichen Entwicklung scheint also ein Zustand relativ großen Massenwohlstandes bei einem hohen Anteil eines »gesellschaftlichen Bodensatzes« zu sein, der arbeitslos ist, oder immer wieder arbeitslos wird und der sich damit zufrieden geben muß, daß seine wirtschaftliche Existenz auf einem unteren Minimum, das die übrige Gesellschaft noch für fast zu hoch hält, mittelfristig gesichert ist. Die Situation der USA und von Großbritannien und seit einigen Jahren auch der Bundesrepublik ist dafür ein gutes Beispiel. Da die »sozialistischen Staaten« diesen wirtschaftlichen Wohlstand noch nicht erreicht haben, kann die Frage, ob dieser Zustand »systembedingt« sei, empirisch noch nicht beantwortet werden.

Angesichts dieser drohenden Schaffung einer neuen Klasse der Arbeitslosen und der unbefriedigenden Lage auch der Arbeitenden wird deutlich, daß viele bislang gehandelte Rezepte dieser drohenden Entwicklung nicht angemessen sind.

3.2 Ansatzpunkte für eine Zukunft der Arbeit

3.2.1 Die Expansionsstrategie

Die Apologeten des Wachstums hoffen immer noch auf eine »Rückkehr in die Vergangenheit« ohne erkannt zu haben, daß z. B. auf dem Energiesektor die Grenzen des Wachstums längst erreicht sind und jenseits dieser Grenzen unübersehbare Risiken lauern. Ein 1978 vorgelegtes »Deutschlandmodell« hat dies noch einmal klar vor Augen geführt: Die Expansionsstrategie eines forcierten Wachstums allein löst nicht die Frage nach der Vollbeschäftigung[4]. Ohne Wachstum dagegen – das muß auch gesagt werden – verschärfen sich allerdings die Probleme ganz bedeutend. Sinnvoll könnte daher nur eine Strategie der allmählichen Wachstumsreduzierung sein, nachdem durch andere Maßnahmen das Beschäftigungsproblem gelöst wurde (s. u.).

Gleichzeitig muß dafür gesorgt werden, daß dieses Wachstum das ökologische Gleichgewicht wieder stärker in Ordnung bringt. D. h. es muß nicht nur ein umweltverträgliches Wachstum erzeugt

4 E. Pestel u. a., Das Deutschland-Modell, Stuttgart 1978.

werden, sondern ein regenerierendes Wachstum. Ein Beispiel dafür könnte die Sanierung der Wohnviertel unter Einbeziehung der Hinterhöfe nach Vorbildern in New York und München sein.
Einer solchen Wachstumsstrategie sind allerdings nicht unbedingt alle Modelle der Ausweitung des Staatssektors zuzuordnen. Mehr Beamte und Angestellte im Öffentlichen Dienst haben meist eine lediglich überproportionale Verwaltung zur Folge. Ein Beispiel dafür ist Bafög: Die Verwaltung kostet mehr als die Studienförderung. Im zentralisierten Öffentlichen Dienst stehen nicht nur Aufwand und Wirkung oft in keinem vernünftigen Verhältnis, es wird zudem dem Bürger eine nur nach tayloristischen Effektivitätsgesichtspunkten organisierte Dienststelle präsentiert – z. B. die Arbeitsverwaltung –, die nur in ihrem Sinne effektiv arbeitet, den Bürger hingegen in der Komplexität seiner Fragen oft hilflos durch alle Maschen fallen läßt. Wenn der Dienstleistungsbereich gestärkt werden soll, wenn die sozialen Dienste ausgebaut werden sollen, dann müssen andere Kriterien zum Wohle der Beschäftigten und der Bürger gefunden werden.

3.2.2 Die Distributionsstrategie

Die gegenwärtige Arbeitslosigkeit hat weiter die Idee der Umverteilung stärker in den Vordergrund gerückt. Durch eine solche »Distributionsstrategie« soll vor allem die Arbeitszeit so verteilt werden, daß alle nach ihrem Wunsch einen angemessenen Anteil am volkswirtschaftlichen Arbeitszeitbudget erhalten.
In dieser Strategie wird gegenwärtig die Verkürzung der Wochenarbeitszeit in fast allen Ländern Europas gefordert. Mit ihr sollen verschiedene Ziele erreicht werden: Die Arbeitsplätze der jetzt Beschäftigten sollen sicherer gemacht werden. Die Arbeitslosen sollen wieder einen Arbeitsplatz bekommen. Beide Ziele sind mit der 35-Stunden-Woche langfristig wohl kaum zu erreichen. Es ist allerdings möglich, daß die Beschäftigung derjenigen, die schon einen Arbeitsplatz haben, mittelfristig »sicherer« wird. Auf der anderen Seite wird eine solche Lösung den Rationalisierungsdruck stark erhöhen und die Zahl der Arbeitsplätze selbst wird langfristig nur noch schneller sinken. Mittelfristig besteht außerdem kaum eine Chance, daß dadurch die Arbeitslosen neue Arbeitsmöglichkeiten erhalten. Dies bedeutet nicht, daß nicht durch andere Formen der Arbeitszeitverteilung die Trennung in Arbeitslose und Arbeitsbesitzer überwunden werden könnte. Eine neue Chance würde die Ausweitung der Teilzeitarbeit auch auf qualifizierte Arbeitsplätze mit sich bringen. Bislang wird die Teilzeitarbeit lediglich als eine mindere Form der Beschäftigung angesehen, die

lediglich für unqualifizierte Frauen da ist. Von allen Beschäftigten aber sind nur 60 % an einer vollen Beschäftigung interessiert! Über die 15 % hinaus, die schon heute auf Teilzeitbasis arbeiten, sind also nochmals ein Viertel der Arbeitnehmer bereit, auf ein solches Angebot an Teilzeitarbeit einzugehen[5]. Welche Lebensperspektiven so eine Lösung für den einzelnen wie auch für die Gesellschaft bieten könnte, wird im nächsten Abschnitt beschrieben.

3.2.3 Die Substitutionsstrategie

Schließlich gibt es neben der Strategie der Expansion und der Distribution noch die Strategie der Substitution. Hierdurch sollen alte Wirtschaftsformen durch neue ersetzt werden. Diese »Alternativkultur«, deren erste Formen vor allem in Großstädten wie Berlin oder Frankfurt schon heute erlebt werden können, deren Apologeten aber auch »zurück aufs Land« gehen, ist kaum für sich eine tragfähige Alternative für ein so dicht besiedeltes Land wie die Bundesrepublik. Es bleibt aber zu prüfen, ob in diesem Ansatz nicht Ideen stecken, die es wert sind, in die »Zukunft der Arbeit« Eingang zu finden. Dies sind vor allem die qualitativen Elemente, der Überwindung des Taylorismus, der Ökologieorientierung und der Wiederentdeckung des Lebensraums in der Nähe und ein neues Verständnis vom Lebensglück. Für eine solche Strategie könnten die anderen Entwicklungen flankierende Hilfe leisten:
Wer nur teilzeitarbeitet hat genügend Zeit, sich in anderen Arbeitsbereichen an dem Aufbau eines »kleinen Netzes« in seinem Wohnbereich zu beteiligen. Und wenn die wirtschaftliche Entwicklung uns zusammen mit dem nun wirklich so zu bezeichnenden technischen *Fortschritt* uns eines Tages die von Industrierobotern getragene Industrieproduktion bringen würde, so könnte dies dann nicht mehr als eine schlimme Rationalisierungsmaßnahme verstanden werden, die Arbeit wegnimmt, sondern als einen Produktionsfortschritt, der es zuläßt, ohne Einkommensverluste nunmehr »auf eigene Rechnung« zu arbeiten. Wie so etwas aussehen könnte, schildert der folgende Abschnitt.

3.3 Wege der alternativen Reintegration

Nicht nur die Verknappung erwerbswirtschaftlicher Arbeit ist Anlaß nach Substitutionsmöglichkeiten zu fragen. Eine weitere starke Anregung nach der Substitution herkömmlicher Arbeit zu fragen kommt gegenwärtig von den »Propheten des Offensichtli-

5 W. Sörgel, Arbeitssuche, berufliche Mobilität, Arbeitsvermittlung und Beratung, Forschungsbericht Nr. 5, hg. Bundesminister für Arbeit und Sozialordnung, Bonn 1978, 161.

chen« und ihrer verblüffenden Kritik an der modernen Industrie und ihren Folgen (z. B. Schumacher, Illich).
Schumacher entwickelt als Alternative die »romantisch-utopische Vision« einer Technologie mit menschlichen Zügen. Alle sollen arbeiten, jeder, der will, soll die Gelegenheit bekommen, »nützlich, schöpferisch, mit seinen eigenen Händen und mit seinem Kopf nach eigener Zeiteinteilung und mit ausgezeichnetem Werkzeug zu arbeiten«[6]. Dazu bedarf es einer anderen Technologie als der, die auf dem Weg der Fortschrittsreligion der Industriegesellschaft entstanden ist. Sie wird mittlere Technologie genannt oder auch sanfte Technologie, Selbsthilfetechnologie, demokratische oder Volkstechnologie. Darin kommt zum Ausdruck, daß die neue Technik nicht primitiv aber einfach, unkompliziert und billig sein soll. Sie ist mit Ökologie vereinbar, geht sorgsam mit Rohstoffen um, sie ist dezentral, d. h. sie steht dem Menschen zur Verfügung und verfügt nicht über ihn.
Den Versuch einer Vermittlung von Arbeitsmarktprognosen bei uns (Verknappung des Angebotes an Arbeit) und romantisch-utopischer Vision einer alternativen Arbeit für alle stellen die skizzenhaften Überlegungen E. von Weizsäckers u. a. dar zum mißverständlichen Stichwort »Eigenarbeit«, lokale oder Randproduktion[7]. Die knapper werdende erwerbswirtschaftliche Tätigkeit (Tauscharbeit) kann ersetzt und ergänzt werden durch neue Formen von produktiver nützlicher eigenhändiger Arbeit im bisher sog. Freizeitbereich (Eigenarbeit).
Wir wählen dafür die Formulierung »Substitution der konventionellen Arbeit durch alternative Reintegration in die klassischen Sektoren der Volkswirtschaft« oder »selbstorganisierte Arbeit im kommunalen Nahbereich«. Wir wollen damit andeuten, daß der Übergang der hochindustriellen Gesellschaft in eine postindustrielle Gesellschaft aus den genannten Gründen nicht als Übergang von der Produktionsgesellschaft in eine Dienstleistungsgesellschaft zu erwarten ist, sondern möglicherweise als Entwicklung einer neuen Dimension, Qualität und Bewertung vieler Arbeitsformen unter einem neuen Vorzeichen und mit einem neuen Bewußtsein. Es entsteht nicht ein quartiärer Sektor der Arbeit, der sich additiv anschließt an die klassischen Sektoren der Arbeit, sondern eine

6 E. S. Schumacher, Die Rückkehr zum menschlichen Maß. Alternativen für Wirtschaft und Technik, Reinbek 1977, 168.
7 W. Bierter/ E. v. Weizsäcker, Strategien zur Überwindung der Arbeitslosigkeit, in: Technologie und Politik, Nr. 8, Die Zukunft der Arbeit I, Reinbek 1977, 57–74.

qualitative Veränderung in jedem der einzelnen Sektoren wird angestrebt.

Die folgende Skizze soll einige denkbare Inhalte selbstorganisierter Arbeit im kommunalen Nahbereich außerhalb der zentralisierten Großproduktions- und Dienstleistungsapparate veranschaulichen:

- *Der primäre Sektor*

Rückkehr zu Land- und Gartenbau ohne Kunstdünger und chemische Schädlingsbekämpfungsmittel. Intendiert ist die partielle Wiederherstellung der Selbstversorgung mit Gemüse, Obst, Eiern und Honig, evtl. Kleintierzucht. Zu denken ist ferner an die Wiederherstellung der Natur und ihre Entwicklung im privaten und öffentlichen Wohnbereich. Blumen und Bäume auf Plätzen und Straßen sowie im eigenen Garten. Es macht viel Arbeit, den eigenen Wohnbereich über die Wohnung hinaus als Garten und Naturpark zu gestalten. Aber darum geht es ja eben. Wenn Arbeitskraft da ist, sie schöpferisch und sinnvoll zu gebrauchen zur Erhöhung der eigenen Wohnzufriedenheit.

- *Der sekundäre Sektor*

Hier geht es um die Auslotung der Möglichkeiten der sog. lokalen, Marginal- oder Randproduktion, d. h. einer Produktion mit Arbeitskräften des Wohnbereichs direkt auf den Wohnbereich bezogen. Sie ist einfach, erfolgt in kleinem Maßstab; sie ist billig und fordert die Fähigkeiten des eigenen Kopfes und der Hände heraus. Sie wird gemeinschaftlich getan und paßt sich den natürlichen Verhältnissen an. Im einzelnen wird hier vorgeschlagen:

Die Herstellung von einzelnen Gebrauchsgegenständen aus Ton und Holz, z. B. schönes Spielzeug. Reparaturdienste zur Förderung einer langen Gebrauchszeit von Gebäuden und Geräten im Wohnbereich und im Haushalt, evtl. die Einrichtung entsprechender Werkstätten. Rückgewinnung von Abfallstoffen (z. B. Altpapier, Altglas, Verwertung organischer Abfälle). Dezentrale Energieerzeugung für den Haus- und Nachbarschaftsgebrauch (evtl. Windräder, Sonnenkollektoren).

- *Der tertiäre Sektor*

Hier sind vor allem zu nennen die Bereiche Gesundheit, Bildung, Geselligkeit, Handel und soziale Dienste unter dem Vorzeichen selbstorganisierter Arbeit im Wohnbereich. Die Erzeugnisse des eigenen Land- und Gartenbaues werden gehandelt ebenso wie besonders Waren aus der Dritten Welt. Dazu die Produkte der lokalen Produktion. Hinzu kommen Tauschmöglichkeiten für gebrauchte Gegenstände aller Art. Die Tätigkeiten im sozialen Dienstbereich werden über ein Sozialzentrum des Wohnbereichs organisiert als Selbsthilfe für Alte, Alleinstehende und Behinderte,

ebenso die Nachbarschaftshilfe für den überlasteten Haushalt und die Kranken (Krankenhaus nur für Notfälle). Viele Funktionen der professionalisierten, zentralisierten Sozialarbeit werden in eigener Regie übernommen und/oder vergeben.
Nach diesen Stichworten für ein mögliches Programm einer selbstorganisierten Arbeit im kommunalen Nahbereich werden einige Überlegungen angestellt, um bestimmte Voraussetzungen und Folgen dieses Ansatzes zu verdeutlichen, damit das Charakteristische des Substitutionsmodells für die Zukunft der Arbeit stärker konturiert wird.
– Erwerbswirtschaftliche Tätigkeit und selbstorganisierte Arbeit sind mittelfristig gleichzeitig und nebeneinander zu sehen. In dem Maße wie Erwerbsarbeit reduzierbar wird, kann selbstorganisierte Arbeit entwickelt werden. Voraussetzung für die Entwicklung von Arbeit im Wohnbereich ist die an den Bedürfnissen der Menschen orientierte flexible Ermöglichung von Teilzeitarbeitsverhältnissen, sei es auf der Basis der halben Wochenarbeitszeit, der blockartig organisierten Jahresarbeit oder der unterbrochenen Lebensarbeitszeit. Auf der Basis einer immer stärker automatisierten Großproduktion, die theoretisch mit immer weniger Menschen gesellschaftlichen Reichtum zur materiellen Versorgung aller Mitglieder der Gesellschaft schafft, kann sich der Bereich selbstorganisierter Arbeit entwickeln. Es entsteht ein Mischsystem von Arbeitsformen traditioneller und alternativer Art.
– Damit zusammen hängt die Aufhebung der bisherigen Unterscheidung von Arbeit und Freizeit. Alle nicht erwerbswirtschaftlich gefüllte Zeit wird herkömmlicherweise als Freizeit bezeichnet, wobei übersehen wird, daß im Bereich der sog. Freizeit eine Menge an sinnvoller, nützlicher und Befriedigung verschaffender Arbeit geleistet wird, wahrscheinlich mehr, als in den erwerbswirtschaftlichen Systemen. Hobbyarbeit z. B. wird zu selbstorganisierter Arbeit und lokaler Produktion, wenn sie als Substitution erwerbswirtschaftlicher Arbeit begriffen wird, öffentlich-gesellschaftlich so gesehen und im Wohnbereich entprivatisiert wird.
– Besonders erwähnt werden soll der brüderliche Aspekt selbstorganisierter Arbeit. Es geht nicht nur um die Rückkehr von Arbeit und Arbeitsplätzen in den Wohnbereich, es geht auch um eine alternative Ökonomie. Die brüderliche Form der selbstorganisierten Arbeit ist die Produktions- und Dienstleistungsgenossenschaft. Im Vordergrund steht der Selbsthilfeaspekt für den Wohnbereich, nicht aber die Maximierung der einzelnen Positionen im konkurrenzwirtschaftlichen Sinne.
– Die Substitution erwerbswirtschaftlicher Arbeit durch selbstor-

ganisierte Arbeit in sanften Kleinsystemen bedeutet eine Stärkung des Menschen. Die neue Form der Arbeit nimmt die ruinöse Arbeitsteilung zurück. Der Mensch kann ganzheitlich Arbeit leisten, d. h. sinnvolle, nützliche Produkte schaffen mit dem Geschick seiner Hände, der Kraft seines Geistes, der Zufriedenheit seiner Seele und der Unterstützung seines Mitmenschen. Er ist Herr über gute Werkzeuge und nicht Sklave gigantischer Maschinerien.

Um Mißverständnissen vorzubeugen betonen wir, daß die drei Strategien organisches Wachstum, flexible Verteilungsform der erwerbswirtschaftlichen Arbeit und Entwicklung selbstorganisierter Arbeit nicht alternativ zu sehen sind, sondern nebeneinander und nach Möglichkeit aufeinander bezogen, wie wir es am Beispiel Teilzeitarbeit und selbstorganisierter Arbeit gezeigt haben. Die Entfaltung selbstorganisierter Arbeit ist ihrerseits zu verstehen als ein Beitrag zu qualitativem Wachstum.

4. *Die Kirchen angesichts der Zukunft der Arbeit*

4.1 Die Gemeinde im kleinen Netz

Die oben unter dem Stichwort Substitutionsmodell beschriebenen neuen Arbeitsinhalte und Produktionsformen werden im NAWU-Report[8] unter der Überschrift »Das kleine Netz« im sozialen Kontext des Wohnbereichs konkretisiert. Das kleine Netz ist ein Verbund von ca. 15–20 Familien, die als kleine Lebensgemeinschaft mit integrierten Arbeitsplätzen einen Übergang zu neuen Lebensformen einleiten könnten. Die Familien bilden keine Kommune, sondern eine Nachbarschaft, innerhalb deren sich die geschilderten Aufgaben und Arbeitsformen entwickeln könnten. Die dezentrale kleine Einheit kann Arbeitsplätze schaffen für alle, die arbeiten wollen mit der Möglichkeit, mehr Unabhängigkeit zu erreichen, Solidarität zu erproben und die Fähigkeiten des einzelnen zur Arbeit mehr zur Entfaltung zu bringen.

Es stellt sich uns die Frage, ob die Kirche auf der Ebene der Ortsgemeinden sich nicht genauestens mit diesem Konzept vertraut machen sollte. Wir treffen in den letzten Jahren im Zusammenhang der kirchlichen Überlegungen zur menschlichen Problematik der Arbeitslosigkeit doch häufig auf die resignative Feststellung: Wir können uns um menschliche Zuwendung, Seelsorge und

8 H. C. Binswanger, W. Geissberger, Th. Ginsburg (Hg.), Der NAWU-Report: Wege aus der Wohlstandsfalle. Strategien gegen Arbeitslosigkeit und Umweltkrise, Frankfurt 1978, 222–241.

Gruppengespräche bemühen, aber was der Arbeitslose braucht, einen Arbeitsplatz, können wir ihm nicht bieten, weil wir auf die Volkswirtschaft und die Betriebe keinen Einfluß haben. Aber gilt das auch für die Nachbarschaft?
Hier ist nun ganz deutlich von der Tatsache auszugehen, daß die Kirche auch eine Organisation der mittleren und kleinen Einheiten im Wohnbereich ist, die sehr genau vertraut sein sollte mit den denkbaren Möglichkeiten neuer Entwicklungen im Wohnbereich. Hier soll jetzt nicht der alte Konflikt zwischen *traditionsgeleiteter* Gemeindearbeit (Verkündigung, Seelsorge, Unterricht, Sammlung im Zentrum) und *situationsgeleiteter* Gemeindearbeit (Probleme und Bedürfnisse der Menschen im kommunalen Nahbereich) aufgerollt werden, sondern zum Ausgangspunkt soll die Frage erklärt werden: Wie wollen wir die letzte Phase der spätindustriellen Gesellschaft begleiten oder uns in ihr verhalten? Die Antwort darauf kann im Bereich einer gewöhnlichen Ortsgemeinde in mehreren Schritten gedacht werden.

- *Versuch der Sensibilisierung für die Zukunft der Arbeit.* Informative und anschauliche Beschäftigung mit Arbeitsmarktprognosen, dritter industrieller Revolution, Propheticie des Offensichtlichen, Charakter und Wirkungen der industriellen Revolution auf den christlichen Glauben, Suchen nach einem neuen Lebensstil, Grenzen des Wachstums.
- *Versuch der Konkretisierung von schöpferischen Ideen.* Darstellung der verschiedenen Lösungsmöglichkeiten, genaues Kennenlernen der Gedanken des Substitutionsmodells und des kleinen Netzes, behutsames Studium der Alternativbewegung.
- *Versuch der Projektierung von Teilaspekten des kleinen Netzes.* Wo gibt es Ansatzpunkte? Was liegt nahe für diese spezielle Wohn- und Lebenssituation? Wer interessiert sich dafür? Welche Ressourcen stehen durch die Gemeinde zur Verfügung? Genaue Beantwortung der Frage, warum es nicht geht.
- *Versuch der Realisierung.* Es kann so sein, daß mit den Möglichkeiten der Gemeinde nur die katalytische Funktion wahrgenommen werden kann, durch die beiden ersten Schritte Menschen miteinander ins Gespräch zu bringen. Außerdem hat die Ortsgemeinde in der Regel Gebäude, Grundstücke, Mitarbeiter, etwas Technik und wohl auch etwas Geld.

Es soll nicht übersehen werden, daß es in vielen Gemeinden bereits eine arbeitsintensive Praxis gibt, die allerdings unter dem Gesichtspunkt »Substitution der Arbeit« betrachtet und dramatisiert werden müßte und an den Kriterien der selbstorganisierten Arbeit auszurichten wäre (z. B. das Basarwesen, Dritte-Welt-Läden usw.).

Nach diesen praktischen Ansätzen soll auch auf kirchlich-theologische Perspektiven verwiesen werden, die sich in diesem Zusammenhang auftun.
Im Prozeß der Bewußtwerdung unserer Gefangenschaft in der industriellen Religion und der Gestaltung neuer, eigenhändiger, selbstorganisierter Arbeitsformen werden wir eine neue innere und äußere Beziehung zum Verhältnis von *Arbeit und Ruhe* gewinnen und damit zur Heiligung des Sonntags. Wer nicht der Religion des Habens anhängt, sondern der Religion der Liebe, wer nicht kopf- und seelenlos, sondern mit Leib und Seele arbeitet, wird den Sonntag als Ruhetag anders begehen als bisher. Der Sonntag ist Ruhetag von der Last der Arbeit und damit eine der »großen Innovationen in der Evolution der Menschheit« (Fromm). Im Kult der industriellen Religion ist der Sonntag die Kehrseite der Habsucht, ein Tag des Vergnügens, nicht der Freude, des Konsums und des Weglaufens vor sich selbst.
In der jüdisch-christlichen Tradition ist er mehr bzw. etwas anderes. Es ist der Tag der Freude, des Schöpfungsfriedens, es ist der Tag des Lebens, Atempause in der Auseinandersetzung zwischen Mensch und Natur, sowie der Menschen untereinander. Es ist der Tag, an dem wir haben als hätten wir nicht, um zu sein, was wir sind: Kinder Gottes, Schwestern und Brüder, die singen, beten, lieben, denken, sprechen, essen, trinken. Insofern ist der Sonntag Vorwegnahme des Gottesreiches. Hier gewinnt die christliche Sonntagsheiligung ihre spezifischen zeitgenössischen Akzente: Z. B. autofreier Sonntag, Wiedergutmachung an der Natur (Bäume pflanzen), Gemeinschaft erleben, bewußt ohne Konkurrenz, Gottesdienst als Suche nach dem Sein, darin das Herrenmahl als Akt des Gebens, Teilens, Opferns.
Geht es darum, die Ökonomisierung der Arbeit aufzubrechen, Begriff und Verständnis der Arbeit zu erweitern, das Bestehende zu substituieren durch andere Formen der Arbeit, dann steht aus christlicher Sicht auch die Frage zur Diskussion, ob wir uns nicht endlich auch stärker um die Entfaltung des *neutestamentlichen Arbeitsbegriffs* bemühen sollten. Wir wollen das Problem hier sehr vereinfacht markieren. Alttestamentlich arbeiten heißt das Leben sichern, mühevoll oder nicht den Garten bebauen und bewahren im Auftrag Gottes und in Verantwortung vor Gott. Neutesta nentlich trifft dieses existenzerhaltende, existenzbestimmende Urdatum des Menschen, das zur Menschwerdung des Menschen dazugehört, sehr deutlich in den Hintergrund. In der Mitte des Neuen Testamentes steht, was die Handlungsstruktur der menschlichen Existenz angeht, die Reichsgottesarbeit: Die Ernte ist groß, aber

wenige sind der Arbeiter. Darum bittet den Herrn der Ernte, daß er Arbeiter in seine Ernte sende.
Wenn wir dies übersetzen in unseren gegenwärtigen Lebenszusammenhang, so können wir sagen: Christliche Arbeit ist nicht Arbeit für Güter, sondern in erster Linie Arbeit für Frieden als Gerechtigkeit und Gewaltlosigkeit, denn das Reich Gottes ist Gerechtigkeit, Friede und Freude im Heiligen Geist. In der gegenwärtigen Diskussion um Arbeit werden wir Arbeit für Gerechtigkeit und Frieden dem Substitutionsmodell zuordnen. Damit ist über das kleine Netz und die eigenen gesellschaftlichen Verhältnisse hinaus eine Beziehung hergestellt zu den internationalen Problemen von Gerechtigkeit und Frieden. Der Dritte-Welt-Handel etwa ist Arbeit für Gerechtigkeit, nicht Arbeit für Gewinn aus Güterhandel. Es fällt nicht schwer, sich Arbeitsplätze und Arbeitsgemeinschaften vorzustellen, die Arbeit für Gerechtigkeit und Frieden leisten.
Es zeichnet sich ab, daß eine Veränderung im Verständnis und der Praxis menschlicher Arbeit zu einer Veränderung gemeindlicher Arbeit und gemeindlicher Frömmigkeit führen kann.

4.2 Gesellschaftspolitische Konsequenzen für die Kirche

Die Hinwendung der Kirche zu der Gruppe der Arbeitslosen – zuerst im Jugendbereich und später auch im Bereich der Erwachsenen – hat gezeigt, daß die Arbeitslosen nicht die Gruppe der Gesellschaft sein kann, aus deren Erfahrung und Bewußtsein heraus allein eine Neuorientierung der Arbeit erfolgen kann. Insbesondere die älteren Arbeitslosen sind sehr stark durch traditionelle Arbeitsnormen geprägt. Nicht was sie tun und welche Belastungen diese Arbeit mit sich bringt ist für sie wichtig, sondern »Arbeit haben« und damit eingeordnet sein in die gegebenen Strukturen, ist für sie Wert an sich. Bei jüngeren Arbeitslosen dagegen überwiegt die Resignation über die Perspektivlosigkeit eines an Arbeit ausgerichteten Lebens. Arbeit wird ihrer Schlüsselfunktion zur gesellschaftlich befriedigenden Lebensgestaltung enthoben. Die »sozialen« Leistungen der Bundesanstalt werden als echte Ersatzlösungen begriffen, die Motivation, sich um traditionelle Arbeit zu bemühen schwindet, weil Erfahrungen vorliegen, daß es auch ohne Arbeit geht. Dies bedeutet nicht unbedingt »gammeln«, sondern teilweise auch der Versuch eines Vorstoßes in neue Tätigkeitsbereiche.
In dieser Situation erfahren diejenigen, die in der Kirche mit Arbeitslosen in Gruppen und Projekten zusammenarbeiten, deutliche Konflikte mit den gängigen gesellschaftspolitischen Vorstellungen. Üblicherweise wird Schwarzarbeit, wird bewußt verlängerte Arbeitslosigkeit als ein Akt der »Sozialkriminalität« gedeutet.

Kirche wird sich aber nicht darauf einlassen können, diese Menschen ihrer staatlichen Strafe zuzuführen, sondern sie muß es umgekehrt zum Anlaß nehmen, die Fragen hinsichtlich der Zukunft der Arbeit schärfer zu formulieren. Aus dieser Sicht ist dieser Beitrag der Versuch, das was aus der praktischen Arbeit mit Arbeitslosen an grundlegenden Einsichten über die gegenwärtige Lage gewonnen worden ist, mit daraus abgeleiteten und durch ökonomische Überlegungen gestützte Perspektiven in Verbindung zu bringen.

Das Ergebnis ist, daß die Kirche sich auf das mühsame Vorhaben einer Mehrfachstrategie einlassen muß. Mühsam ist diese Strategie vor allem auch deshalb, weil sie sich nicht einlinig mit wenigen Schlagworten verkauft.

Kirche kann nicht – wie es Parteien und Gewerkschaften können – gesellschaftspolitisch allein auf lange Frist hin argumentieren, ohne das Leid derjenigen, die aktuell davon betroffen sind, mit zu bedenken. Von daher ist es kirchlich-gesellschaftspolitisch unbedingt notwendig, daß die gegenwärtig in einigen Regionen entwikkelte Arbeit mit Arbeitslosen intensiv ausgebaut wird. Dabei müssen in stärkerem Umfang als bisher Caritas und Diakonie, Betriebsseelsorge und Industrie- und Sozialarbeit, Telefonseelsorge und Beratungsstellen, Akademien und Gemeinden miteinander verbunden arbeiten. Bislang ist hier mehr dem Zufall überlassen worden. Dies steht in starkem Gegensatz zu den Bekundungen in den Dokumenten, daß Arbeitslosigkeit eine strukturell langfristige Erscheinung sein wird. Wenn dem so ist, reichen Feigenblätter hier nicht aus.

Diese Orientierung an den Arbeitslosen muß aber mehr sein als lediglich caritativ-diakonisch-missionarischer Natur. Sie muß in *zweierlei Hinsicht* gesellschaftspolitisch umgesetzt werden: *Einmal* im Sinne eines Transformationsprozesses von diakonischer Praxis in gesellschaftspolitisches Handeln. Wie schwierig es ist, zeigt das Beispiel aus D 19. Wer einerseits Arbeit mit Arbeitslosen unterstützt, kann andererseits gesellschaftspolitisch kaum dazu legitimiert sein, Lohnverzicht zu fordern. Hier gibt es Brüche im kirchlichen Denken und Handeln. Andererseits werden sich auch diejenigen, die mit Arbeitslosen zusammenarbeiten, nicht damit zufrieden geben können, sich mit den Arbeitslosen gemeinsam in die Diskussion um die Veränderung des Arbeitsförderungsgesetzes einzuschalten.

Dennoch liegt hier eine nicht zu unterschätzende gesellschaftspolitische Chance: In den kirchlich unterstützten Arbeitsloseninitiativen werden Politiker mit einer Realität vertraut gemacht, die sie immer wieder aus ihrem Bewußtsein verdrängen: Was nicht sein darf, kann nicht sein. Sie erfahren in diesen Diskussionen und Gesprächen, die weit entfernt von sachlich wohlabgewogenen Stellungnahmen verlaufen, etwas von der Zerstörung des Menschen durch die Arbeitslosigkeit. Das Leid entfaltet hier eine Kraft, die schon manchen der anwesenden Politiker zur Einsicht verholfen hat, daß Arbeitslosigkeit eine weitaus ernstere Fragestellung ist als bisher angenommen. Die Einschaltung der Betroffenen in den Prozeß der politischen Willensbildung ist ein ganz wesentliches Element des gesellschaftspolitischen Ansatzes kirchlicher Arbeit mit Arbeitslosen.

Auf der *anderen Seite* gibt es Projekte, die nicht direkt auf dieser Ebene der Tagespolitik wirksam werden, sondern eher der vorne beschriebenen dritten Strategie des Veränderns in den kleinen Lebensbereichen zugeordnet werden können. Hier versucht vor allem das Diakonische Werk Modelle zu unterstützen und zu fördern, in denen neue Arbeitsmöglichkeiten zunächst am Rande unserer Gesellschaft erprobt werden (z. B. Schrottplatz Bonn). Durch diese Modelle wird aber auch deutlich, daß nicht mit Hilfe von Arbeitslosen die Wirtschaftsentwicklung auf eine neue Tendenz eingeschworen werden kann. Man kann nicht in großem Umfang die Arbeitslosen zum Träger einer neuen Entwicklung werden lassen. Dies ist gesellschaftspolitisch breiter anzusetzen.

Sobald jedoch diese strategisch konzeptionelle Ebene erreicht ist, auf der auch andere Gruppen der Gesellschaft ihre Pläne präsentieren, werden die großen Divergenzen hinsichtlich möglicher gesellschaftspolitischer Strategien in der Kirche fast unüberbrückbar. Zwar herrscht unter denjenigen, die mit Arbeitslosen in der Kirche arbeiten, eine relativ große Solidarität und gute Kommunikation über die vorgefundenen Tatsachen; hinsichtlich der daraus zu ziehenden Schlüsse verfliegt diese Verbundenheit rasch. Nimmt man noch diejenigen hinzu, deren Äußerungen stärker Frucht allgemeiner Überlegungen sind und die nicht im Kontakt mit den Arbeitslosen selbst erwachsen sind, so überwiegen deutlich die Meinungsunterschiede.

Der vorliegende Beitrag hat versucht zu zeigen, daß dies nicht unbedingt sein muß. Es kommt lediglich darauf an, die einzelnen Vorschläge in den Rahmen einer zukunftsorientierten sozialethisch ausgerichteten Gesamtschau der Entwicklung der Arbeit zu stellen. Hierzu konnten lediglich einige Anhaltspunkte entwickelt werden. Diese Anhaltspunkte erleichtern aber die Bewertung bestimmter Vorschläge ganz bedeutend.

So wurde gezeigt, daß Kirche zum Problem der Arbeitszeitverkür-

zung aus perspektivischer Sicht mehr tun muß, als die Forderung nach der 35-Stunden-Woche zu diskutieren. Offensichtlich sind andere Formen der Arbeitszeitverkürzung weitaus geeigneter, einen Weg zu einer menschlicheren Arbeit zu weisen, als eine Form des dualistischen Ausbaus von Arbeit und Freizeit.
Aus ähnlichen Überlegungen heraus kann Kirche verstärkt kritische Anfragen an eine immer stärker sich zentralisierende gesellschaftspolitische Gestaltung stellen. Wenn Ausdehnung des Staatssektors nicht nur ein Mehr an Arbeitsplätzen sondern auch an Lebensqualität bedeuten soll, so kommt es darauf an, diese Ausdehnung nicht nur als eine Verlängerung bestehender unbefriedigender Organisationsstrukturen öffentlicher Verwaltung zu begreifen. Ausdehnung des Staatssektors, Ausweitung sozialer Dienste kann sinnvoll von Kirche nur dann gefordert werden, wenn gleichzeitig die tayloristisch-zentralisierenden Tendenzen der Ausweitung bekämpft werden. Sie müssen umgeleitet werden in bürgernahe, die Probleme ganzheitlich ansprechender Hilfe. Dazu gehört auch die Förderung der selbstorganisierten Arbeit im kommunalen Nahbereich. So lassen sich, wie oben bereits demonstriert, viele der gängigen Lösungsvorschläge durchprüfen. Das Ergebnis wird sein, daß ihr Ansatz oft nicht falsch, ihre Zielrichtung aber zu korrigieren sein wird.
Aus der Sicht einer sich allmählich aus den Zwängen einer industriell geprägten Dienstleistungsgesellschaft heraus entwickelnden alternativen Wirtschaftsgestaltung sind viele Einzelschritte auch kleinerer Art nötig. Sie müssen kritisch daraufhin durchmustert werden, ob sie dem Ziel einer menschlicheren Welt dienen.
Auf den Ebenen der Analyse, der Instrumentarien und der Zielvorstellungen hat dieser Beitrag gezeigt, daß Kirche mehr fordern muß, als das Recht auf Arbeit im Grundgesetz zu verankern. Zweifellos wäre dies ein Schritt nach vorne. Dadurch würde jedoch keine Perspektive entfaltet, die sowohl ökonomisch als auch sozialethisch fundiert mehr will als eine Fortschreibung bestehender Grundverhältnisse der Arbeit. Damit wird deutlich, daß der Begriff des »Rechts auf Arbeit« vor allem qualitativ erweitert werden muß. Kirche hat hier die große Chance, mehr zu leisten als nachzubeten. Sie kann und muß angesichts der Arbeitslosigkeit Ziele über den Tag hinaus setzen, die über das Kurieren an Symptomen hinausweisen. Sie muß sich daber auch bemühen, auf allen Ebenen ihres Redens und Handelns diese Zielvorstellungen modellhaft zu erproben. Dafür liegen, wie dieser Band zeigt, einige Ansätze vor.

Wolfgang Belitz/Jürgen Espenhorst

TEIL D: AUSWAHLBIBLIOGRAPHIE

I. ARBEITSLOSIGKEIT

1. *Allgemeine Gesamtdarstellungen*

1.1 Einführende Literatur – Arbeitsmittel

Balon, K. H./Dehler, J./Schön, B. (Hg.), Arbeitslose: Abgeschoben, diffamiert, verwaltet. Arbeitsbuch für eine alternative Praxis (Fischer TB 4204), Frankfurt 1978. (Lit.)

Bundesanstalt für Arbeit, Überlegungen II zu einer vorausschauenden Arbeitsmarktpolitik, Nürnberg 1978. (Lit.)

Engelen-Kefer, U., Arbeitslosigkeit (Zur Sache. Informationen für Arbeitnehmer 1), Köln 1978.

Espenhorst, J., Massenarbeitslosigkeit bis 1980?, in: Die Mitarbeit 25 (1976) 67–87.

Goldberg, J./Güther, B./Jung, H., Arbeitslosigkeit. Ursachen – Entwicklung – Alternativen, Frankfurt 1977.

Hartwich, H. H./Laatsch-Nikitin, N./Schaal, M., Arbeitslosigkeit (Analysen 6), Opladen 1975.

Katterle, S., Arbeitslosigkeit und Wirtschaftspolitik, in: Zeitschrift für Evangelische Ethik 23 (1979) 32–47.

Offe, C., Opfer des Arbeitsmarktes. Zur Theorie der strukturierten Arbeitslosigkeit, Neuwied/Darmstadt 1977.

Rationalisierung, Arbeitslosigkeit, Gegenwehr. Analysen, Materialien und Erfahrungen (Reihe Betrieb und Gewerkschaften), Offenbach 1978.

Seifert, H./Simmert, D. B. (Hg.), Arbeitsmarktpolitik in der Krise, Köln 1977 (Lit.).

Technologie und Politik. Das Magazin zur Wachstumskrise Bd. 8.: Die Zukunft der Arbeit 1 (roak 4184), Reinbek 1977.

Technologie und Politik. Das Magazin zur Wachstumskrise Bd. 10: Die Zukunft der Arbeit 2 (roak 4265), Reinbek 1978.

Unrein, H., Arbeitslosigkeit. Fakten – Aspekte – Wirkungen, Köln 1978.

1.2 Dokumentationen – Materialien – Bibliographien

Bosch, G., Arbeitsplatzverlust. Die sozialen Folgen einer Betriebsstillegung, Frankfurt/New York 1978.

Bundesanstalt für Arbeit, Institut für Arbeitsmarkt- und Berufsforschung (Hg.), Forschungsprojekte, Jahresbericht, Veröffentlichungsverzeichnis (Materialien aus der Arbeitsmarkt- und Berufsforschung: 17. Arbeitsbericht des IAB), Nürnberg 1978.

Dröll, D./Dröll, E., Arbeitslos. Wirtschaftliche Sicherung bei Arbeitslosigkeit (Goldmann Ratgeber 10590), München 1976.

Institut zur Erforschung sozialer Chancen (Hg.), Bibliographie zur Arbeitslosigkeit, Köln 1976.
Ministerium für Soziales, Gesundheit und Sport des Landes Rheinland-Pfalz (Hg.), Begleiter der Arbeitslosigkeit. Abstieg und Armut. Dokumentation zur wirtschaftlichen Lage von Arbeitslosen in der Bundesrepublik Deutschland, Mainz 1977.
Möller, C., Bibliographie zur Arbeitslosigkeit, in: Die Deutsche Berufs- und Fachschule 72 (1976) 550–560.

2. *Aspekte der Arbeitslosigkeit*

2.1 Ursachen – Dauer – Qualifikation

Freiburghaus, D., Dynamik der Arbeitslosigkeit. Umschlagprozeß und Dauerverteilung der Arbeitslosigkeit in der Bundesrepublik 1966–1977 (Schriften des Wissenschaftszentrums Berlin 2), Meisenheim 1978. (Lit.).
Fröbel, F./Heinrichs, J./Kreye, O., Die neue internationale Arbeitsteilung. Strukturelle Arbeitslosigkeit in den Industrieländern und die Industrialisierung der Entwicklungsländer (roak 4185), Reinbek 1977.
Kutsch, Th./Wiswede, G. (Hg.), Arbeitslosigkeit I: Sozialstrukturelle Probleme (Soziale Probleme der Gegenwart 1), Meisenheim 1978.
Lenhardt, G., Berufliche Qualifikation und Arbeitslosigkeit, in: Leviathan 2 (1975) 370–391.
Weißhuhn, G., Beschäftigungschancen und Qualifikation. Zur Stabilität des Arbeitsmarktes bei Bildungsexpansion und Wandel der Arbeitsplatzanforderungen (Campus Forschung 48), Frankfurt/New York 1978.

2.2 Materielle und psychosoziale Folgen

Brinkmann, Chr., Finanzielle und psycho-soziale Belastungen während der Arbeitslosigkeit, in: MittAB 9 (1976) 397–413.
Kutsch, Th./Wiswede, G. (Hg.), Arbeitslosigkeit II: Psychosoziale Belastungen (Soziale Probleme der Gegenwart 2), Meisenheim 1978. (Lit.)
Rice, B., Die psychischen Kosten der Arbeitslosigkeit, in: Psychologie heute 2 (1975) 29–31.
Ursachen und Auswirkungen von Arbeitslosigkeit. Materialien aus der Arbeitsmarkt- und Berufsforschung, Heft 4, Nürnberg 1975.
Wacker, A., Arbeitslosigkeit. Soziale und psychische Voraussetzungen und Folgen, Frankfurt/Köln 1976. (Lit.)
Ders. (Hg.), Vom Schock zum Fatalismus? Soziale und psychische Auswirkungen der Arbeitslosigkeit, Frankfurt/New York 1978.

3. *Geschichte der Arbeitslosigkeit*

3.1 Allgemeine Literatur

Böhmert, V., Die Arbeitslosigkeit und ihre Abwehr oder Linderung, in: Der Arbeiterfreund 33 (1895) 1–15.
Herrnstadt, E., Die Lage der arbeitslosen Jugend in Deutschland, Berlin 1931.
Internationales Arbeitsamt (Hg.), Bibliographie der Arbeitslosigkeit, Genf 1926.
Jahoda, M./Lazarsfeld, P. F./Zeisel, H., Die Arbeitslosen von Marienthal.

Ein soziographischer Versuch (es 769), Frankfurt 1978 (Leipzig 1931[1]).
Kelchner, M., Die jugendliche Arbeiterschaft und die Arbeitslosigkeit (Forschungen zur Völkerpsychologie und Soziologie 4), Leipzig 1929.
Mattick, P., Arbeitslosigkeit und Arbeitslosenbewegung in den USA 1929–1939, Frankfurt 1969 (1936[1]).
Niess, F., Geschichte der Arbeitslosigkeit, Köln 1979 (Lit.).
Oldenberg, K., Arbeitslosenstatistik, Arbeitsvermittlung und Arbeitslosenversicherung, in: Schmollers Jahrbuch 19 (1895) 631–655.
Rowntree, S./Lasker, B., Unemployment – A Social Study, London 1911.
Saitzew, M. (Hg.), Die Arbeitslosigkeit der Gegenwart, München/Leipzig 1932.
Schelsky, H., Die Jugend der Industriegesellschaft und die Arbeitslosigkeit, in: Deutscher Gewerkschaftsbund (Hg.), Arbeitslosigkeit und die Berufsnot der Jugend, Köln 1952, Bd. II, 269–314.
Schöck, E. C., Arbeitslosigkeit und Rationalisierung. Die Lage der Arbeiter und die kommunistische Gewerkschaftspolitik 1920–28, Frankfurt/New York 1977 (Lit.).
Sternheim, A., Neue Literatur über Arbeitslosigkeit und Familie, in: Zeitschrift für Sozialforschung 2 (1933) 413–420.
Wunderlich, F., Die Bekämpfung der Arbeitslosigkeit in Deutschland seit Beendigung des Krieges (Schriften der Gesellschaft für soziale Reform 75), Jena 1925.

3.2 Kirche und Theologie

Arbeitslosigkeit, in: Kirchlich-soziale Blätter 34 (1931) 23–29.
Bodelschwingh, F. v., Arbeitslosigkeit und Notstandsarbeit, Gotha 1909.
Brandmeyer, H., Die religiöse Not der Arbeitslosen, in: Die Verhandlungen des 40. Evangelisch-sozialen Kongresses, Leipzig 1933, 65–79.
Delbrück, H., Die Arbeitslosigkeit und das Recht auf Arbeit, in: Bericht über die Verhandlungen des 7. Evangelisch-sozialen Kongresses, Berlin 1896, 105–122.
Engler, W., Wie können wir die Arbeitslosigkeit überwinden?, in: Zeitschrift für Religion und Sozialismus 2 (1930) 236–238.
Finck, B., Was können wir für unsere arbeitslose Jugend tun? Bilder aus der Arbeit der evangelischen Liebestätigkeit, Berlin-Spandau 1931.
Haupt, E., Was erwarten wir Arbeitslosen von der Kirche?, in: Zeitschrift für Religion und Sozialismus 3 (1931) 369–376.
Herz, J., Anschauungsmaterialien zur Arbeitslosenfrage, in: Evangelisch-sozial 37 (1932) 21–30.
Leins, K., Der Leidensweg der Arbeitslosen, in: Evangelisch-sozial 37 (1932) 174–177.
Poelchau, H., Erfahrungen mit Arbeitslosen, in: Kirche und moderne Arbeitswelt (Kirche im Volk 16), Stuttgart 1957[2], 45–53.
Veidt, K., Die Arbeitslosigkeit als wirtschaftsethisches Problem, von der Kirche aus gesehen, in: Kirchlich-soziale Blätter 34 (1931) 1–10.

4. *Strategien gegen Arbeitslosigkeit*

4.1 Wirtschaftspolitische Alternativen

Arbeitsgruppe ›Alternative Wirtschaftspolitik‹: Memorandum Alternativen der Wirtschaftspolitik, Köln 1978.
Biedenkopf, K. H./Miegel, M., Wege aus der Arbeitslosigkeit. Arbeits-

marktpolitik in der sozialen Markwirtschaft (IWG Impulse. Schriften des Instituts für Wirtschafts- und Gesellschaftspolitik 1), Stuttgart 1978.
Binswanger, H. Chr./Geißberger, W./Ginsburg, Th. (Hg.), Der NAWU-Report: Wege aus der Wohlstandsfalle – Strategien gegen Arbeitslosigkeit und Umweltkrise, Frankfurt 1978.
Binswanger, H. Chr., Strategien gegen Umweltzerstörung und Arbeitslosigkeit, in: Zeitschrift für Evangelische Ethik 23 (1979) 5–23.
Dückert, Th./Krafft, A., Gewerkschaftliche Strategien gegen Arbeitslosigkeit, in: O. Jacobi u. a. (Hg.), Gewerkschaftspolitik in der Krise. Kritisches Gewerkschaftsjahrbuch 1977/78, Berlin 1978, 94–105.
Espenhorst, J., Tarifliches Einstellungsprogramm als Alternative zur Arbeitszeitverkürzung, in: WSI-Mitteilungen 30 (1977) 254–264.
Ders., Arbeitsmarktpolitik in Schweden und Deutschland, in: Stimme der Arbeit 21 (1979) 7–8. 15.
Föppel, Chr., Die Vollbeschäftigungsformel. Wirksame Rezepte gegen die Arbeitslosigkeit (fischer alternativ 4009), Frankfurt 1978.
Vorschläge des DGB zur Wiederherstellung der Vollbeschäftigung, hg. v. Bundesvorstand des Deutschen Gewerkschaftsbundes, Düsseldorf 1977.
Zinn, K. G. (Hg.), Strategien gegen die Arbeitslosigkeit. Analysen zur wirtschaftlichen Fehlentwicklung und wirtschaftspolitische Handlungsvorschläge, Frankfurt 1977.

4.2 Kirchliche Initiativen

Agarwal, J. P., Steuern für die Arbeitslosen der Welt. Vorschlag zur Reform des Entwicklungshilfe-Steuergesetzes, in: Evangelische Kommentare 5 (1972) 655–658.
Alternativen zur Arbeitslosigkeit. Loccumer Protokolle Nr. 14/1976.
Betrifft: Arbeitslosigkeit. Dokumentation eines Briefwechsels zwischen dem Präsidenten des Diakonischen Werkes und dem Bundesminister für Arbeit und Sozialordnung. Mit einer Anlage: Vorschläge der Diakonie zur Minderung der Arbeitslosigkeit, in: Diakonie 4 (1978) 169–176.
Diakonisches Werk der Evangelischen Kirche in Deutschland, Initiativprogramme gegen Arbeitslosigkeit (Juni 1977); Arbeitslosigkeit. Ein Aufruf zum Handeln (August 1977); Aktionsvorschläge der Diakonie zur Minderung der Arbeitslosigkeit (Oktober 1977).
Diakonisches Werk der Evangelischen Kirche in Deutschland (Hg.), Verzeichnis Initiativprogramme Arbeitslosigkeit in der Bundesrepublik Deutschland. Stand: März 1979. (Hektogr.), Stuttgart 1979.
Espenhorst, J., Wie ist Arbeitslosigkeit überwindbar? Alternative Handlungsstrategien, in: Das Parlament 27 (1977), Nr. 29–30, 5.
Häselbarth, Chr., Wie die Diakonie Arbeitslosen helfen kann, in: Diakonie 3 (1977) 349–351.
Ders., Arbeitslosenhilfe ›Neue Arbeit GmbH‹, in: Stimme der Arbeit 21 (1979) 4.
Kaiser, K., Die Arbeitszeit verkürzen. Herausforderung für einen neuen Lebensstil, in: Evangelische Kommentare 12 (1979) 81–83.
Weiser, R., Gemeinsam gegen Arbeitslosigkeit. Beispiele praktischer Hilfe: Kirchliche Dienste in der Arbeitswelt, in: Das Parlament 27 (1977), Nr. 29–30, 6.

II. VERTEILUNGSMUSTER DER ARBEITSLOSIGKEIT

1. *Jugendliche Arbeitslose*

1.1 Allgemeine Gesamtdarstellungen

1.1.1 *Einführende Literatur – Arbeitsmittel*

Böcker, W./Olk, Th./Otto, H.-U., Jugendarbeitslosigkeit: Reaktionen und Perspektiven der Sozialarbeit – Aspekte der Lebens- und Arbeitssituation Jugendlicher in der gegenwärtigen Krise, in: Neue Praxis. Kritische Zeitschrift für Sozialarbeit und Sozialpädagogik 6 (1976) 124–153.

Burger, A./Seidenspinner, G., Jugend unter dem Druck der Arbeitslosigkeit (Reihe Deutsches Jugendinstitut aktuell), München 1977.

Cremer, G. (Hg.), Jugend ohne Arbeit. Analysen, Stellungnahmen, Programme, München 1976.

Feisel, H., Jugendarbeitslosigkeit. Ursachen, Erscheinungsformen, Folgen, Möglichkeiten der Hilfe (Jugendwerk der Arbeiterwohlfahrt), Kassel 1975.

Harten, H.-Ch., Strukturelle Jugendarbeitslosigkeit, München 1977.

Jugendarbeitslosigkeit. Fakten, Analysen, Argumente; hg. vom Vorstand des Hessischen Jugendringes, Wiesbaden 1976.

Jugendarbeitslosigkeit. Analysen, Maßnahmen, Konzepte. Eine Arbeitshilfe für die Jugend- und Sozialarbeit. Herausgeber: Arbeitsgemeinschaft für Jugendhilfe (AGJ), Deutscher Bundesjugendring (DBJR), Bundesarbeitsgemeinschaft Jugendaufbauwerk (BAG JAW), Redaktion: U. Ries, Neuwied 1977.

Laturner, S./Schön, B. (Hg.), Jugendarbeitslosigkeit. Materialien und Analysen zu einem neuen Problem (roak 1941), Reinbek 1975.

Lenhardt, G. (Hg.), Der hilflose Sozialstaat. Jugendarbeitslosigkeit und Politik (es 932), Frankfurt 1979.

Schlaffer, W. (Hg.), Jugendarbeitslosigkeit, Köln 1976.

1.1.2 *Dokumentationen – Materialien – Bibliographien*

Braun, F./Weidacher, A., Materialien zur Arbeitslosigkeit und Berufsnot Jugendlicher. Mit Bibliographie (Deutsches Jugendinstitut. Dokumentation), München 1976.

Bundesanstalt für Arbeit (Hg.), Bestandsaufnahme und kritische Analyse sowie Vorschläge für Maßnahmen zum Abbau der Arbeitslosigkeit Jugendlicher und zur Verbesserung der Lage auf dem Ausbildungsstellenmarkt, Nürnberg 1975; (Hektographiert).

Burger, A./Seidenspinner, G., Jugendliche und Arbeitslosigkeit: Die Sicht der Betroffenen, in: Th. Kutsch/G. Wiswede (Hg.), Arbeitslosigkeit II, 132–148.

Die Generation der Überzähligen, in: DER SPIEGEL 30 (1976), Nr. 17–18.

Deutscher Gewerkschaftsbund, Landesbezirk Baden-Württemberg (Hg.), Dokumentation zur Jugendarbeitslosigkeit, Teil I–IV, Stuttgart 1976.

Jugendberufshilfe gegen Jugendarbeitslosigkeit, Bd. I, Köln 1975; Bd. II, Köln 1976.

Presse- und Informationsamt der Bundesregierung, Gruppe IB – Datenver-

arbeitung AZ 15522/1, Klinghardt (Bearb.), Recherche-Ergebnisse zum Thema Jugendarbeitslosigkeit, Bd. I–II, Bonn 1977.
Schober-Gottwald, K., Jugendarbeitslosigkeit in Zahlen: Ausmaß und Entwicklungstendenzen, in: Die Deutsche Berufs- und Fachschule 72 (1976), 483–500.
Weidacher, A. (Bearb.), Bibliographie zur Jugendarbeitslosigkeit. Stand Okt. 1975. Mit einem Nachtrag. Stand: Jan. 1976, München 1976.

1.2 Aspekte der Jugendarbeitslosigkeit

1.2.1 Berufliche Qualifikation – schulische Situation

Baethge, M. (u. a.), Ausbildungs- und Berufsprobleme von Jugendlichen, Göttingen 1978.
Bednarez, J., Einstellungen von Arbeiterjugendlichen zu Bildung und Ausbildung, München 1978.
Crusius, R./Lempert, W./Wilke, M. (Hg.), Berufsausbildung – Reformpolitik in der Sackgasse? Alternativprogramm für eine Strukturreform (roak 1768), Reinbek 1974.
Lenhardt, G., Jugendarbeitslosigkeit und Berufsbildungspolitik, in: Leviathan 3 (1975) 594–607.
Petzold, H.-J. (Hg.), Jugend ohne Berufsperspektive. Berufsbildungsreform – Schulmisere – Jugendarbeitslosigkeit, Weinheim/Basel 1976.
Preis, H., Situation der beruflichen Bildung vor dem Hintergrund der drohenden Ausbildungskrise, in: Gewerkschaftliche Bildungspolitik (1976), Heft 4, 89–93.
Sahmel, K.-H./Jungk, D., Jugendliche ohne Ausbildungschancen als berufspädagogisches Problem, in: Zeitschrift für Pädagogik: Beiheft XIII (1977) 251–259.
Schweikert, K. (u. a.), Jugendliche ohne Berufsausbildung – ihre Herkunft, ihre Zukunft. Analytische und konzeptionelle Ansätze (Schriften zur Berufsbildungsforschung 30), Hannover 1976[2].
Trinckler, C.-H., Schulentlassen und schon arbeitslos, in: Blätter der Wohlfahrtspflege 7 (1976) 160–165.

1.2.2 Materielle und psychosoziale Folgen

Arbeitsstörungen – Notizen zur Jugendarbeitslosigkeit, in: Frankfurter Hefte 30 (1975), Heft 4, 22–24.
Burger, A./Seidenspinner, G., Einschätzungen und Reaktionen der von Jugendarbeitslosigkeit Betroffenen, in: Die Deutsche Berufs- und Fachschule 72 (1976) 419–434.
Gespräche mit arbeitslosen Jugendlichen, in: Gewerkschaftliche Monatshefte 26 (1975) 572–579.
Heinemann, K., Arbeitslose Jugendliche. Ursachen und individuelle Bewältigung eines sozialen Problems. Eine empirische Untersuchung (Soziologische Texte N. F. 107), Darmstadt/Neuwied 1978.
Paul, G./Wacker, A., ›Willi B., 23 Jahre, arbeitslos‹. Auszüge aus einem Gespräch, in: Deutsche Jugend 8 (1975) 359–367.

1.3 Jugendarbeitslosigkeit und Kirche

Aschenbrenner, D., Kirche und berufliche Bildung – Bilanz eines Defizits, in: Leben und Erziehen durch Glauben. Perspektiven bildungspolitischer Mitverantwortung der evangelischen Kirche. Eine Veröffentlichung des Comenius-Instituts Münster. Redaktion H. Kratzert u. a., Gütersloh 1978, 169–182.
Becker, W., Bemerkungen zur Jugendarbeitslosigkeit, in: Deutsches Pfarrerblatt 76 (1976) 93–95.
Bleistein, R., Jugendarbeitslosigkeit, in: Stimmen der Zeit 197 (1979) 1–2.
Börsch, E., Kirche und Theologie vor dem Problem der Jugendarbeitslosigkeit, in: Evangelische Jugend Information. Studientext 15: ›Berufs- und Ausbildungsnot Jugendlicher‹, Stuttgart 1978, 2–10.
Fraund, H. M., Resignation unter Hauptschülern. Beitrag der Schule zur Vollbeschäftigung, in: Evangelische Kommentare 9 (1976) 282–285.
Gessat, M., Evangelische Kirche und Jugendarbeitslosigkeit, in: betrifft erziehung 9 (1975) 45–49.
Göbel, P./Martiny, S., Jugendliche Arbeitslose im Freiwilligen Sozialen Jahr, in: S. Laturner/B. Schön (Hg.), Jugendarbeitslosigkeit, 101–109.
Grässle, E., Aktuelle Probleme in der Ausbildung und Beschäftigung Jugendlicher, in: Religionspädagogik an berufsbildenden Schulen (1977) 108–118.
Hofbauer, H., Jugendliche auf dem Arbeitsmarkt. Zum Thema Jugendarbeitslosigkeit in der Bundesrepublik, in: Herder-Korrespondenz 30 (1976) 236–239.
Lenz, W., Arbeitslosigkeit und Berufsnot Jugendlicher als Herausforderung für die Jugendhilfe, in: Jugend und Beruf. Zeitschrift der Bundesarbeitsgemeinschaft Jugendaufbauwerk (1979), Nr. 1.
Ders., Berufs- und Ausbildungsnot Jugendlicher. Evangelische Jugend-Information (eji), Studientext 15, Stuttgart 1978.
Lenz, W./Anhelm, F. E., Politische Bildung mit arbeitslosen Jugendlichen, in: Politische Bildung mit Arbeiterjugendlichen. Evangelische Trägergruppe für gesellschaftspolitische Jugendbildung, Bad Boll 1978.
Müller, Chr., Jugendarbeitslosigkeit, in: Weltweite Hilfe. Kirche – Diakonie – Gesellschaft. Informationen für die Gemeinden in Hessen und Nassau 26 (1976), Heft 2 (Nr. 161) 27–28.
Rammenzweig, G. W., Jugendarbeitslosigkeit als Aufgabe der Jugendarbeit in der Kirche. Bericht und Überlegungen zu einem örtlichen Projekt, in: Theologia Practica 12 (1977) 145–149.
Was kann evangelische Jugendarbeit gegen Jugendarbeitslosigkeit tun?, in: G. Cremer (Hg.), Jugend ohne Arbeit, 91–95.

2. *Arbeitslose Frauen*

2.1 Frauenarbeit

Beck-Gernsheim, E., Der geschlechtsspezifische Arbeitsmarkt. Zur Ideologie und Realität von Frauenberufen, Frankfurt 1976.
Brinker-Gabler, G. (Hg.), Frauenarbeit und Beruf (Fischer TB 2046), Frankfurt 1979.
Bundesministerium für Bildung und Wissenschaft (Hg.), Frauen und Bildung, Bonn 1977.

Friedrich, H. u. a., Frauenarbeit und technischer Wandel, Göttingen 1973.
Hofbauer, H., Die Untersuchung des IAB über Berufsverläufe bei Frauen. Bericht über Methode und erste Ergebnisse, in: MittAB 11 (1978), 131–147.
Institut für Arbeitsmarkt- und Berufsforschung (Hg.), Literaturdokumentation zur Arbeitsmarkt- und Berufsforschung, Sonderheft 4: Frauenerwerbstätigkeit, Nürnberg 1975.
Institut für Arbeitsmarkt- und Berufsforschung (Hg.), Frauen und Arbeitsmarkt. Ausgewählte Aspekte der Frauenerwerbstätigkeit, in: QuintAB 4/1976.
Jurczyk, K., Frauenarbeit und Frauenrolle. Zum Zusammenhang von Familienpolitik und Frauenerwerbstätigkeit in Deutschland von 1918–1975, Frankfurt/New York 1978.
Oster, I., Beruf und Hausfrau. Die Arbeit der Frau in unserer Gesellschaft, Frankfurt/New York 1978.
Peikert, I., Frauenarbeit – Proletarisierung auf Widerruf?, in: C. Offe (Hg.), Opfer des Arbeitsmarktes, 63–92 (Lit.).
Dies., Frauen auf dem Arbeitsmarkt, in: Leviathan 4 (1976) 494–516 (Lit.).
Seifert, H., Frauenarbeit – eine disponible Arbeitskräftereserve?, in: H. Seifert/D. B. Simmert (Hg.), Arbeitsmarktpolitik in der Krise, 39–56.
Schöll-Schwinghammer, I./Lappe, L., Arbeitsbedingungen und Arbeitsbewußtsein erwerbstätiger Frauen, Frankfurt 1978.

2.2 Frauenarbeitslosigkeit

2.2.1 Einführende Literatur

Däubler-Gmelin, H., Frauenarbeitslosigkeit oder Reserve zurück an den Herd! (roak 4183), Reinbek 1977.
Dobberthien, M., Probleme der Frauenarbeitslosigkeit, dargestellt am Beispiel Baden-Württembergs, in: WSI-Mitteilungen 30 (1977) 519–538.
›*Nur die Krumen vom Tisch der Männer.*‹ Spiegel-Report über Frauen-Arbeitslosigkeit in der Bundesrepublik, in: DER SPIEGEL 32 (1978), Nr. 2 vom 9. 1. 1978.
Schmidt, G., Frauenarbeitslosigkeit in der Bundesrepublik Deutschland. Hekt. Mskr.: Wiss. Zentrum Berlin, 1978.

2.2.2 Zur theologisch-kirchlichen Diskussion

Arbeit von und mit Frauen in der Kirche. Eine Materialsammlung zum Verständnis der Frau im gesellschaftlichen und kirchlichen Kontext, Bochum 1978. (Hekt. Mskr.).
Arbeitslose Frauen unter den Problemgruppen des Arbeitsmarktes. Ein Beratungsmodell (Mitteilungen des Sozialamtes der Ev. Kirche von Westfalen, Nr. 25), Schwerte 1979.
Bubeck, M./Leistner, H., Frauenarbeitslosigkeit: Ursachen – Folgen – Schicksale, in: Wege zum Menschen 31 (1979) 69–77.
Denkschrift über die Teilzeitarbeit von Frauen, hg. vom Rat der Evangelischen Kirche in Deutschland (1965), in: Die Denkschriften der EKD. Texte und Kommentar von K.-A. Odin, Neukirchen-Vluyn 1966, 35–45.
Espenhorst, J., Frauenarbeitslosigkeit. Erfahrungen und Perspektiven der Industrie- und Sozialarbeit (Mitteilungen des Sozialamtes der Ev. Kirche von Westfalen, Nr. 24), Schwerte 1977.
›*Frauen-Arbeitslosigkeit.*‹ Probleme – Konflikte – Lösungen, hg. von der

Katholischen Arbeitnehmerbewegung Süddeutschlands, o. O., o. J.
Kern, D./Schumacher, G., Arbeitslosigkeit unter Frauen (Evangelische Arbeitnehmerschaft Hannover), Juni 1977.

3. *Arbeitslosigkeit spezifischer Beschäftigungsgruppen*

3.1 Ausländische Arbeitnehmer

3.1.1 *Einführende Literatur*

Bundesanstalt für Arbeit (Hg.), Bibliographie ›Ausländische Arbeitnehmer in der Bundesrepublik Deutschland.‹ Literaturdokumentation zur Arbeitsmarkt- und Berufsforschung, Sonderheft 3/1974.
Dohse, K., Ausländerentlassungen beim Volkswagenwerk, in: Leviathan 4 (1976) 585–493.
Dokumentation. Zur schulischen und beruflichen Situation der Kinder ausländischer Arbeitskräfte in der BRD, in: WSI-Mitteilungen 31 (1978) 354–356.
Ewers, K./Lenz, P., Die Ausländerbeschäftigung unter dem Druck von Wirtschaftskrise und ›Konsolidierungspolitik‹, in: C. Offe (Hg.), Opfer des Arbeitsmarktes, 185–225. (Lit.)
Gastarbeiter, in: Unterprivilegiert. Eine Studie über sozial benachteiligte Gruppen in der Bundesrepublik Deutschland, hg. von der SPIEGEL-Redaktion (Kritische Texte zur Sozialarbeit und Sozialpädagogik), Neuwied/ Berlin 1973, 39–88 (Lit.)
Gauer, C./Schloesser, J., Die ausländischen Arbeiter in der Krise, Frankfurt 1975.
Geiselberger, S., Schwarzbuch: Ausländische Arbeiter (Fischer TB 1325), Frankfurt 1973.
Katsoulis, H., Bürger zweiter Klasse. Ausländer in der Bundesrepublik, Frankfurt/New York 1978 (Lit.).
Klee, E. (Hg.), Gastarbeiter. Analysen und Berichte (es 539), Frankfurt 1972.
Kühne, P., Ausländische Industriearbeiter – zwischen Anpassung und Widerstand, in: R. Duhm/H. Wieser, Krise und Gegenwehr, Berlin 1975.
Nikolinakos, M., Politische Ökonomie der Gastarbeiterfrage (roak 1581), Reinbek 1973.
Schirrmacher, G., Ausländer: Ab in die Heimat?, in: K. H. Balon/J. Dehler/B. Schön (Hg.), Arbeitslose: Abgeschoben, diffamiert, verwaltet, 113–125.
Wagner, J., Studie zur sozialen und beruflichen Situation ausländischer Arbeitnehmer, Frankfurt 1973.

3.1.2 *Zur kirchlich-theologischen Diskussion*

Becher, H. J., Die ausländischen Arbeitnehmer in der Bundesrepublik, in: Herder-Korrespondenz 28 (1974) 71–77.
Caritas-Verband. Konferenz der Sozialarbeiter der Caritas für die Spanier in der Bundesrepublik Deutschland. Stellungnahme zur Ausländerpolitik in der Bundesrepublik Deutschland, Freiburg 1977, in: epd-Dokumentation Nr. 16/77 vom 12. 4. 1977, 69–73.
Kaiser, K., Gefahr der Proletarisierung. Ausländerbeschäftigung erfordert Opfer, in: Evangelische Kommentare 6 (1973) 278–280.

Leudesdorff, R./Zilleßen, H., Gastarbeiter = Mitbürger. Bilder, Fakten, Gründe, Chancen, Modelle, Dokumente (ad hoc 4), Gelnhausen 1971.
Menschenrechte. Menschenrechtsverletzungen. 10 Bausteine eines Seminars, vorbereitet für Teilnehmer und Veranstalter, hg. v. der Arbeitsstelle für Erwachsenenbildung der EKHN. (Auslieferung: Paulusplatz 1/6100 Darmstadt).
Micksch, J., Miteinander für Gerechtigkeit. Mehr Arbeitsplätze durch weniger Ausländer?, in: Lutherische Monatshefte 15 (1976) 146–149.
Ders., Ausländische Arbeitnehmer. Er soll bei Euch wohnen wie ein Einheimischer, in: H.-W. Heßler (Hg.), Kirche in der Gesellschaft. Der ev. Beitrag 78/79 (Geschichte und Staat 223–225), München/Wien 1978, 65–76 (*Hinweise auf:* Einrichtungen, Gremien und Dienste.)
Pawlowski, H., Wie Gastarbeiter verschaukelt werden, in: Junge Kirche 37 (1976) 509–510.
Pölzl, K., Ausländische Arbeiter – Minderheit innerhalb der Arbeiterschaft und innerhalb der Ortskirche, in: Diakonia 9 (1978) 128–132.
Sommer, N., Erst Gast – jetzt vornehmlich Last? Die ausländischen Arbeitnehmer in der Zeit der Rezession, in: Herder-Korrespondenz 31 (1977) 395–400.
Zur Situation der ausländischen Arbeitnehmer in der BRD, in: Caritas 77 (1976) 109–146.

3.2 Behinderte

3.2.1 Einführende Literatur

Arbeitskammer des Saarlandes (Hg.), Der Schwerbehinderte und sein Recht, Saarbrücken 1977[3].
Behinderte, in: Unterprivilegiert, 89–128. (Lit.)
Brinkmann, Chr., Minderung der Erwerbsfähigkeit (Behinderung) und Berufsverlauf, in: MittAB 6 (1973) 67–90.
Heinze, R. G./Runde, P., Behinderte als Problemgruppe des Arbeitsmarktes – zwischen kollektiver Interessenvertretung und Marginalisierung, In: WSI-Mitteilungen 31 (1978) 627–635.
Klee, E., Behinderten-Report I (Fischer TB 1418), Frankfurt 1976[4]; II (Fischer TB 1747), Frankfurt 1976.
Leppin, H./Ritz, H.-G., Behinderte und Leistungsgeminderte als Problemgruppe des Arbeitsmarktes, in: C. Offe (Hg.), Opfer des Arbeitsmarktes, 121–149. (Lit.)
Möller-Lücking, N., Ältere und Behinderte – Mehr Chancen in Beruf und Arbeit!, in: H. Seifert/D. B. Simmert (Hg.), Arbeitsmarktpolitik in der Krise, 57–67.
Thimm, W. (Hg.), Soziologie der Behinderten, Neuburgweier 1972.

3.2.2 Zur kirchlich-theologischen Diskussion

Biesalski, B., Schwerbehinderte weiterhin am Rande der Gesellschaft (EAN-Hannover), Juni 1977.
Dürr, E., Behinderte. Normalisierung und das Recht auf Anderssein, in: H.-W. Heßler (Hg.), Kirche in der Gesellschaft, 77–88. (*Hinweise auf:* Einrichtungen und Dienste.)
Geiger, M., Die Zielsetzung der neuen Sozialgesetzgebung für behinderte

Menschen, in: Diakonie. Jahrbuch des Diakonischen Werkes 74, Stuttgart 1974, 93–101.
Grundsätze für die Einrichtung von Berufsbildungswerken für behinderte Jugendliche, in: Diakonie. Jahrbuch des Diakonischen Werkes 71, Stuttgart 1971, 222–224.
Hämer, A., Rehabilitation von unten. Der Platz der Körperbehinderten im Aufgabenfeld der Kirche (Gesellschaft und Theologie, Abt.: Praxis der Kirche 28), München–Mainz 1978.
Hilfe für Behinderte. Zweites Schwerpunktprogramm der Diakonie, in: Diakonie 75. Jahrbuch des Diakonischen Werkes 75, Stuttgart 1975.
Lernbehinderte und Hauptschüler ohne Abschluß: Ohne Beruf und ohne Arbeit? Evangelische Akademie Hofgeismar, Protokoll Nr. 129/1977.

III. THEOLOGIE – KIRCHE – ARBEIT

1. *Arbeit*

1.1 Bibel

Bienert, W., Die Arbeit nach der Lehre der Bibel, Stuttgart 1954.
Hauck, F., Die Stellung des Urchristentums zu Arbeit und Geld, Gütersloh 1921.
Preuß, H. D., Art. Arbeit I: Altes Testament, in: Theologische Realenzyklopädie, III, 613–618. (Lit.).
Richardson, A., Die biblische Lehre von der Arbeit, Frankfurt 1953.
Schelke, K. H., Art. Arbeit III: Neues Testament, in: Theologische Realenzyklopädie, III, 622–624. (Lit.).

1.2 Mittelalter – Reformation

Auer, A., Zum christlichen Verständnis der Berufsarbeit nach Thomas von Aquin und Martin Luther, Rottenburg 1953.
Gatzen, H., Beruf bei M. Luther und in der industriellen Gesellschaft, Münster 1964 (Diss. theol.).
Geist, H., Arbeit. Die Entscheidung eines Wortwertes durch Luther, in: Luther-Jahrbuch 13 (1931) 83–113.
Holl, K., Die Geschichte des Worts Beruf, in: Ders., Ges. Aufsätze zur Kirchengeschichte, Bd. III, Tübingen 1928, 189–219.
Paulus, N., Die Wertung der weltlichen Berufe im Mittelalter, in: Historisches Jahrbuch 32 (1911), 725–755.
Vontobel, K., Das Arbeitsethos des deutschen Protestantismus von der nachreformatorischen Zeit bis zur Aufklärung (Beiträge zur Soziologie und Sozialphilosophie 2), Bern 1946.
Wingren, G., Luthers Lehre vom Beruf (Forschungen zur Geschichte und Lehre des Protestantismus X,3), München 1952.

1.3 Zur gegenwärtigen Diskussion

Auer, A., Christsein im Beruf. Grundsätzliches und Geschichtliches zum christlichen Berufsethos, Düsseldorf 1966 (Lit.).

Ders., Die Arbeit im Lichte der Theologie, in: Unser Dienst. Zeitschrift für Seelsorge in der Arbeitswelt 12 (1978), Heft 10, 3–11.
Bahrdt, H. P., Entmythologisierung der Arbeit, in: Zeitschrift für Evangelische Ethik 9 (1965) 35–47.
Bartels, Chr., Berufung zum Job. Berufsethos und Arbeitswirklichkeit (Der Kreis 3), Stuttgart 1969[2].
Belitz, W., Entfaltung der Persönlichkeit und Verwertung der Arbeitskraft, in: Die Mitarbeit 27 (1978) 325–343.
Brakelmann, G., Humanisierung der Arbeit als sozialethisches Problem. Realisationen und Tendenzen, in: Stimme der Arbeit 17 (1975) 84–89.
Ders., Theologische Anmerkungen zum Problem der Arbeit, in: Wissenschaft und Praxis in Kirche und Gesellschaft 66 (1977) 475–488.
Ders., Art. Arbeit VIII: Humanisierung der industriellen Arbeitswelt, in: Theologische Realenzyklopädie, III, 657–669.
Bromm, D., Beruf und Berufung. Ein Beitrag zur Entwicklung des Berufsbegriffs, in: Zeitschrift für Evangelische Ethik 6 (1962) 212–231.
Chenu, M.-D., Die Arbeit und der göttliche Kosmos. Versuch einer Theologie der Arbeit, Mainz 1956.
Ders., Art. Arbeit, in: Sacramentum Mundi I, Sp. 306–318.
Conze, W., Art. Arbeit, in: Geschichtliche Grundbegriffe. Historisches Lexikon zur politisch-sozialen Sprache in Deutschland, Bd. I, Stuttgart 1972, 154–215.
Dumas, A., Planung und Verheißung. Das Evangelium in der Industriegesellschaft, Düsseldorf 1978, 51–60.
Eicher, P., Der Tag des Herrn für die Sklaven der Arbeitswelt, in: Diakonia 10 (1979) 1–3.
Ferel, M./Kratz, W., Menschenfeindliche – Menschenwürdige Arbeit, in: Themenstudien für Predigtpraxis und Gemeindearbeit, Bd. II, Stuttgart 1978, 87–100.
Fischer, R., Christ und Beruf in der heutigen Arbeitswelt, in: Neue Ordnung 17 (1963) 17–34.
Gatzen, H., Zur Ethik des Berufs in der industriellen Gesellschaft, in: H.-D. Wendland (Hg.), Sozialethik im Umbruch der Gesellschaft, Göttingen 1969, 233–246.
Gremmels, Chr., Perspektiven christlicher Ethik zu Fragen der Arbeit und des Eigentums. Fragen der Arbeit und der Arbeitswelt, in: Handbuch der christlichen Ethik, Bd. II, Freiburg/Gütersloh 1978, 362–370.
Henning, R., Anmerkungen zum Verständnis von Beruf und Berufung, in: Jahrbuch des Instituts für christliche Sozialwissenschaften der Westfälischen Wilhelms-Universität Münster 5 (1964) 37–50.
Hildebrand, D. v., Das katholische Berufsethos, Augsburg 1931.
Jüres, E. A., Erfahrung mit Arbeitern. Kirche zwischen Tradition und Industrialisierung, Boll 1967.
Honecker, M., Artikel Arbeit VII: 18.–20. Jahrhundert, in: Theologische Realenzyklopädie, III, 639–657.
Kerber, W., Rationalisierung gegen den arbeitenden Menschen?, in: Orientierung 42 (1978) 76–80.
Lehmann, K., Der Christ und die Kirche vor dem modernen Berufs- und Arbeitsverständnis, in: Handbuch der Pastoraltheologie, Bd. IV, 350–375.
Lochman, J. M., Werk und Werkgerechtigkeit: Arbeit in christlicher und marxistischer Sicht, in: Zeitschrift für Evangelische Ethik 22 (1978) 105–117.
Möhring, H., Der Mensch im modernen Betrieb. Eine Handreichung zum

Verständnis der Arbeitswelt (Christliche Strukturen in der modernen Welt 2), Essen 1970.
Nell-Breuning, O. v., Soziallehre der Kirche. Erläuterungen der lehramtlichen Dokumente, hg. von der Katholischen Sozialakademie Österreichs, Wien 1978².
Oldham, J. H., Die Arbeit in der modernen Welt, Stuttgart 1956.
Rich, A., Christliche Existenz in der industriellen Welt. Eine Einführung in die sozialethischen Grundfragen der industriellen Arbeitswelt, Zürich 1964².
Rondet, H., Die Theologie der Arbeit, Würzburg 1956.
Ruh, H., Arbeit – Sinn des Lebens oder Entfremdung?, in: Reformatio 26 (1977) 502–511.
Seeber, O., ›Arbeit – Leistung – Lohn‹ im evangelischen Religionsunterricht an Berufsschulen, in: Y. Spiegel (Hg.), Kirche und Klassenbindung (es 709), Frankfurt 1974, 221–238.
Sohn, W., Arbeit als Sinnerfüllung, in: Das Parlament 27 (1977), Nr. 29–30, S. 5.
Spiegel, Y., Arbeit und Leistung als sozialethisches Probelm, in: Wissenschaft und Praxis in Kirche und Gesellschaft 65 (1976) 240–256.
Texte zur katholischen Soziallehre. Die sozialen Rundschreiben der Päpste und andere kirchliche Dokumente. Mit einer Einführung von O. v. Nell-Breuning, hg. vom Bundesverband der Katholischen Arbeitnehmer-Bewegung (KAB) Deutschlands, Kevelaer 1976³.
Weiser, R., Arbeit und Gesundheit, in: Die Mitarbeit 27 (1978) 344–360.
Witte, L. de, Kirche – Arbeit – Kapital (Taschenbücher für wache Christen 9) Limburg 1964.
Wolf, H. H., Arbeit und Beruf in christlichem Verständnis, in: Wort und Dienst. Jahrbuch der Theologischen Schule Bethel N. F. III (1952) 127–145.

2. *Recht auf Arbeit*

2.1 Einführende Literatur

Achten, U. u. a., Recht auf Arbeit – eine politische Herausforderung (Demokratie und Rechtsstaat 38), Neuwied/Darmstadt 1978.
Lohmann, U., Rechtsordnung, Wirtschaftssystem und Recht auf Arbeit in der Bundesrepublik Deutschland, in: Gewerkschaftliche Monatshefte 26 (1975) 241–251.
Rath, M., Die Garantie des Rechts auf Arbeit. Mit einem Anhang von U. Lohmann (Kommission für wirtschaftlichen und sozialen Wandel 25), Göttingen 1975 (Lit.).
Weller, B., Arbeitslosigkeit und Arbeitsrecht. Untersuchung der Möglichkeiten zur Bekämpfung der Arbeitslosigkeit unter Einbeziehung der Geschichte des Arbeits- und Sozialrechts, Stuttgart 1969.

2.2 Theologische Diskussionen und Stellungnahmen

Berchtold, A., Vom Grundwert der Arbeit. Was sagt die katholische Soziallehre?, in: Das Parlament 27 (1977), Nr. 29–30, 3–4.
Brakelmann, G., Gibt es ein Recht auf Arbeit? Thesen zu einer aktuellen Forderung, in: Evangelische Kommentare 10 (1977) 336–339.
Das Recht auf Arbeit und das Recht des Stärkeren: Grundsätzliche Überle-

gungen zum Problemkreis Streik und Aussperrung, in: Junge Kirche 40 (1979) 57–61.
Hamm, H., Arbeit – Ethik – Menschenrecht (Werdende Welt. Analysen und Aspekte zur Orientierung des Christen 23) Limburg 1976, 33–60 (Lit.).
Honecker, M., Das Recht auf Arbeit, in: Ders., Das Recht des Menschen. Einführung in die evangelische Sozialethik (GTB-Siebenstern 290), Gütersloh 1978, 75–82.
Informationsblatt der katholischen Arbeitnehmer-Bewegung. Erzdiözese Freiburg e. V. (Hg.), Bildungsprogramm 1977/78: ›Strukturelle Wandlungen der Gegenwart und das Recht auf Arbeit‹, Freiburg 1978.
Katholische Sozialakademie Österreichs (Hg.), Die sozialen Grundrechte (Fragen des sozialen Lebens 10), Wien 1971.
Kirchlicher Dienst in der Arbeitswelt (Hg.), Menschenrecht Arbeit. Arbeitsmappe, o. O. (Kiel), o. J. (1976).
Mestitz, F., Was bedeutet ein Recht auf Arbeit? Erwägungen zu einer aktuellen Forderung, in: Evangelische Kommentare 10 (1977) 461–462.
Nell-Breuning, O. v., Das Recht auf Arbeit, in: Stimmen der Zeit 196 (1978) 523–532.
Recht auf Arbeit. Ansprache des Papstes an christliche Arbeitnehmer, in: Gemeinsame Aktion. Zeitschrift des Bundesverbandes der KAB, 1979, Heft 5, 4–5.
Ruh, H., Recht auf Arbeit? Pflicht zur Arbeit?, in: Reformatio 27 (1978) 506–517.
Schaffner, M., Die Forderung nach einem Recht auf Arbeit in der Geschichte der Arbeiterbewegung, in: Reformatio 25 (1976) 264–275.
Sohn, W., Arbeitslosigkeit – Recht auf Arbeit. Die Gemeinde ist gefragt in: Stimme der Arbeit 20 (1978) 51–52.
Streckel, S., Eine zeitgemäße Forderung: Das Recht auf Arbeit, in: Botschaft und Dienst 27 (1976), Heft 5, 37–42.
Tschudi, F., Recht auf Arbeit. Einige Thesen aus der Sicht christlicher Sozialethik, in: Reformatio 25 (1976) 276–277.
Vetterlein, Th. G./Bernhard, W./Seidel, H., Das Recht auf Arbeit, in: ›Geben wir Zeugnis der Hoffnung, die in uns ist.‹ Bildungs- und Aktionsprogramm des Bundesverbandes der KAB 1978/79, Köln 1978, 53–73.

3. *Arbeitslosigkeit*

Ahlheim, K., ›Eine Frage des Lebens und der Würde des Menschen‹. Die Veränderung von Theologie in sozialen Konflikten, in: Concilium 14 (1978) 301–306.
Arbeitslosigkeit – Betriebsschließungen – Kurzarbeit. Dokumentation. Zusammengestellt im Juni 1975 durch das Pfarramt für Industrie und Wirtschaft der Evangelisch-reformierten Kirche Basel-Stadt und Basel-Land. (Ungedrucktes Mskr.)
Arbeitslosigkeit – Gesellschaft – Kirche. Dokumentation. Kirchliche Dienste in der Arbeitswelt, o. O. (Boll), o. J. (Vervielfältigtes Mskr.).
Arbeitslosigkeit – Herausforderung an die Kirche, in: Weltweite Hilfe. Information für die Gemeinden in Hessen und Nassau 25 (1975), Heft 6 (Nr. 159), 17–20.
Arbeitslos – in der Leistungsgesellschaft, in: Deutscher Evangelischer Kirchentag Berlin 1977. Dokumente, Stuttgart 1977, 254–276.

Cordes, C., Mit dem Mangel an Arbeit leben. Alle müssen beisteuern, um die Lage zu meistern, in: Lutherische Monatshefte 15 (1976) 203–205.
Ein kirchliches Wort zur Arbeitslosigkeit, in: Stimme der Arbeit 19 (1977) 169–170.
Eppler, E., 13 Thesen zur gegenwärtigen Arbeitslosigkeit. Vorgetragen auf einer Tagung ›SPD-Kirche‹ (1978), in: Junge Kirche 39 (1978) 534–539.
Evangelische Kirche und Arbeitslosigkeit. Informationen – Forderungen – Einschätzungen, in: Sozialdemokratische Partei Deutschland (Hg.), Informationsdienst Kirchenfragen 4 (1977), Nr. 2 vom 21. April 1977.
Friedberger, W., Seelsorge und Arbeitslosigkeit, in: Ders., Seelsorge in der Arbeitswelt (Pastorale Handreichungen 18), Würzburg 1978, 141–153.
Gablenz, C. v., Kernkraft und Arbeitslosigkeit. Schwerpunkte der landeskirchlichen Synoden, in: Evangelische Kommentare 10 (1977) 105–107.
Grosser, D., Auf der Suche nach Arbeit, in: Zur Debatte. Themen der katholischen Akademie in Bayern 6 (1976), Nr. 4, 12–13.
Hamm, H., Arbeit – Ethik – Menschenrecht, 61–126 (Lit.).
Hubfleß, H./Weiser, R., Arbeitslosigkeit. Wie reagiert die Kirche? Zwischenbilanz 75. Erkenntnisse und Erfahrungen aus Veranstaltungen mit Arbeitslosen, in: Stimme der Arbeit 17 (1975) 111–113.
Karnetzki, M., Kirche und Arbeitslosigkeit, in: Richte unsere Füße auf den Weg des Friedens. H. Gollwitzer zum 70. Geb., hg. v. A. Baudis u. a., München 1979, 361–370.
Kruppa, A., Arbeitslosigkeit – Betriebsunfall der Marktwirtschaft?, in: Botschaft und Dienst 27 (1976), Heft 5, 42–48.
Ders., Ist das Opfer der Täter? Wider das Gerede von der Arbeitsunwilligkeit, in: Publikum-Forum 6 (1977), Nr. 17, 3.
Kurzarbeit, Entlassungen, Umstrukturierungen, Betriebsschließungen, Arbeitslosigkeit. Dokumentation, hg. vom Institut für Kirche und Industrie Zürich. (Ungedrucktes Mskr.)
Problemfeld Arbeitslosigkeit, in: Forum, hg. vom Kirchlichen Dienst in der Arbeitswelt der Ev.-Luth. Kirche in Oldenburg, o. O. (Oldenburg), o. J. (1977).
Rich, A., Schafft Umweltschutz Arbeitsplätze?, in: Zeitschrift für Evangelische Ethik 23 (1979) 66–70.
Sohn, W., Arbeitslosigkeit in der Industriegesellschaft. Perspektiven der evangelischen Sozialethik, in: Stimme der Arbeit 18 (1976) 120–121.
Stammler, E., Ein neuer Klassenkampf, in: Evangelische Kommentare 10 (1977) 453–454.
Steinmeyer, F.-J., Die Krise: Arbeitslose als Herausforderung an die Diakonie, in: Diakonie 3 (1977) 340–348.
Tödt, H. E., Arbeitslosigkeit als Problem unserer Kirche, in: Verkündigung im Gespräch mit der Gesellschaft. Fs. z. 65. Geb. von Landesbischof Prof. Dr. H.-W. Heidland, hg. vom Ev. Oberkirchenrat Karlsruhe, Ev. Presseverband für Baden, Karlsruhe 1977, 23–42. *Wiederabgedruckt in:* H. E. Tödt, Das Angebot des Lebens. Theologische Orientierung in den Umstellungskrisen der modernen Welt (GTB Siebenstern 254), Gütersloh 1978, 121–141.
Weiser, R., Zu neuer Motivation verhelfen. Wege kirchlichen Engagements für die Arbeitslosen, in: Lutherische Monatshefte 15 (1976) 279–281.
Ders., Arbeitslosigkeit. Alarmsignal für die ganze Gesellschaft, in: H.-W. Heßler (Hg.), Kirche in der Gesellschaft, 48–59; (*Hinweise auf:* Einrichtungen und Dienste).

4. *Religionspädagogische Materialien und Modelle*

Umfassendere Informationen bietet eine vom Comenius-Institut (Münster) herausgegebene *Dokumentation:* Lehrpläne, Schulbücher und Zeitschriften zum Religionsunterricht (Comenius-Institut. Dokumentationen 3), Münster 1977.
Unterrichtsmodellkarteien für den evangelischen (a) und katholischen Bereich (b) werden von folgenden Stellen bearbeitet:
(a) Pädagogisches Institut der Evangelischen Kirche von Westfalen. Haus Villigst. 5840 Schwerte 5.
(b) Deutscher Katecheten-Verein. Preysingstraße 83 c. 8000 München 80.

4.1 Thema: Arbeit und Beruf

Arbeit – Anspruch oder Gnade. Audio-visuelle Arbeitsunterlagen und Bildmeditationen für die Jugend- und Gemeindearbeit und die sozialen Dienste. Medienbestandteile: 5 Tageslichtfolien (Reihe 1000/Cf 1002), München 1978.
Arbeit, Leistungsgesellschaft – Entfremdung – Eigentum – Schule – Betrieb, in: G. Otto/H. J. Dörger/J. Lott, Neues Handbuch des Religionsunterrichts, Hamburg 1972[4], 219–240.
Arbeit und Beruf, in: Impulse zur Verantwortung. Informations-, Diskussions- und Arbeitsbuch für den kath. Religionsunterricht an beruflichen Schulen, Bd. I, Düsseldorf 1972, 139–151.
Arbeit und Beruf, in: Herausforderungen. Information – Diskussion – Aktion. Ein Buch für den Religionsunterricht, hg. von der Gesellschaft für Religionspädagogik e. V. Villigst, Bd. I, Dortmund 1970, 86–99.
Arbeit – Beruf – Leistung, in: D. Stoodt, Religionsunterricht als Interaktion. Grundsätze und Materialien zum ev. Religionsunterricht der Sekundarstufe I, Düsseldorf 1975, 58–59.
Aschenbrenner, D., Humanisierung der Arbeitswelt und der Arbeit (Berufsschule), in: H. K. Berg/F. Doedens (Hg.), Unterrichtsplanung als didaktische Analyse. Ein Arbeitsbuch für die Praxis des Religionsunterrichts (RPP 18), Stuttgart/München 1976, 96–108.
Evangelische Arbeitsstelle Fernstudium für kirchliche Dienste (Hg.), Fernstudium für Mitarbeiter in der Erwachsenenbildung. Lehrgang A – Studienbrief 3/4: Die Arbeitswelt als Thema der Erwachsenenbildung Hannover 1975.
Für eine menschlichere Welt. Grundfragen der katholischen Soziallehre. Unterrichtsmodell ab 10. Schuljahr, hg. v. Deutschen Katechetenverein in Verbindung mit der KAB Süddeutschlands und der KAB Landesverband Rottenburg, München 1977.
Kiss, F., Didaktische Materialien zum Thema Arbeit – zur Diskussion vorgelegt in: Der evangelische Religionslehrer an beruflichen Schulen 19 (1971) 100–108.
Mahr, F./Schlereth, A., Homo faber – Homo ludens (Alternativen 9), München 1971.
Schuster, R., Beruf, in: Entwurf. Religionspädagogische Mitteilungen, hg. v. d. Fachgemeinschaft Evangelischer Religionslehrer in Württemberg 1974, Heft 1, 73–76.
Thema: Produktionsfaktor Arbeit und Humanität (Religionspädagogische Arbeitsstelle der Erzdiözese Freiburg, Heft 9: Lehrer- und Schülerheft), Freiburg, o. J.

Zilleßen, D., Unterrichtsprojekt: Arbeit, Beruf – was zur Arbeit gehört, in: Der Evangelische Erzieher 30 (1978) 269–290.

4.2 Thema: Arbeitslosigkeit – Jugendarbeitslosigkeit

Arbeiter-Informationen. Biblische Studien und didaktische Materialien zum Thema Jugendarbeitslosigkeit, Jugend und Beruf, in: Mitarbeiterhilfe (1977), Heft 5, 2–45.
Arbeits-los – Arbeitslos. ›Arbeit und Beruf‹ als Thema des Religionsunterrichts, in: Informationen (Evangelischer Religionsunterricht Berlin), Religionspädagogische Veröffentlichungen 7 (1977), Heft 1–2.
Arbeit-los – Zukunftslos. Audio-visuelle Arbeitsunterlagen und Bildmeditationen für die Jugend- und Gemeindearbeit und die sozialen Dienste. Medienbestandteile: 6 Farbdias; 17-cm-Schallplatte (Reihe 1000/Cf 1021), München 1978.
Bornschein, H./Jörg, J., Jugendarbeitslosigkeit (8./9. Klasse), in: H. K. Berg/F. Doedens (Hg.), Unterrichtsplanung als didaktische Analyse, 83–95.
Dies., Die alten Leiden des Religionslehrers R. – oder: vom Recht der Jugendlichen auf Arbeit. Didaktische Reflexionen und Materialauswahl zum Thema Jugendarbeitslosigkeit, in: Katechetische Blätter 103 (1978), 284–291.
Dießenbacher, H./Scheilke, Chr. Th., Jugendarbeitslosigkeit. Situation und Folgen. Unterrichtseinheiten für die Sekundarstufe I und die außerschulische Jugendarbeit (Modelle für den politischen und sozialwissenschaftlichen Unterricht 34), Frankfurt 1979. (Lit.)
Dies., Arbeitslosigkeit. Ursachen und Gegenmaßnahmen. Unterrichtseinheiten für die Sekundarstufe I und die außerschulische Jugendarbeit (Modelle für den politischen und sozialwissenschaftlichen Unterricht 35), Frankfurt 1979. (Lit.)
Impulse. Werkmappe für die Arbeit mit Schülern und arbeitslosen Jugendlichen, hg. v. der Stabstelle für Fragen der Arbeitslosigkeit, Freiburg 1979.
Krämer, M./Rohrbach, H.-C., Arbeitslosigkeit und Arbeit. Arbeitsmaterial für Gruppen und Gemeinden, Gelnhausen–Berlin–Stein 1979.
Schwenkhagen, P., Vollbeschäftigung und Arbeitslosigkeit, besonders Jugendarbeitslosigkeit, in: Ders., Arbeit heute und morgen. Beruf, Berufswahl und Arbeitslosigkeit (Projekte und Modelle zum Dialog mit der jungen Generation 11), Stuttgart 1977, 48–58.